Les Annales du Concours O.P.J.

Édition actualisée 2018-2019

par
Gatien MEUNIER
sous la direction éditoriale de
Patrice BARREAU

codes Rousseau
Editions La Baule
Spécialiste de la veille réglementaire et juridique !

ÉDITIONS LA BAULE
CS 80093
85109 LES SABLES D'OLONNE CEDEX
www.editionslabaule.fr

codes Rousseau

Editions La Baule

Spécialiste de la veille réglementaire et juridique !

www.editionslabaule.fr
Éditeur : Codes Rousseau

CS 80093
85109 Les Sables d'Olonne Cedex
Tél. 02.51.21.90.20

Tél. 0 825 00 85 00

0,15 € TTC/mn

O.P.J. 2018-2019

Afin de permettre aux candidats de se préparer dans les meilleures conditions à l'examen actuel d'officier de police judiciaire, des questions actualisées ont été ajoutées aux sujets d'examen des années passées.

Des réponses adaptées au sujet et à la nouvelle formule de l'examen sont proposées aux candidats selon les modalités prévues pour ce genre d'exercice.

Les modifications textuelles résultant de la parution de toutes les nouvelles dispositions législatives et réglementaires indispensables sont prises en compte pour la réussite à l'examen d'officier de police judiciaire.

AVERTISSEMENT

Toutes les références législatives ont été actualisées afin que le lecteur puisse disposer de corrigés à jour à la date de parution de l'ouvrage.

Cette Édition 2018-2019
des Annales du concours O.P.J.
s'enrichit notamment des nouvelles
dispositions suivantes :

Dispositions relatives aux Annales du concours O.P.J. et notamment :

- ❖ à l'officier de police judiciaire (O.P.J.) ;
- ❖ aux mandats de justice ;
- ❖ à la garde à vue ;
- ❖ à l'inviolabilité du domicile et aux exigences de la police judiciaire ;
- ❖ à l'enquête de découverte de cadavre ;
- ❖ à la criminalité et à la délinquance organisées ;
- ❖ aux notices de déclaration des droits remises aux personnes gardées à vue ;

Etc.

SOMMAIRE

ANNEXES

INTRODUCTION

Ce livre, que nous avons réalisé à votre intention, comporte les THÈMES CORRIGÉS et ACTUALISÉS des épreuves des examens techniques d'aptitude à la qualification d'officier de police judiciaire.

Chaque corrigé a été réactualisé afin de prendre en compte les dispositions découlant des différentes réformes du Code pénal et du Code de procédure pénale.

L'intérêt qui a prévalu lors de la réalisation de cet ouvrage est bien entendu d'offrir au candidat l'occasion de se familiariser avec les conditions rencontrées le jour de l'examen, en même temps que de découvrir les réponses proposées lors des examens précédents afin de mieux cerner le souhait des examinateurs.

Nous avons fait le choix de conserver dans la 1re partie de cet ouvrage différents sujets de connaissances générales *(mêmes s'ils ne font plus l'objet d'une épreuve)* afin de permettre aux candidats d'enrichir leurs acquis et faciliter la préparation des différentes nouvelles épreuves de l'examen technique d'Officier de Police Judiciaire.

Les auteurs.

PRÉSENTATION DES ÉPREUVES

✹ Gendarmerie nationale ✹

EXAMEN TECHNIQUE O.P.J. – GENDARMERIE NATIONALE

(Article A. 4 du Code de Procédure Pénale)

– 1 examen technique/an	– Au cours du dernier trimestre
– 1 épreuve écrite pratique de droit pénal général et de droit pénal spécial	– Durée : 3 heures – Coefficient 2
– 1 épreuve écrite pratique de procédure pénale sur un cas de crime ou de délit	– Durée : 4 heures – Coefficient : 3
– 1 épreuve écrite de simulation de compte rendu téléphonique au parquet organisée à partir d'un cas pratique d'enquête	– Durée : 1 heure – Coefficient : 1

– La valeur de chaque épreuve est constatée par une note de 0 à 20.

– Toute note égale ou inférieure à 5 dans l'une des épreuves est éliminatoire.

– Nul ne pourra être considéré comme ayant satisfait à l'examen s'il ne totalise pas 60 points au moins pour l'ensemble des trois épreuves.

✹ Police nationale ✹

EXAMEN TECHNIQUE O.P.J. – POLICE NATIONALE
(Article A. 15 du Code de Procédure Pénale)

– 1 épreuve écrite pratique de droit pénal général et de droit pénal spécial	– Durée : 3 heures
– 1 épreuve écrite pratique de procédure pénale sur un cas de crime, de délit ou de contravention	– Durée : 4 heures
– 1 épreuve orale de simulation de compte rendu téléphonique à un magistrat organisée à partir d'un cas pratique d'enquête	– Préparation : 40 minutes – Durée : 20 minutes
– La valeur de chaque épreuve est constatée par une note de 0 à 20. – Toute note égale ou inférieure à 5 dans l'une des épreuves est éliminatoire. – Nul ne pourra être considéré comme ayant satisfait à l'examen s'il ne totalise pas 30 points au moins pour l'ensemble des trois épreuves.	

Les différents sujets de connaissances générales proposés en 1re partie de cet ouvrage vous permettront de vous aider dans la préparation de l'épreuve pratique de droit pénal général, de droit pénal spécial et de procédure pénale ainsi que pour les épreuves de simulation de compte rendu téléphonique.

■ De manière générale, ces épreuves sont réalisées à l'aide du Code pénal et du Code de procédure pénale et consistent à :
– déterminer l'existence d'infractions en justifiant les différents éléments constitutifs et en faisant ressortir les circonstances aggravantes ;
– identifier les auteurs des différentes infractions, en précisant leurs implications et degrés de participation respectifs ;
– définir la responsabilité de chaque partie en cause et notamment les éventuelles causes d'irresponsabilité ou d'atténuation.

■ Les différents thèmes proposés correspondent à de véritables situations concrètes dans lesquelles plusieurs infractions sont mises en scène avec la participation de victimes, d'auteurs, de coauteurs, de complices, de témoins…

■ **Conseils pour ces épreuves :**

☞ Lecture des différents thèmes proposés :

- lisez attentivement le thème une 1re fois pour en saisir les données générales ;
- relisez une 2e fois et au fur et à mesure de la lecture, soulignez ou surlignez de différentes couleurs ce qui se rapporte :
  - aux victimes ;
  - aux auteurs, coauteurs ;
  - aux complices ;
  - à l'action de la Gendarmerie nationale ou de la Police nationale ;
  - à la chronologie de l'action.

☞ Analyse des différents thèmes proposés :

- par rapport aux infractions commises : recherchez dans le Code pénal les articles prévoyant et réprimant les infractions identifiées et s'assurez notamment que les éléments constitutifs et les circonstances aggravantes correspondent bien à ceux qui résultent des textes ;
- par rapport à la conduite de l'enquête : reprenez les parties du texte soulignés ou surlignés relatives à l'action de la Gendarmerie nationale ou de la Police nationale et ressortez les éléments correspondant à la conduite de l'enquête en tant qu'O.P.J. disposant des pouvoirs spéciaux reconnus à cette fonction :
  - compétence territoriale ;
  - transport sur les lieux ;
  - constatations ;
  - auditions…

☞ Rédaction des différents thèmes proposés :

- Forme grammaticale :
  - rédigez des phrases courtes synthétiques ;
  - n'utilisez pas de styles télégraphique ou journalistique…

- Vocabulaire utilisé :
  - rédigez des phrases avec des mots clairs et précis afin d'éviter toute confusion pour le correcteur ;
  - utilisez les termes juridiques à bon escient ;
  - veillez à utiliser des expressions ou sigles compris par tous *(attention à l'utilisation de certaines expressions professionnelles métiers Gendarmerie/ Police. En effet, certains correcteurs sont des magistrats)* ;
  - soyez simple et précis dans vos explications et argumentations ;
  - évitez un langage trop familier…

- Présentation :
  - écrivez correctement et lisiblement ;
  - présentez un travail ordonné et aéré *(retour à la ligne – ne pas serrer les lignes)* ;
  - laissez une marge suffisante et vierge ;
  - évitez les répétitions ;
  - veillez à l'orthographe et à la ponctuation ;
  - relisez-vous pour éviter les éventuelles fautes d'inattention…

RECHERCHE DES INFRACTIONS

Présentez les réponses sous les formes suivantes :

INFRACTIONS [1] Qualification	**ÉLÉMENTS CONSTITUTIFS** – élément légal ; – élément matériel ; – élément moral.	**ÉLÉMENTS DE PREUVE** se rapportant à chacun des éléments constitutifs
Dénomination de l'infraction simple ou aggravée *(sans décliner la ou les circonstances aggravantes).*	**Élément légal** Infraction prévue par l'article du Code... et réprimée par l'article du Code ... *(ne mentionnez que les peines principales y compris les peines de sûreté).*	
Qualification de l'infraction *(crime, délit ou contravention).*	**Élément matériel** Détail des éléments constitutifs de l'infraction tirés du Code y compris le ou les éléments de complicité.	Chaque élément de preuve tiré du thème étudié est présenté en face de l'élément constitutif auquel il se rapporte et en face de la circonstance aggravante.
	Circonstance(s) aggravante(s) Détail de la ou les circonstances aggravantes.	
	Élément moral – Intention coupable *(fait volontaire).* – Faute coupable *(fait involontaire).*	Démontrer le but poursuivi par l'auteur de l'infraction et sa volonté de l'accomplir.

(1) Le bandeau supérieur du tableau n'apparait qu'une seule fois par personne impliquée, même si elle est l'auteur de plusieurs infractions.

DÉROULEMENT DES ACTES DE PROCÉDURE UTILES A L'ENQUÊTE

Présentez les réponses sous les formes suivantes :

CADRE JURIDIQUE
TYPE D'ENQUÊTE • Enquête préliminaire • Enquête de délit flagrant • Enquête sur commission rogatoire • Autres
CADRE LÉGAL • Articles du Code de procédure pénale relatif au type de l'enquête
JUSTIFICATION DU CHOIX DE CADRE JURIDIQUE D'ENQUÊTE • Éléments du thème qui permet de justifier le cadre juridique d'enquête choisi • Justification à l'aide d'éléments du thème déterminant la saisine de l'enquêteur
COMPÉTENCE DE L'O.P.J. • Articles du Code de procédure pénale justifiant de la compétence territoriale de l'enquêteur y compris en cas d'extension de compétence territoriale
PROCÈS-VERBAL DE : Appellation usuelle du procès-verbal • Date et heure de début de l'acte • Lieu où se déroule l'acte motivant la rédaction du procès-verbal • Grade, nom, qualité de l'enquêteur responsable de l'acte *(préciser s'il est assisté)*

CADRE LÉGAL
• Articles du Code de procédure pénale en vertu desquels est conduit l'acte entraînant la rédaction du procès-verbal
MOTIVATION
• Éléments tirés du thème motivant la réalisation de l'acte faisant l'objet du procès-verbal
ÉLÉMENTS DE FOND
• Énoncé des éléments (tirés du thème) résultant de l'acte exécuté et rapporté dans le procès-verbal ainsi que leurs conséquences pour une présentation synthétique de façon logique du déroulement de l'enquête

ÉPREUVE DE SIMULATION DE COMPTE RENDU

	Gendarmerie nationale	Police nationale
Nature de l'épreuve	Épreuve écrite de simulation de compte rendu téléphonique au parquet organisée à partir d'un cas pratique d'enquête.	Épreuve orale de simulation de compte rendu téléphonique à un magistrat organisée à partir d'un cas pratique d'enquête.
Durée de l'épreuve	1 heure	Préparation : 40 min Durée de l'épreuve : 20 min

■ À partir d'un cas pratique, le candidat simule un compte rendu téléphonique de son enquête au parquet.

■ L'objectif de cette épreuve est de vérifier que le candidat a bien intégré les différents éléments principaux de son enquête et qu'il est capable d'en faire une synthèse téléphonique.

Cela permet au jury de jauger chez le candidat ses connaissances relatives :

- ☞ à l'objet général de l'enquête ;
- ☞ à la capacité de synthèse ;
- ☞ au respect des règles de procédure ;
- ☞ à l'aisance de l'expression orale *(épreuve Police nationale)* et la qualité des écrits professionnels *(épreuve Gendarmerie nationale)* ;
- ☞ au professionnalisme du compte rendu.

■ **Conseils pour ces épreuves :**

- lisez attentivement le thème une 1re fois pour en saisir les données générales ;
- faites ressortir les éléments utiles à l'enquête ;
- imaginez une chronologie complète de l'enquête *(du*

début jusqu'à la fin), en respectant scrupuleusement le thème proposé ;
- établissez une liste synthétique des différentes pièces de procédure ;
- rédigez un plan de compte rendu conforme à la méthodologie enseignée ;
- apportez l'ensemble des éléments essentiels permettant au magistrat saisi de juger de l'opportunité des décisions urgentes ou non à prendre.

Ces épreuves sont réalisées à l'aide du Code pénal et du Code de procédure pénale.

■ Exemples de compte rendu :

☞ **Modèle vierge :**

Gendarme ou Policier .... Officier de Police Judiciaire (O.P.J.) à ....

OBJET	**Motif du compte rendu** *(découverte ou information d'une ou plusieurs infractions, interpellation d'un ou plusieurs individus, placement en garde à vue d'une ou plusieurs personnes…)*
FAITS	**Relation chronologique, synthétique et précise des faits** *(extraits du thème) en mettant en exergue les points importants (constatations, preuves, témoignages ou aveux recueillis…)*
ACTES D'ENQUÊTES	**Actes d'enquêtes mentionnés dans le thème** *(faire un état de chacun de ces actes jusqu'au moment où le compte rendu est fait au magistrat, indiquer les éléments recueillis lors de leur exécution, indiquer l'orientation de l'enquête ainsi que les actes d'enquête envisagés)*
QUALIFICATION DES INFRACTIONS	**Infraction(s) susceptible(s) d'être relevée(s) à l'encontre du ou des mis en cause**

☞ 1er modèle opérationnel :

Gendarme ou Policier **ALPHA**, Officier de Police Judiciaire (O.P.J.) à la **COB d'OLON ou à la DDSP d'OLON**.

OBJET	**Motif du compte rendu** *Je vous contacte afin de faire un point sur notre enquête de flagrance ouverte suite au vol aggravé commis le 13 mai 2017 à 13 h 15 au préjudice du bar-loto sis au 22 rue de la mer à OLON.*
FAITS	**Relation chronologique, synthétique et précise des faits** *Suite à l'appel de Mme MER Séverine, serveuse dans ce commerce, victime d'une agression avec arme, nous sommes arrivés sur les lieux le 13 mai 2017 à 13h45.* *Les services de secours (SDIS), présents sur place avant notre arrivée, prodiguent les 1ers soins à la victime, ayant reçu un coup de poing au visage.* *Mme MER Séverine est transportée à l'hôpital après nous avoir fourni une brève description de l'agresseur.* *Le vol porte sur 450 euros en numéraire.* *Après examen médical du médecin de permanence, la victime s'est vue prescrire une ITT de 7 jours.*
ACTES D'ENQUÊTES	**Actes d'enquêtes mentionnés dans le thème** *Le système de vidéosurveillance du commerce permet de procéder au signalement de l'agresseur porteur notamment d'un haut de survêtement à capuche de couleur bleue, de marque NIKE et d'un écusson de couleur rouge sur le bras gauche.* *Les prélèvements effectués sur les lieux sont en cours d'analyse.* *L'enquête de voisinage a permis d'obtenir des informations concernant un certain BALEINE Alain né le 11/07/1997 à OLON demeurant 28 allée des Dunes à OLON et connu de nos services pour des faits liés aux stupéfiants.* *La perquisition effectuée au domicile de l'intéressé a permis de découvrir un haut de survêtement à capuche de couleur bleue, de marque NIKE et d'un écusson de couleur rouge sur le bras gauche. Cette découverte permet de faire un rapprochement avec les images extraites de la caméra du magasin et des déclarations de l'employée.* *À ce stade, aucune arme, ni argent n'ont été découverts.* *Alain BALEINE a été placé en garde à vue sans que l'on puisse obtenir, dans un 1er temps, la moindre information de sa part.*

	Sa compagne Annie MERLAN nous déclare spontanément que son concubin a fait l'objet d'une agression récente en lien avec des transactions financières dans le domaine des stupéfiants. *Un examen médical sur la personne d'Alain BALEINE pourrait confirmer cette information.* *Une confrontation entre les 2 protagonistes pourrait donner lieu à des révélations de la part d'Alain BALEINE.* *Par ailleurs, Mme MER Séverine déclare être en mesure de reconnaitre formellement l'auteur des faits.* *Nous vous tiendrons informé de la suite de notre enquête.*
QUALIFICATION DES INFRACTIONS	**Infraction(s) susceptible(s) d'être relevée(s) à l'encontre du ou des mis en cause** *Vol aggravé (Prévu et Réprimé par les articles 132-75, 311-1 et 311-8 al. 1 du Code pénal).*

Conclusion : *« l'OPJ est un acteur de la police judiciaire et demeure une force de proposition à l'égard du magistrat, lequel apportera un jugement non seulement sur la nature des investigations entreprises mais aussi sur la qualité du compte rendu téléphonique qui est un gage de confiance réciproque ».*

■ Exemples de question ouverte de procédure :

La réponse est présentée de façon méthodique et structurée, en abordant, par exemple, les points suivants :

COMPÉTENCE DE L'O.P.J.	**Exposer les éléments du thème permettant de répondre à cette question** *(compétence juridique, compétence territoriale)*
CADRE PROCÉDURAL	**Analyse des faits exposés dans le thème permettant de définir le type d'enquête à conduire** *(préliminaire, flagrance, commission rogatoire, découverte de cadavre…)* **Qualification de ou des infractions résultant de l'analyse du thème** **Analyse succincte des éléments de preuve de ou des infractions permettant de déterminer le type d'enquête** **Conclusion de l'analyse** *(réponse apportée par le candidat)*
DISPOSITIONS LÉGALES ET FORMALISME	**Explication générale succincte des possibilités légales offertes à l'O.P.J. par le type d'enquête** *(objet de sa réponse)* **Obligations faites par le Code de procédure pénale à l'O.P.J. exécutant l'enquête** *(information du parquet ou du magistrat instructeur, transport sur les lieux, premières mesures à prendre…)* **Présentation des actes d'enquête à effectuer et des droits ou obligations de l'O.P.J. pour leur exécution** *(assentiment express pour perquisition en enquête préliminaire, contrainte par la force publique des personnes convoquées, garde à vue, réquisition…)*

☞ 2e modèle opérationnel : (Exemples de thèmes proposés pour l'examen)

Thème 1 :

Vous êtes *(Prénom, Nom du candidat)*, Gendarme ou Brigadier de police, Officier de Police Judiciaire, en fonction à la Compagnie de Gendarmerie ou à la sûreté départementale du Commissariat de Sécurité Publique de NANTES (44).

Le 13 mai 2018 à 08h00, vous recevez Mme MER Séverine, 48 ans, domiciliée Quartier x. à NANTES.

Ce même jour, elle déclare avoir constaté à son domicile la présence d'un homme prenant la fuite à sa vue. Il était porteur d'un casque de moto de couleur noire. La porte d'entrée de l'habitation est fracturée.

Les recherches de traces et indices réalisées sur les lieux permettent de découvrir l'empreinte digitale appartenant à M. MALIN Hervé, mineur de 16 ans.

L'intéressé est interpellé le jour même à son domicile Nantais.

Au Cours de sa 1re audition, il nie les faits et se trouve dans l'incapacité d'expliquer la présence de son empreinte digitale.

L'enquête permet de déterminer que la personne soupçonnée est élève en classe de Terminale au Lycée proche du domicile de la victime. Son moyen de locomotion est un cyclomoteur.

Le 13 mai 2018 à 18h00, vous rendez compte de l'ensemble des faits au magistrat de permanence au Parquet de Nantes.

(Le candidat devra imaginer les éléments manquants tout en respectant le thème proposé)

• Identité de la victime :
MER Séverine, née le 10.02.1966 à NANTES (44), technicienne informatique, domiciliée 10 rue des vélos à NANTES.

• Identité du mis en cause :
MALIN Hervé, né le 15.03.2000 à NANTES (44), lycéen, domicilié 3 rue de la verdure à NANTES.

Thème 2 :

Vous êtes *(Prénom, Nom du candidat)*, Gendarme ou Brigadier de police, Officier de Police Judiciaire, en fonction à la Compagnie de Gendarmerie ou à la sûreté départementale du Commissariat de Sécurité Publique de ROUEN (76).

Le 15 mai 2018 à 00h45, vous recevez un appel téléphonique d'urgence signalant des faits de violences volontaires entre individus, à la sortie d'un débit de boissons.

À votre arrivée sur les lieux, un homme inanimé vient d'être pris en charge par les sapeurs-pompiers.

Deux individus également présents sur place sont signalés par des témoins comme étant les auteurs de l'agression venant de se commettre.

Ils sont immédiatement interpellés. Ils sont porteurs de deux couteaux à cran d'arrêt. Vous constatez qu'ils sont en complet état d'ivresse.

Le 15 mai 2018 à 03h00, vous rendez compte de l'ensemble des faits au magistrat de permanence au Parquet de Rouen.

(Le candidat devra imaginer les éléments manquants tout en respectant le thème proposé)

• Identité de la victime: MERIOT Alexandre, né le 13.07.1989 à ROUEN (76), employé de banque, domicilié 10 rue des pommes à ROUEN.

• Identité des mis en cause:

MOULIN Laurent, né le 18.10.1988 à ROUEN (76), ouvrier, domicilié 13 rue de la banlieue à ROUEN.

VILAIN Luc, né le 21.09.1988 à ROUEN (76), menuisier, domicilié 24 rue des vignes à ROUEN.

Thème 3:

Vous êtes *(Prénom, Nom du candidat)*, Gendarme ou Brigadier de police, Officier de Police Judiciaire, en fonction à la Compagnie de Gendarmerie ou à la sûreté départementale du Commissariat de Sécurité Publique d'ANGERS (49).

Le 18 mai 2018 à 10h00, vous recevez une plainte de Mme Agnès GENTILLE, âgée de 85 ans, domiciliée Résidence des Genêts, rue de la Paix à ANGERS (49).

Son conseiller bancaire vient de l'informer que de nombreux retraits d'argent ont été réalisés sur son compte courant pour une somme totale de plus de 8.000 € répartie en plusieurs achats réalisés sur le secteur d'ANGERS, depuis une dizaine de jours, à l'aide de la carte bancaire de la victime.

Il s'avère que la personne âgée va parfois effectuer quelques courses alimentaires avec Mme FUTEE Laurie. Cette dernier a proposé, depuis quelques temps, à Mme GENTILLE de l'accompagner après avoir réalisé son ménage dans son appartement.

L'examen des enregistrements vidéos d'une boutique de vêtements du centre-ville d'ANGERS permet d'identifier formellement Mme FUTEE Laurie comme étant la mise en cause.

L'intéressée est interpellée à son domicile, le jour même. Sa 1re audition permet de confirmer certains faits délictueux commis.

Le 19 mai 2018 à 09 h 30, vous rendez compte de l'ensemble des faits au magistrat de permanence au Parquet d'ANGERS. *(Le candidat devra imaginer les éléments manquants tout en respectant le thème proposé)*

• Identité de la victime :
GENTILLE Agnès, née le 13.02.1938 à ANGERS (49), retraitée, domiciliée Résidence des Genêts, rue de la Paix à ANGERS.

• Identité de la mise en cause :
FUTÉE Laurie, né le 11.07.1970 à ANGERS (49), employée de maison, domiciliée 11 rue de la Faisanderie à ANGERS.

* * *

☞ **Type de modèle opérationnel :**
(Exemples de réponses pour l'examen)

■ **Informations à transmettre au magistrat :**
Si l'enquêteur transmet au magistrat des informations partielles ou erronées, la procédure peut en être fragilisée et provoquer des risques de nullité ou de relaxe.

■ **Ordre chronologique d'informations à transmettre au magistrat :**

1. – Présentation de l'enquêteur :

- Nom, Prénom
- Grade
- Qualification judiciaire *(O.P.J., A.P.J.…)*
- Service et/ou unité d'affectation.

2. – Objet du compte-rendu :

▪ Raisons de ce compte-rendu

▪ Informations sur les faits commis

▪ Informations sur les dernières évolutions de l'enquête en cours

▪ Sollicitation pour la réalisation de certains actes de procédure...

3. – Relations entre les faits et les actes de l'enquête en cours :

▪ Cadre juridique de l'enquête et nature des faits

▪ Actes commis *(Lieux, date des faits)* et date de la plainte

▪ Retentissement public, médiatique, social...

▪ Victime(s) : identité, qualité, état, préjudice, I.T.T...

▪ Personne(s) mis(es) en cause : impliquée(s), interpellée(s)

▪ Modalités de l'interpellation : Procès-verbal d'interpellation

▪ Personne(s) placé(es) en garde à vue : identité complète et confirmée, mineur ou non, état de santé particulier, situation de la G.A.V. *(heure début, notification des droits, heure information parquet, heure de fin prévue)*...

▪ Autre(s) personne(s) soupçonnée(s) : identité, interpellation envisagée...

▪ Résumé des différentes auditions sur les faits : victime, témoin, mis en cause, gardé à vue...

▪ Actes de police judiciaire réalisés ou envisagés : fouille-perquisition, perquisition, saisie, confrontation...

▪ Résumé des points vérifiés et confirmés.

▪ Avis de l'enquêteur : faits, retentissement particulier, charges, comportements des différents personnes impliquées dans l'affaire.

4. – Exemple de compte-rendu :

▪ Madame, Monsieur le procureur de la République,

▪ Je m'appelle ....

- Je suis O.P.J., A.P.J., *(autre qualification)*, en fonction à ....
- Je vous appelle pour :
  - vous informer de la commission d'un crime ou délit flagrant, du placement en garde à vue de : ....
  - connaître les suites judiciaires à donner à : ....
  - vous demander la prolongation de la garde à vue de : ....
  - vous demander l'autorisation de faire comparaître de force un témoin ....
- Nous agissons dans le cadre d'une enquête préliminaire, de flagrance, de découverte de cadavre… ....
- Les faits ont été commis *(Date, lieu exact, particularités…)* ....
- Les faits sont susceptibles de créer ou non un émoi médiatique important… *(Médias locaux, nationaux...)*.
- Les faits sont susceptibles de provoquer des actes de violences urbaines...
- La victime *(Identité complète, majeure, mineure, fonctions particulières)* dépose plainte / ne dépose pas plainte. I.T.T. ou non et durée. Certificat médical..........
- Nous : n'avons effectué aucune interpellation ou avons procédé à l'interpellation de X. personne(s). Déroulement de ces interpellations et incidents éventuels. ....
- Les mis en cause *(majeur, mineur, identité complète, antécédents, activité professionnelle, revenus)* sont placés en garde à vue à *(lieux)* et depuis *(heure)*............
- Ils reconnaissent ou non les faits ....
- Les premières déclarations recueillies font état de .....
- Les premières investigations permettent d'établir que : … ou de mettre en doute les éléments ou faits suivants ....
- Nous envisageons de procéder : à une perquisition, à une confrontation, à l'interpellation d'un autre mis en cause ....
- Nous sollicitons vos instructions pour ....

■ **Exemples de questions susceptibles d'être posées à l'oral *(Épreuve orale – Police Nationale)* – Liste non exhaustive :**

1. Thèmes généraux :

- Cour d'assises *(composition)*
- Information judiciaire
- Infractions liées au terrorisme
- Juge des libertés et de la détention *(JLD)*
- Minorité
- Prescription de l'action publique
- Prescription de la peine
- Réquisition de personne (opération de tapissage – présentation à victime)
- Sanctions
- Suites judiciaires

2. Thèmes liées à la procédure :

- Code de déontologie
- Dépôt de plainte *(Souhait d'un dépôt sous X.)*
- Extension de compétence territoriale
- Fichier *(FNAEG)* : fonctionnement
- Géolocalisation des véhicules
- Garde à vue *(Gestion de la présence des avocats, conflit d'intérêt)*
- Mandat d'amener, de recherches et de comparution
- Mandat d'arrêt européen : Qui est à l'origine de son émission ?
- Procédures incidentes

SUJETS DE CONNAISSANCES GÉNÉRALES.

NOUS AVONS FAIT LE CHOIX DE CONSERVER DANS LA 1re PARTIE DE CET OUVRAGE DIFFÉRENTS SUJETS DE CONNAISSANCES GÉNÉRALES

(mêmes s'ils ne font plus l'objet d'une épreuve)

AFIN DE PERMETTRE AUX CANDIDATS D'ENRICHIR LEURS ACQUIS ET FACILITER LA PRÉPARATION DES DIFFÉRENTES NOUVELLES ÉPREUVES DE L'EXAMEN TECHNIQUE D'OFFICIER DE POLICE JUDICIAIRE.

Editions La Baule

Notes Personnelles

SUJET DE
CONNAISSANCES GÉNÉRALES

PROCÉDURE PÉNALE

SUJET

Les mandats de justice délivrés par le juge d'instruction :

– généralités *(définition, but, différentes sortes, règles communes)* ;

– étude particulière du mandat d'amener et du mandat d'arrêt.

RÉFÉRENCES

Mandats

– exécution *(C.P.P., art. 124)*
– formes *(C.P.P., art. 123)*
– d'amener *(C.P.P., art. 70, 122)*
– de dépôt *(C.P.P., art. 122, 135, 207, 465)*
– d'arrêt *(C.P.P., art. 122, 207, 465)*
– de comparution *(C.P.P., art. 122)*
– de recherche *(C.P.P. art. 70, 73, 135-1, 135-3)*
– d'arrêt européen *(C.P.P., art. 695-11 à 695-18, 695-22 à 695-24, 695-26, 695-37, 695-41 et 695-42)*

RECHERCHE ET SIGNIFICATION DES MOTS CLÉS

Mandats de justice : il s'agit d'ordres écrits par lesquels il est porté atteinte à la liberté d'une personne soupçonnée en décidant sa comparution ou son incarcération.

Juge d'instruction : magistrat du siège du tribunal de grande instance. Il constitue la juridiction d'instruction du premier degré pour les affaires pénales de droit commun. Il procède à tous les actes d'information qu'il juge utiles à la manifestation de la vérité.

Notes Personnelles

Les mandats de justice délivrés par le juge d'instruction : – généralités *(définition, but, différentes sortes, règles communes)* ; – étude particulière du mandat d'amener et du mandat d'arrêt.

I. SUGGESTION DE PLAN DÉTAILLÉ

I. 1 – Généralités

I. 11 – Définition et but

Le mandat est un acte d'instruction ne pouvant être délivré que par une autorité judiciaire compétente donnant des ordres relatifs aux personnes qu'il désire voir comparaître, faire arrêter ou détenir provisoirement.

La loi a confié la responsabilité de délivrer des mandats à un magistrat ou à une juridiction.

Il existe six sortes de mandats :

– article 122, alinéa 2 du C.P.P. : le mandat de comparution met la personne à l'encontre de laquelle il est décerné en demeure de se présenter devant le magistrat mandant à la date et à l'heure indiquées par le mandat.

– article 122, alinéa 3 du C.P.P. : le mandat d'amener ordonne à la force publique de conduire immédiatement la personne à l'encontre de laquelle il est décerné devant le magistrat mandant.

– article 122, alinéa 4 du C.P.P. : le mandat de dépôt ordonne :

* soit au chef de l'établissement pénitentiaire de recevoir et de détenir la personne à l'encontre de laquelle il est décerné,
* soit la recherche ou le transfèrement de la personne à laquelle il a déjà été notifié.

– article 122, alinéa 5 du C.P.P. : le mandat d'arrêt ordonne à la force publique de rechercher la personne à l'encontre de laquelle il est décerné et de la conduire à la maison d'arrêt indiquées, où elle sera reçue et détenue.

– articles 135-1 à 135-3 du C.P.P. : le mandat de recherche est l'ordre donné à la force publique de rechercher une personne et de la placer en garde à vue. Il est décerné à l'égard de toute personne à l'encontre de laquelle il existe une ou plusieurs raisons plausibles de soupçonner qu'elle a commis ou tenté de commettre un crime ou un délit puni d'au moins trois ans d'emprisonnement. Il ne peut être décerné à l'encontre des personnes qui ont fait l'objet d'un réquisitoire nominatif, des témoins assistés, des personnes mises en examen. Sa mise à exécution conduit au placement en garde à vue de la personne.

– articles 695-1 à 695-51 du C.P.P. : le mandat d'arrêt européen est une décision judiciaire émise par un État membre de l'union européenne, en vue de l'arrestation et de la remise par un autre État membre, d'une personne recherchée pour l'exercice de poursuites pénales ou pour l'exécution d'une peine ou d'une mesure de sûreté privative de liberté. Il est délivré pour des faits sanctionnés d'une peine privative de liberté égale ou supérieure à un an ou lorsqu'une condamnation à une peine est égale ou supérieure à quatre mois d'emprisonnement est intervenue. Il est aussi délivré pour des faits punis d'une mesure de sûreté privative de liberté d'une durée égale ou supérieure à un an ou, lorsqu'une mesure de sûreté a été infligée, quand la durée à subir est égale ou supérieure à quatre mois d'emprisonnement.

But :

Les mandats ont pour but :

– soit de faire comparaître une personne devant un magistrat,

– soit de s'assurer d'une personne.

I. 12 – Règles communes

En règle générale, l'usage du mandat est réservé au juge d'instruction.

Toutefois, d'autres magistrats ou juridictions *(juge des libertés et de la détention, procureur de la République, Président de la chambre de l'instruction, chambre de l'instruction, membre de la chambre de l'instruction, cour d'appel, toute cour de justice, Président de la cour d'assises, juge d'application des peines, juge des enfants)* peuvent délivrer certains mandats dans des conditions particulières *(C.P.P., art. 70, 144, 196, 205, 207 alinéa 1, 310 alinéa 2, 321, 404, 465, 469, 519, 667, 695-16).*

Le juge d'instruction ne peut pas déléguer son pouvoir en matière de délivrance des mandats.

Les mandats sont des ordres écrits du juge d'instruction, ils doivent préciser quel est le magistrat qui les a délivrés, son identité et sa qualité.

Ils doivent préciser l'identité de la personne à qui ils s'appliquent.

Ils doivent préciser la nature des faits imputés à la personne et leur qualification juridique, sauf pour le mandat de comparution, en mentionnant expressément les articles de loi qui sont applicables à cette mise en examen.

Tout mandat doit être daté et signé par le magistrat qui l'a décerné et doit être revêtu de son sceau *(C.P.P., art. 123, al. 1).*
Lorsque le mandat est notifié à l'individu qui en est l'objet, il doit être produit, et copie doit lui en être remise, de façon à lui permettre de vérifier la régularité du document.

Les mandats sont exécutoires sur toute l'étendue du territoire de la République *(C.P.P., art. 124).*

L'article 123 alinéa 6 du C.P.P. prévoit que les mandats d'amener et d'arrêt peuvent en cas d'urgence, être diffusés par tous moyens *(exemples : télégramme, radio, télécopie, etc.).*

I. 2 – Mandat d'amener/mandat d'arrêt

I. 21 – Conditions d'application particulières

Le mandat d'amener peut être délivré d'initiative par le juge d'instruction alors qu'il est nécessaire de prendre l'avis du procureur de la République pour le mandat d'arrêt.

• Le mandat d'arrêt bénéficie des avantages du mandat d'amener, qui permet d'arrêter l'individu. Il est donc plus énergique et ne peut être employé qui si la personne recherchée est en fuite ou réside hors du territoire de la République ou si l'infraction entraîne une peine d'emprisonnement correctionnel ou une peine plus grave.

• Dans les autres cas, il faut commencer par lancer un mandat d'amener.

Le mandat d'arrêt est notifié ou exécuté par un O.P.J. ou A.P.J. dans les mêmes conditions qu'un mandat d'amener.

L'article 134 du C.P.P. prend soin de préciser que le mandat d'arrêt ne peut s'exécuter dans une demeure privée entre 21 heures et 6 heures du matin, cette restriction valant également pour le mandat d'amener.

Les mandats d'arrêt et d'amener peuvent en cas d'urgence être diffusés par tous les moyens.

• Le juge doit entendre le personne objet d'un mandat d'arrêt dans les 24 heures de l'incarcération *(C.P.P., art. 133, al. 1)* à défaut les articles 125-3 et 126 du C.P.P. sont applicables.

• La personne objet d'un mandat d'amener doit être interrogée par le juge d'instruction mandant. Si tel n'est pas le cas, la personne est conduite à la maison d'arrêt où elle ne peut pas être détenue plus de 24 heures *(C.P.P., art. 125-2)*. À l'expiration de ce délai, le procureur de la République prend toutes dispositions pour faire procéder à l'interrogatoire immédiatement, à défaut de quoi la personne est remise en liberté *(C.P.P., art. 125-3)*.

La clôture est différente, ainsi le mandat d'amener est clos à l'issue de l'information, tandis que le mandat d'arrêt est clos uniquement par la diffusion d'une fiche de cessation de recherche.

I. 22 – Mise à exécution différente

Pour la mise à exécution, l'agent chargé de l'exécution du mandat devra s'en tenir à l'article 134 du C.P.P.

Mandat d'amener :

– intéressé non découvert : perquisition et procès-verbal de renseignements.

– intéressé découvert :

* à moins de 200 kilomètres du siège du juge mandant : conduite devant ce magistrat,
* à plus de 200 kilomètres du siège du juge mandant : conduite dans les 24 heures devant le juge si accord de la personne concernée, devant le procureur de la République du lieu d'arrestation dans le cas contraire *(C.P.P., art. 127 à 130).*

Mandat d'arrêt :

– intéressé non découvert : perquisition et procès-verbal de renseignements.

– intéressé découvert :

* à moins de 200 kilomètres du siège du juge mandant : conduite à la maison d'arrêt indiquée sur le mandat,
* à plus de 200 kilomètres du siège du juge mandant : conduite devant le procureur de la République du lieu d'arrestation *(C.P.P., art. 132 ; 133, al. 2 et 3).*

II. Suggestion d'introduction et de conclusion

Introduction.

Pour remplir la délicate mission de faire la lumière sur les circonstances de l'infraction et sur la personnalité du délinquant, l'autorité judiciaire a reçu le pouvoir de procéder à des mesures très diverses dont certaines comportent des restrictions très sensibles à la liberté individuelle.

Pour être en mesure de procéder à l'audition des témoins ou à l'interrogatoire des personnes soupçonnées mises en examen ou condamnées, il faut que les magistrats aient le pouvoir d'obliger les intéressés à comparaître devant eux, et même s'il en est besoin, de conserver la personne poursuivie à leur disposition et de la priver de tout ou partie de sa liberté durant le temps nécessaire à la réunion des preuves. Ce pouvoir s'exerce par l'utilisation des mandats.

En raison, donc, des atteintes à la liberté que peuvent entraîner les mandats de justice, le Code de procédure pénale réglemente leur condition d'application et leur mise à exécution.

Après avoir défini les généralités, il sera intéressant d'étudier séparément le mandat d'arrêt et d'amener.

Conclusion.

Le législateur a bien compris la nécessité de réglementer l'usage des mandats de justice, délivrés très souvent par le juge d'instruction, entraînant la mise en détention d'individus contre lesquels existent des indices de culpabilité ; ils peuvent être une atteinte à la liberté individuelle.

L'O.P.J. devra lui aussi faire preuve de rigueur et connaître parfaitement les conditions et les mises en application de ces mandats car la sanction tombe rapidement : remise en liberté d'office des personnes mises en examen.

SUJET DE

CONNAISSANCES GÉNÉRALES

PROCÉDURE PÉNALE

SUJET

La garde à vue.
Les devoirs de l'enquêteur et les droits du gardé à vue.

RÉFÉRENCES

Garde à vue
- Crimes et délits flagrants *(C.P.P., art. 62-2)*
- Commissions rogatoires *(C.P.P., art. 154)*
- Contrôles *(C.P.P., art. 41)*
- Enquêtes préliminaires *(C.P.P., art. 77)*
- Registre spécial *(C.P.P., art. 64)*
- Nourriture des personnes gardées à vue *(C.P.P., art. 64)*
- Famille *(C.P.P., art. 63-1)*
- Contrôle d'identité *(C.P.P., art. 78-4)*

Droits du gardé à vue *(C.P.P., art. 63-1 à 63-4-5)*

RECHERCHE ET SIGNIFICATION DES MOTS CLÉS

Garde à vue : mesure par laquelle un O.P.J. retient pendant une durée légalement déterminée, toute personne pour les nécessités de l'enquête.

Devoir : obligation qui pèse sur une personne.

Enquêteur : personne procédant à des recherches ordonnées par une autorité judiciaire.

Droit : prérogative, garantie attribuée à une personne.

Retenue : action de garder.

Notes Personnelles

La garde à vue. (1)
Les devoirs de l'enquêteur et les droits de la personne retenue

I. Suggestion de plan détaillé

I. 1 – Devoirs de l'enquêteur

I. 11 – La garde à vue au regard des différents types d'enquête

Généralités

La garde à vue consiste à retenir certaines personnes contre leur gré pour faciliter l'exécution de la police judiciaire.

La garde à vue se distingue :

– de la rétention de personnes au cours de procédures de vérification d'identité,
– de l'appréhension d'individus en application de l'article 73 du C.P.P.,
– de la mesure de sûreté.

L'enquêteur doit respecter le domaine d'application :

– articles 62-2 et 154 du C.P.P. *(flagrant délit et commission rogatoire)* : notre droit en conformité avec les exigences de la Convention européenne des droits de l'homme *(art. 5-1c)* n'autorise le placement en garde à vue que des personnes à l'encontre desquelles il existe des raisons plausibles de soupçonner qu'elles ont commis ou tenté de commettre un crime ou un délit puni d'une peine d'emprisonnement.
Un simple témoin contre lequel il n'existe aucun indice de culpabilité ne peut pas être placé en garde à vue.
Toutefois, la loi n'exige pas que les indices relevés contre une personne présentent une certaine gravité. Son placement en garde à vue reste possible quelle que soit l'importance ou

(1) CF infra ANNEXES - Règles de procédure relatives aux infractions relevant de la criminalité ou de la délinquance organisée.

la nature des indices en cause, dès lors que les nécessités de l'enquête ou de l'instruction le justifient.

Ainsi, il peut s'agir d'indices matériels, mais également de la mise en cause par un tiers *(victime ou témoin)*, des déclarations de l'intéressé qui contrediraient les constatations des enquêteurs, du comportement anormal de la personne sur les lieux des faits, etc.

Ce n'est donc que lorsque les enquêteurs estiment qu'une personne contre qui il existe des raisons plausibles de culpabilité doit être contrainte de rester à leur disposition, qu'elle doit être placée en garde à vue, et bénéficier en conséquence des droits attachés à cette mesure.

– article 77 du C.P.P. *(enquête préliminaire)* : comme précédemment, l'O.P.J. ne peut mettre en garde à vue qu'une personne à l'encontre de laquelle existent des raisons plausibles de soupçonner qu'elle a commis ou tenté de commettre un crime ou un délit puni d'une peine d'emprisonnement. Sauf instructions contraires du magistrat, les O.P.J. doivent s'interdire toute mesure de garde à vue :

* en matière de contravention et de délit flagrant ou non, passibles seulement d'une peine d'amende,
* lorsqu'il y a lieu d'établir l'absence d'une infraction pénale (exemple : suicide, incendie accidentel).

– article 154 du C.P.P. *(commission rogatoire)* : des mesures de garde à vue peuvent être prises par l'O.P.J. à l'encontre :

* des personnes qu'il soupçonne d'avoir participé au crime ou délit, sans toutefois avoir réuni des indices graves et concordants,

* seuls les suspects pourront être placés en garde à vue, les témoins ne pouvant être retenus que le temps strictement nécessaire à leur audition.

L'enquêteur doit exécuter les instructions de ses supérieurs :

– articles 63 et 77 du C.P.P. *(flagrant délit et enquête préliminaire)* : les enquêteurs se doivent d'aviser le procureur de la République dès le début de la garde à vue. L'information du magistrat intervenant juste à la suite de la notification des droits de la personne gardée à vue.,

– article 151 du C.P.P. *(commission rogatoire)* : le juge d'instruction peut requérir par commission rogatoire tout O.P.J.

L'O.P.J. doit respecter certaines conditions quant aux lieux de détention :

– en matière d'enquête préliminaire ou de flagrance :
* sur les lieux de l'enquête,
* dans une mairie,
* dans un bureau d'une brigade de gendarmerie,
* dans une salle de garde à vue,
* dans une chambre de sûreté.

– en matière de commission rogatoire : article 105 du C.P.P. : la personne est mise en route pour être conduite devant le juge mandant.

Mais en aucun cas, une personne gardée à vue ne peut être retenue dans les locaux pénitentiaires relevant du ministère de la Justice.

L'O.P.J. doit se conformer aux obligations quant à la durée :

– les personnes gardées à vue ne peuvent pas être retenues plus de 24 heures. Le délai de 24 heures se calcule d'heure à heure :

* prolongation possible de 24 heures **(2)** accordée par le procureur de la République ou par le juge d'instruction. Autorisation écrite de prolongation subordonnée à la présentation préalable de la personne gardée à vue,

(2) CF infra ANNEXES - Règles de procédure relatives aux infractions relevant de la criminalité ou de la délinquance organisée.

* prolongation possible de 24 heures décidée par le procureur de la République en matière d'enquête préliminaire à titre exceptionnel cette autorisation d'extension de la durée de la garde à vue peut être accordée par décision écrite et motivée sans que la personne soit conduite au Parquet *(valable pour commission rogatoire : C.P.P., art. 154, al. 2)*,
* la garde à vue pour l'exécution de la commission rogatoire est, par ailleurs, soumise aux mêmes règles que l'enquête préliminaire *(C.P.P., art. 154)*. C'est le juge d'instruction du ressort dans lequel se poursuit l'exécution de la commission rogatoire qui délivre la prolongation, et non pas à priori le magistrat mandant.

– point de départ : le délai de garde à vue commence à courir à partir du moment :

* où est appréhendée une personne surprise alors qu'elle commet ou vient de commettre un crime ou un délit,
* où est signifiée à une personne :
  - l'interdiction de s'éloigner des lieux du crime ou délit,
  - l'obligation de se soumettre à une vérification d'identité,
* où a débuté l'audition d'une personne, lorsque l'O.P.J. décide la garde à vue au cours ou après cette audition,
* où une personne a été présentée à l'O.P.J, lorsqu'elle a été contrainte de comparaître,
* où une personne a fait l'objet d'une mesure de retenue sous contrainte lors d'une audition.

– cas d'une interruption dans la garde à vue : si une personne gardée à vue est mise en liberté et, par la suite, est replacée en garde à vue, le délai recommence à courir et la durée totale des délais fractionnés ne doit pas dépasser 24 heures sauf prolongation éventuellement accordée par un magistrat.

I. 12 – Cas particuliers

Enquête relative à une affaire de criminalité ou de délinquance organisée.

Si les nécessités de l'enquête ou de l'instruction relatives à l'une des infractions entrant dans le champ d'application de l'article 706-73 du C.P.P. l'exigent, la garde à vue d'une personne peut, à titre exceptionnel, faire l'objet de deux prolongations supplémentaires de vingt-quatre heures chacune.

Ces prolongations sont autorisées, par décision écrite et motivée, soit, à la requête du procureur de la République, par le juge des libertés et de la détention, soit par le juge d'instruction.

La personne gardée à vue doit être présentée au magistrat qui statue sur la prolongation préalablement à cette décision. La seconde prolongation peut toutefois, à titre exceptionnel, être autorisée sans présentation préalable de la personne en raison des nécessités des investigations en cours ou à effectuer.

Lorsque la première prolongation est décidée, la personne gardée à vue est examinée par un médecin désigné par le procureur de la République, le juge d'instruction ou l'officier de police judiciaire. Le médecin délivre un certificat médical par lequel il doit notamment se prononcer sur l'aptitude au maintien en garde à vue, qui est versé au dossier. La personne est avisée par l'officier de police judiciaire du droit de demander un nouvel examen médical. Ces examens médicaux sont de droit. Mention de cet avis est portée au procès-verbal et émargée par la personne intéressée ; en cas de refus d'émargement, il en est fait mention.

Par dérogation aux dispositions du premier alinéa, si la durée prévisible des investigations restant à réaliser à l'issue des premières quarante-huit heures de garde à vue le justifie, le juge des libertés et de la détention ou le juge d'instruction peuvent décider, selon les modalités prévues au deuxième alinéa, que la garde à vue fera l'objet d'une seule prolongation supplémentaire de quarante-huit heures.

La personne dont la garde à vue est ainsi prolongée peut demander à s'entretenir avec un avocat, selon les modalités prévues par l'article 63-4 du C.P.P., à l'issue de la quarante-huitième heure puis de la soixante-douzième heure de la mesure ; elle est avisée de ce droit lorsque la ou les prolongations lui sont notifiées et mention en est portée au procès-verbal et émargée par la personne intéressée ; en cas de refus d'émargement, il en est fait mention. Toutefois, lorsque l'enquête porte sur une infraction entrant dans le champ d'application des 3° et 11° de l'article 706-73 du C.P.P., l'entretien avec un avocat ne peut intervenir qu'à l'issue de la soixante-douzième heure.

S'il ressort des premiers éléments de l'enquête ou de la garde à vue elle-même qu'il existe un risque sérieux de l'imminence d'une action terroriste en France ou à l'étranger ou que les nécessités de la coopération internationale le requièrent impérativement, le juge des libertés peut, à titre exceptionnel et selon les modalités prévues au deuxième alinéa, décider que la garde à vue en cours d'une personne, se fondant sur l'une des infractions visées au 11° de l'article 706-73 du C.P.P., fera l'objet d'une prolongation supplémentaire de vingt-quatre heures, renouvelable une fois.

I. 2 – Droits de la personne retenue

En pratique, il est souhaitable que les O.P.J. notifient tout d'abord à la personne gardée à vue les droits qui sont les siens *(notification immédiate)* avant de procéder à l'information du procureur de la République.[1]

Au demeurant l'information du magistrat intervenant juste après la notification des droits de la personne gardée à vue permettra à celui-ci d'exercer plus efficacement ses prérogatives *(ex. différer l'information d'un proche - ordonner un examen médical, etc.).*

I. 21 – Quant à la personne gardée à vue

Ces droits sont examinés dans l'ordre selon lesquels ils doivent être en pratique notifiés.

(1) Cf. infra ANNEXES : Formulaires réglementaires, source *(MINJUS)*.

La personne gardée à vue doit être successivement avisée dans une langue qu'elle comprend *(recours à un interprète)* et notamment le langage des signes s'il s'agit d'une personne atteinte de surdité :

– **des dispositions sur la durée de la garde à vue** *(art. 63-1 du C.P.P.)*. Cette information doit être faite avant celle des autres droits car elle est nécessaire pour la compréhension par l'intéressé des autres droits comme celui de demander un médecin lors de la prolongation.

– de la qualification, de la date et du lieu présumés de l'infraction qu'elle est soupçonnée d'avoir commise ou tenté de commettre sur laquelle porte l'enquête. *(art. 63-1 du C.P.P.)*. Cette notification doit intervenir avant même la notification des autres droits. La nature de l'infraction doit figurer au procès-verbal.

– de son droit de faire aviser l'un de ses proches et de s'entretenir avec lui *(art. 63-2 du C.P.P.)*

Toute personne placée en garde à vue peut, à sa demande, faire prévenir, par téléphone, une personne avec laquelle elle vit habituellement ou l'un de ses parents en ligne directe, l'un de ses frères et sœurs ou son employeur, ou, les autorités consulaires de son pays si elle est étrangère, de la mesure dont elle est l'objet et de s'entretenir avec eux. L'O.P.J. peut refuser pour des raisons de nécessité de l'enquête et de risque de commission d'une infraction, mais il en réfère sans délai au procureur de la République qui décide, s'il y a lieu, d'y faire droit ou non.

– **de son droit de demander à être examiné par un médecin** *(art. 63-3 du C.P.P.)*.

– toute personne gardée à vue peut à sa demande être examinée par un médecin désigné par le procureur de la République ou par l'O.P.J.,

– le médecin peut être désigné d'office par le magistrat ou l'O.P.J.,

– en cas de prolongation de la mesure de garde à vue, la personne peut demander à être examinée une seconde fois,

– l'examen peut être demandé et obtenu de droit si un membre de la famille du gardé à vue le demande, à condition que l'examen n'ait pas encore été ordonné,

– est obligatoire lorsque la personne gardée à vue est impliquée dans une affaire de stupéfiants *(examen toutes les 24 heures)* ,

– est de droit à la 48e heure de garde à vue dans le cas où une prolongation de garde à vue de 48 heures est décidée en matière d'enquête relative à une des infractions citées à l'article 706-73 du C.P.P.

– délai d'exécution 3 h après le début de la garde à vue.

– **de son droit de s'entretenir avec un avocat** *(art. 63-3-1 à 63-4-3 du C.P.P.).*

La personne gardée à vue à le droit de demander l'assistance d'un avocat :

– dès le début de la mesure de rétention prise à son encontre, puis au début de la prolongation,

– l'avocat est désigné par la personne ou d'office par le bâtonnier,

– communication confidentielle avec l'intéressé,

– information de la nature de l'infraction recherchée,

– l'entretien ne peut durer plus de 30 minutes,

– dispositions particulières relatives à une enquête de criminalité ou de délinquance organisée :

* la personne dont la garde à vue est prolongée en application des dispositions de l'article 706-73 du C.P.P. peut demander à s'entretenir avec un avocat, selon les modalités prévues par l'article 63-4 du C.P.P., à l'issue de la quarante-huitième heure puis de la soixante-douzième heure de la mesure ; elle est avisée de ce droit lorsque la ou les prolongations lui sont notifiées et mention en est portée au procès-verbal et émargée par la personne intéressée ; en cas de refus d'émargement, il en est fait mention. Toutefois, lorsque l'enquête porte sur une infraction entrant dans le champ d'application des 3° et 11° de l'article 706-73 du C.P.P., l'entretien avec un avocat ne peut intervenir qu'à l'issue de la soixante-douzième heure.
* S'il ressort des premiers éléments de l'enquête ou de la garde à vue elle-même qu'il existe un risque sérieux de l'imminence d'une action terroriste en France ou à l'étranger ou que les nécessités de la coopération internationale le requièrent impérativement, le juge des libertés peut, à titre exceptionnel et selon les modalités prévues au deuxième alinéa, décider que

la garde à vue en cours d'une personne, se fondant sur l'une des infractions visées au 11° de l'article 706-73 du C.P.P., fera l'objet d'une prolongation supplémentaire de vingt-quatre heures, renouvelable une fois.

* À l'expiration de la quatre-vingt-seizième heure et de la cent-vingtième heure, la personne dont la prolongation de la garde à vue est ainsi décidée peut demander à s'entretenir avec un avocat, selon les modalités prévues par l'article 63-4 du C.P.P. La personne gardée à vue est avisée de ce droit dès la notification de la prolongation.

– de son droit, lors des auditions, après avoir décliné son identité, de faire des déclarations, de répondre aux questions qui lui sont posées ou de se taire *(art 63-1 du C.P.P.)*

– de son droit de consulter, dans les meilleurs délais et au plus tard avant l'éventuelle prolongation de la garde à vue le procès-verbal établi constatant la notification de la garde à vue, le certificat médical et les procès-verbaux de vos auditions.

– de son droit de présenter des observations au procureur de la République ou au juge des libertés et de la détention lorsque ce magistrat se prononce sur l'éventuelle prolongation de la garde à vue, tendant à ce qu'il soit mis fin à cette mesure. En cas de non présentation à ce magistrat vous avez le droit de faire connaître oralement vos observations dans un procès-verbal qui lui sera communiqué avant qu'il ne statue sur la prolongation de la mesure.

– de son droit à être alimenté *(C.P.P., art 64)*

Toute personne gardée à vue doit recevoir des repas chauds.

→ **Un document énonçant ces droits est remis à la personne gardée à vue** *(C.P.P. art. 803-6).*

En enquête préliminaire et de flagrance

De son droit d'être informé des dispositions relatives à la suite donnée à la procédure.

La personne gardée à vue est informée, lorsqu'elle n'est pas présentée au parquet, qu'elle dispose du droit de faire exercer un contrôle sur la durée de la procédure dans le cadre de laquelle elle a été placée en garde à vue si, dans un délai de six mois à compter de la fin de cette mesure, elle n'a pas fait l'objet de poursuites ou d'une décision de classement sans suite *(C.P.P., art. 77-2 et 77-3).*

La fouille-sûreté *(par palpation)*

Toute personne gardée à vue pour indices graves et concordants doit faire l'objet d'une fouille-sûreté, effectuée par une personne du même sexe.

La fouille-sûreté est à distinguer de la fouille-perquisition.

I. 22 – Quant à la procédure *(art 64 du C.P.P.)*

Mentions particulières de la garde à vue :
– jour et heure de début de garde à vue,
– motifs de la garde à vue,
– lieux de la garde à vue,
– durée des auditions ou interrogatoires,
– durée des repos,
– jour et heures de la fin de la garde à vue,
– demandes faites en application des articles 63-1 à 63-4-3 du C.P.P. et la suite qui leur a été donnée,
– heures pendant lesquelles la personne a pu s'alimenter.
– fouille intégrale ou investigations corporelles externes.

Toutes ces mentions doivent être émargées par la personne gardée à vue. *(La signature de la personne en bas de chaque page suffit à satisfaire cette exigence légale.)* En cas de refus, il en sera fait mention.

– article 429 du C.P.P. : "tout procès-verbal d'interrogatoire ou d'audition doit comporter les questions auxquelles il est répondu".
En pratique, cette exigence a notamment pour conséquence d'interdire de recourir à la mention "S.I." *(sur interpellation)* qui figurait régulièrement dans les procès-verbaux.

Le délai d'exécution d'une commission rogatoire est fixé parle juge d'instruction pour la transmission des procès-verbaux par l'O.P.J.

Contrôle de la garde à vue

– par les magistrats,

* peuvent se faire présenter les carnets de déclarations,
* vérifier annuellement les registres des gardes à vue détenus par les unités,
* se prononcer sur les demandes de prolongation de la garde à vue,

– idem pour le commandant d'unité.

Sanctions encourues par l'O.P.J. en cas d'abus ou d'irrégularités commises en matière de garde à vue :

– sanctions disciplinaires de la part de la chambre de l'instruction :

* observations,
* interdiction,

– sanctions pénales de la part de la juridiction répressive au cas où l'O.P.J. aurait commis une infraction caractérisée *(article 432-4 du C.P.)*,

– le non respect des prescriptions est sanctionné de nullité en application de l'article 171 du C.P.P.

Visite des locaux de garde à vue.

Le procureur de la République visitera les locaux de garde à vue chaque fois qu'il l'estimera nécessaire indépendamment du fait que le magistrat aura l'obligation de faire de telles visites au moins une fois par an *(art. 41, al. 3 du C.P.P.)*.

Ce contrôle se matérialisera par des mentions sur un registre spécial tenu au parquet.

Droit à la protection de l'image.

Les autorités judiciaires comme les chefs d'escorte ont l'obligation de prendre les mesures utiles pour éviter l'enregistrement de l'image d'une personne menotée ou entravée *(C.P.P. art. 803)*.

II. Suggestion d'introduction et de conclusion

Introduction.

Dans sa lutte contre la délinquance, la police judiciaire possède de nombreuses prérogatives pour que justice soit rendue. Or, l'une des pièces maîtresses du droit français en la matière porte atteinte au principe fondamental de la liberté individuelle d'autrui : la garde à vue.

La garde à vue est une mesure de sûreté policière préalable à toute comparution portant sur le fond devant le magistrat de l'ordre judiciaire.

Il apparaît nécessaire, de par son caractère teinté d'un sentiment d'arbitraire et d'un souci légitime de légalité, de s'interroger sur cette incertitude. Incertitude quant à l'étendue du pouvoir de garder à vue une personne et quant aux garanties accordées à celle-ci.

Il convient alors d'analyser les devoirs de l'enquêteur et ensuite les droits de la personne retenue.

Conclusion.

En droit, la procédure de la garde à vue, encadrée dans un formalisme rigoureux, tend plus dans l'intérêt des individus retenus que dans celui de la répression.

Ainsi, les droits exceptionnels accordées aux officiers de police judiciaire sont strictement contrôlés dans le dessein de préserver les droits de la défense.

L'officier de police judiciaire qui ne respecterait pas les règles de la garde à vue pourrait d'ailleurs voir sa responsabilité personnelle mise en jeu et s'exposerait aux sanctions pénales de l'article 432-4 du Code pénal qui réprime les atteintes à la liberté individuelle.

SUJET DE
CONNAISSANCES GÉNÉRALES

PROCÉDURE PÉNALE

SUJET

La flagrance :
- Définition et conséquences juridiques
- Pouvoirs et obligations de l'O.P.J.

RÉFÉRENCES

La flagrance
Définition *(C.P.P., art. 53)*
Conséquences juridiques *(C.P.P., art. 54, 56 à 59, 68, 69, 70, 72, 73, 78-3, 100-7, 394 et 395)*
Rôle de l'OPJ *(C.P.P., art. 17, 18, 56 à 59, 61, 62, al. 1 et 63, al. 1)*
Obligations de l'O.P.J. *(C.P.P., art. 54, al. 2, 56, 63-1, 63-2, 63-3, 63-4, al.1)*

RECHERCHE ET SIGNIFICATION DES MOTS CLÉS

Flagrance : crime ou délit qui se commet actuellement.

Définition : donner la signification *(d'un objet, d'un mot, d'un concept)*.

Conséquences : suites logiques entraînées par un fait qui en est la cause.

Juridique : adjectif révélant que l'expression est relative au droit.

Pouvoir : prérogative permettant de conférer l'initiative et la direction de la procédure.

Obligation : lien de droit par lequel une personne est tenue de faire ou ne pas faire quelque chose.

O.P.J. : ensemble des fonctionnaires placés sous l'autorité du parquet et le contrôle de la chambre de l'instruction, ayant pour mission d'accomplir les opérations relatives à l'enquête de police.

Notes Personnelles

La flagrance.
Définition et conséquences juridiques
Pouvoirs et obligations de l'O.P.J.

I. Suggestion de plan détaillé

I. 1 – Champ d'application de l'enquête

I. 11 – Définition

Article 53 du C.P.P. : la notion d'infraction flagrante comprend non seulement l'infraction qui se commet ou qui vient de se commettre mais l'infraction est réputée également flagrante lorsque, dans un temps très voisin de l'action, la personne soupçonnée :

– est poursuivie par la clameur publique *(ne pas confondre avec la rumeur publique)*,
– est trouvée en possession d'objets,
– présente des traces ou indices laissant penser qu'elle a participé à l'infraction.

L'enquête de flagrance menée à la suite de la constatation d'un crime ou d'un délit flagrant ne peut se poursuivre au-delà de huit jours.

Toutefois, lorsque des investigations nécessaires à la manifestation de la vérité pour un crime ou un délit puni d'une peine supérieure ou égale à cinq ans d'emprisonnement ne peuvent être différées, le procureur de la République peut décider la prolongation, dans les mêmes conditions, de l'enquête pour une durée maximale de huit jours.

Il convient de souligner que si la loi définit la flagrance d'après un critère temporel, la jurisprudence y a ajouté un critère d'apparence ou visuel.

Exemples :

– Pour la Cour de cassation le simple renseignement ou une dénonciation anonyme est insuffisant *(crim. 8 nov. 1989)*,

– Le comportement de la personne qui tente de s'esquiver à la vue des policiers, peut être un indice apparent d'un comportement délictueux révélant l'existence d'une infraction.

La jurisprudence estime qu'à partir du moment où l'infraction est flagrante l'enquête de la police judiciaire se poursuit selon les règles qui lui sont propres, dans les limites de temps prévues par le C.P.P. et à condition que les actes se succèdent sans interruption notable.

I. 12 – Conséquences juridiques

Rôle des magistrats

– art. 54 du C.P.P. : le procureur de la République doit être prévenu immédiatement par l'O.P.J. et il peut se transporter lui-même sur les lieux,

– art. 68 alinéa 1 du C.P.P. : il dessaisit par son arrivée l'O.P.J. de ses pouvoirs d'enquête,

– art. 68 alinéa 2 du C.P.P. : il se trouve investit desdits pouvoirs,

– pouvoirs propres appartenant au procureur de la République :

* art. 69 du C.P.P. : il procède aux investigations dans les ressorts des tribunaux limitrophes de celui où il exerce ses fonctions si l'enquête l'exige,
* art. 70 du C.P.P. : il peut décerner un mandat de recherche si le coupable supposé a disparu et qu'il s'agit d'un crime ou d'un délit flagrant puni d'au moins trois ans d'emprisonnement afin de procéder à son interrogatoire,
* art. 72 du C.P.P. : Lorsque le procureur de la République et le juge d'instruction sont simultanément sur les lieux, le procureur de la République peut requérir l'ouverture d'une information régulière dont est saisi le juge d'instruction présent, par dérogation, le cas échéant, aux dispositions de l'article 83 du C.P.P.

L'article 73 du C.P.P. permet, grâce au souhait du législateur, à toute personne d'appréhender l'auteur d'un crime ou d'un délit flagrant puni d'une peine d'emprisonnement et de la conduire devant l'O.P.J. le plus proche.

La possibilité de jugement faisant suite à un flagrant délit :

– article 395 du C.P.P. : le procureur de la République peut procéder à la comparution immédiate de l'intéressé devant le tribunal. Condition : la peine prévue par la loi est au moins égale à six mois.

– article 394 du C.P.P. : il peut procéder à un "rendez-vous judiciaire" où l'intéressé comparaît devant le tribunal correctionnel en qualité de prévenu.

L'existence des causes de nullités substantielles et textuelles pour l'O.P.J. ayant opéré à tort en flagrant délit :

– nullités textuelles :

* art. 56 à 59 du C.P.P. *(perquisition)*,
* art. 78-3 du C.P.P. *(contrôle d'identité)*,
* art. 100 à 100-7 du C.P.P. *(interception de correspondance émise par la voie des télécommunications)*,

– nullités substantielles : méconnaissance d'une formalité, c'est-à-dire le non respect d'une règle de procédure, s'il a été porté atteinte aux intérêts de la personne concernée *(C.P.P., art. 171)*.

I. 2 – Rôle de l'O.P.J.

I. 21 – Pouvoirs de l'O.P.J.

L'article 17 du C.P.P. énonce « *les O.P.J. exercent les pouvoirs définis à l'article 14 ; ils reçoivent les plaintes et dénonciations* ». En cas de crimes et délits flagrants, ils exercent les pouvoirs qui leur sont conférés par les articles 53 à 67 du C.P.P.

Ils ont le droit de requérir directement le concours de la force publique pour l'exécution de leur mission.

Les O.P.J. ont compétence territoriale élargie :

– Dans tous les cas aux T.G.I. limitrophes *(al. 3)* ;

– En cas de flagrance, sur réquisition du Procureur de la République à l'ensemble du territoire nationale *(al. 4)* ;

– En cas de flagrance, sur réquisition du Procureur de la République sur le territoire d'un État étranger, avec l'accord des autorités de cet État *(al. 5)*.

Les articles 56 à 59 du C.P.P. traitent du pouvoir reconnu à l'O.P.J. agissant en flagrance, de perquisitionner d'autorité au domicile des personnes qui paraissent avoir participé au crime ou au délit, ou détenir des pièces ou objets relatifs aux faits donnant lieu à enquête *(saisies)*.

Les articles 60 à 60-2 du C.P.P. disposent du droit de réquisition de l'O.P.J.

L'article 61 alinéa 1 du C.P.P. permet à l'O.P.J. d'éviter la disparition des témoins présents sur les lieux voire la fuite de l'auteur par une défense de s'éloigner.

L'article 62 alinéa 1 du C.P.P. pose le principe selon lequel l'O.P.J. peut appeler et entendre toutes les personnes susceptibles de fournir des renseignements sur les faits ou sur les objets ou documents saisis. Simples témoins, ces personnes ne pourront être mises en garde à vue.

Point important, cet article fait une distinction entre les témoins et l'éventuel suspect.

L'article 62-2 du Code de Procédure Pénale précise que la garde à vue est une mesure de contrainte décidée par un Officier de Police Judiciaire, sous le contrôle de l'autorité judiciaire, par laquelle une personne à l'encontre de laquelle il existe une ou plusieurs raisons plausibles de soupçonner qu'elle a commis ou tenté de commettre un crime ou un délit punit d'une peine d'emprisonnement est maintenue à la disposition des enquêteurs, et liste les motifs pour lesquels cette mesure constitue l'unique moyen d'y parvenir.

I. 22 – Obligations de l'O.P.J.

Sauf cas spécifiques, les O.P.J. doivent donc enquêter sur leur seule circonscription. Toutefois les enquêteurs ont obligation, même lorsqu'ils sont territorialement incompétents, de recevoir les plaintes des victimes, pour les transmettre le cas échéant au service compétent *(C.P.P. art. 15-3).*

L'article 54 alinéa 2 du C.P.P. oblige l'O.P.J. à veiller à la conservation :
– des indices susceptibles de disparaître,
– de tout ce qui peut servir à la manifestation de la vérité.

Il faut donc empêcher le dépérissement des preuves.

L'article 56 du C.P.P. stipule que l'O.P.J. a obligation de provoquer préalablement toutes mesures utiles pour que soit assuré le respect du secret professionnel et des droits de la défense.

Tous objets et documents saisis sont immédiatement inventoriés et placés sous scellés.

L'article 63-1 du C.P.P. précise les droits de la personne gardée à vue.

Toute personne gardée à vue est immédiatement informée par un O.P.J. de ses droits, et des dispositions relatives à la durée de la garde à vue (de son placement en garde à vue ainsi que de la durée de la mesure et de la ou des prolongations dont celle-ci peut faire l'objet) :
• de la qualification, de la date et du lieu présumés de l'infraction qu'elle est soupçonnée d'avoir commise ou tenté de commettre ;

• du fait qu'elle bénéficie :

– du droit de faire prévenir un proche et son employeur, conformément à l'article 63-2 ;

– du droit d'être examinée par un médecin, conformément à l'article 63-3 ;

– du droit d'être assistée par un avocat, conformément aux articles 63-3-1 à 63-4-3 ;

– du droit, lors des auditions, après avoir décliné son identité, de faire des déclarations, de répondre aux questions qui lui sont posées ou de se taire.

– du droit de consulter, dans les meilleurs délais et au plus tard avant l'éventuelle prolongation de la garde à vue le procès-verbal établi constatant la notification de la garde à vue, le certificat médical et les procès-verbaux de vos auditions.

– de son droit de présenter des observations au procureur de la République ou au juge des libertés et de la détention lorsque ce magistrat se prononce sur l'éventuelle prolongation de la garde à vue, tendant à ce qu'il soit mis fin à cette mesure. En cas de non présentation à ce magistrat vous avez le droit de faire connaître oralement vos observations dans un procès-verbal qui lui sera communiqué avant qu'il ne statue sur la prolongation de la mesure.

– de son droit à être alimenté *(C.P.P. art. 64)*. Toute personne gardée à vue doit recevoir des repas chauds.

→ Un document énonçant ces droits lui est remis. *(C.P.P. art. 803-6)*.

De même, les victimes doivent être informées par l'O.P.J. *(ou l'A.P.J.)* de leur droit à indemnisation et de la possibilité de saisir un service ou une association d'aide aux victimes *(C.P.P., art. 53-1 et 75)*, et de leur droit en cas de confrontation à être assistées par un avocat *(C.P.P. art. 61-2)*.

II. Suggestion d'introduction et de conclusion

Introduction.

La survenance d'un crime ou d'un délit est la cause d'un trouble à la paix publique et d'une atteinte à la sécurité des personnes et des biens.

Les enquêteurs disposent alors de différents types d'enquête. Il convient donc d'accorder, à ceux qui sont chargés par la loi d'en rechercher les auteurs, des pouvoirs étendus.

L'urgence de la situation impose donc que l'enquête soit conduite dans des conditions maximales d'efficacité et qu'elle aboutisse dans les meilleurs délais.

Il s'agira alors de déterminer quelles sont les autorités qui seront dotées de ces prérogatives en matière de flagrance c'est-à-dire le champ d'application de l'enquête de flagrance. Puis, on s'interrogera en quoi consisteront exactement ces prérogatives et obligations au niveau des O.P.J.

Conclusion.

Le Code de procédure pénale encadre strictement les cas de flagrance et les conséquences juridiques qui en découlent. L'O.P.J. est doté, par souci d'efficacité, de pouvoirs élargis modulés par les conditions d'exécution particulières des enquêtes conduites dans le temps de la flagrance.

Cependant, le Code de procédure pénale renforce les droits du citoyen en matière d'enquête de flagrant délit. Tandis que l'O.P.J. voit ses pouvoirs encadrés d'une stricte légalité et d'un formalisme rigoureux sous peine de nullité.

Notes Personnelles

SUJET DE
CONNAISSANCES GÉNÉRALES

PROCÉDURE PÉNALE

SUJET

Caractérisez en les illustrant à l'aide d'exemples, les pouvoirs qu'exercent les juridictions et les magistrats vis-à-vis des O.P.J. de la Gendarmerie dans l'exécution de leur mission de police judiciaire.

RÉFÉRENCES

Procureur de la République :
- direction *(C.P.P., art. 12)*
- pouvoirs *(C.P.P., art. 41)*

Procureur Général :
- surveillance *(C.P.P., art. 13, 19-1, 38)*

Juge d'instruction :
- ouverture information *(C.P.P., art. 51)*
- réquisition force publique *(C.P.P., art. 51)*
- flagrant délit *(C.P.P., art. 72)*
- commission rogatoire *(C.P.P., art. 81 et 151 et s., D. 33 et s.)*

Chambre de l'instruction :
- surveillance *(C.P.P., art. 224 à 230)*

Inspection générale des services judiciaires :
- enquêtes administratives *(C.P.P., art. 15-2)*

RECHERCHE ET SIGNIFICATION DES MOTS CLÉS

Pouvoir : capacité d'accomplir une action.

Juridictions : ensemble des tribunaux de même ordre, de même matière ou de même degré hiérarchique.

Magistrats : personnes chargées de requérir l'application de la loi quand ils sont au parquet *(au contraire des magistrats du siège qui sont chargés de juger).*

.../...

O.P.J. : fonctionnaires de la Police nationale ou militaires de la Gendarmerie nationale placés sous l'autorité du parquet et le contrôle de la chambre de l'instruction, ayant pour mission d'accomplir les opérations ressortissant de l'enquête de police, de flagrance et d'effectuer les délégations des magistrats instructeurs.
Exécution : action d'accomplir.

Mission : charge donnée à quelqu'un d'accomplir une tâche définie.

Police judiciaire : actes de recherche et de constatation des infractions.

Notes Personnelles

Caractérisez, en les illustrant à l'aide d'exemples, les pouvoirs qu'exercent les juridictions et les magistrats vis-à-vis des O.P.J. de la Gendarmerie dans l'exécution de leur mission de police judiciaire.

I. Suggestion de plan détaillé

I. 1 – Pouvoirs accordés aux magistrats à l'égard des O.P.J.

I. 11 – Direction : procureur de la République

Les O.P.J. sont tenus d'informer sans délai le procureur de la République des crimes, délits et contraventions dont ils ont connaissance *(C.P.P., art. 19)*. Celui-ci fixe un délai aux enquêteurs lorsqu'il ordonne une enquête préliminaire *(C.P.P., art. 75, al. 1)*.

Dans le cas d'enquête d'office commencée depuis plus de six mois les enquêteurs ont obligation de rendre compte au parquet *(C.P.P., art. 75, al. 2)*.

De même, les O.P.J. doivent, conformément à l'article 75-2, aviser le parquet lorsque l'auteur présumé d'une infraction est identifié au cours d'une enquête préliminaire concernant un crime ou un délit.

Il donne les instructions aux O.P.J. en vue de faire procéder aux investigations nécessaires à la recherche des infractions et à la poursuite des auteurs de celles-ci *(C.P.P., art. 41)*.

Il assigne les missions et répartit les tâches, notamment lorsque des O.P.J. relevant de plusieurs administrations concourent à une même enquête.

Il apprécie souverainement s'il y a lieu de dessaisir l'O.P.J. qui a commencé l'enquête ou de lui laisser poursuivre pour tout ou partie les investigations.
Il adresse les réquisitions aux O.P.J.

Il adresse des demandes d'enquêtes et de renseignements.

Il décide, autorise quant à une éventuelle assistance territoriale au profit de l'O.P.J.

Il permet de faire procéder à un O.P.J. toutes les opérations qu'il aura prescrites sur toute l'étendue du territoire national ou étranger *(C.P.P., art. 18, al. 4 et 5).*

Il doit être informé de toute mesure de garde à vue *(C.P.P., art. 63 et 77).*

Il lui incombe de vérifier la bonne tenue du registre spécial de garde à vue *(C.P.P., art. 41).*

Il vérifie la régularité des procédures établies par l'O.P.J.

Il fait aux O.P.J. les observations ou mises au point qui s'imposent dans l'exercice de leurs fonctions de police judiciaire *(il ne s'immisce pas dans les attributions de commandement des chefs hiérarchiques).*

Il établit et transmet annuellement au procureur général pour chacun des fonctionnaires ayant la qualité d'O.P.J. une notice individuelle de renseignement, avec proposition de notation, destinée à être classée au dossier de l'O.P.J. qui est tenu à la cour d'appel.

Il signale au procureur général, en cas de fautes caractérisées, les manquements commis par l'O.P.J.

I. 12 – Surveillance : procureur Général

Il surveille l'activité des O.P.J. *(C.P.P., art. 13 et 38).*

Il peut charger un O.P.J. de recueillir tous renseignements qu'il estime utiles à la bonne administration de la justice *(C.P.P., art. 38).*

Il a pour mission de prévenir les fautes professionnelles des O.P.J. par des directives générales ou des observations particulières.

Il intervient en cas de fautes commises dans l'exercice de la police judiciaire.

Il adresse aux O.P.J. des avertissements en cas de manquements commis dans l'exercice de leurs fonctions.

Il saisit la chambre de l'instruction en cas de fautes graves commises par les O.P.J. dans l'exercice de leurs fonctions.

Il détient un dossier individuel sur l'activité de chacun des fonctionnaires ayant la qualité d'O.P.J.

Il est chargé de la notation des O.P.J. habilités *(C.P.P., art. 19-1).*

Il accorde, refuse et retire l'habilitation de la qualité d'O.P.J.

I. 13 – Enquêtes administratives

L'inspection générale des services judiciaires participe aux enquêtes administratives relatives au comportement d'un O.P.J. ou d'un A.P.J. dans ses fonctions de police judiciaire. L'enquête qui peut être ordonnée par le garde des sceaux est alors dirigée par un magistrat *(C.P.P., art. 15-2).*

I. 2 – Pouvoirs accordés aux juridictions à l'égard des O.P.J.

I. 21 – Instruction : juge d'instruction

L'article 72 du C.P.P. prévoit que lorsque le juge d'instruction et le procureur de la République sont présents simultanément sur les lieux des faits, ce dernier peut requérir l'ouverture d'une information dont il saisit le juge d'instruction présent.

Celui-ci peut accomplir lui-même tous les actes de police judiciaire ou prescrire aux O.P.J. de poursuivre leurs opérations.

Il peut déléguer ses fonctions à un O.P.J. par sa qualité de magistrat instructeur par le biais des commissions rogatoires *(C.P.P., art. 81, al. 4).*

L'O.P.J. devra se conformer à la mission indiquée par la commission rogatoire *(C.P.P., art. 151 et 152).*

Il exerce un pouvoir de contrôle de la garde à vue prise à l'encontre de toute personne dans la cadre de cette procédure, mesure dont il est systématiquement informé *(C.P.P., art. 154).*

Il doit donner constamment des directives à l'O.P.J. quant à la poursuite ou l'interruption de l'audition de la personne non encore mise en examen pour sa participation aux faits lorsqu'apparaissent des indices graves et concordants à son encontre.

Il peut donner la possibilité à l'O.P.J. d'œuvrer en dehors du ressort du T.G.I. dont il dépend ou du territoire national en vertu d'une commission expresse *(C.P.P., art. 18, al. 4 et 5).*

I. 22 – Contrôle : la chambre de l'instruction *(C.P.P., art. 224 à 230)*

Exerce un contrôle sur l'activité des O.P.J.

Connaît des fautes commises par les O.P.J. à l'occasion des actes qu'ils accomplissent en cette qualité.

Fait procéder à une enquête.

Fait donner communication de son dossier à l'O.P.J. incriminé.

Entend le procureur général.

Entend l'O.P.J. en cause.

En matière de sanctions, peut soit se limiter à des observations, soit interdire à titre temporaire ou définitif l'exercice des fonctions d'O.P.J. dans le ressort de la cour d'appel ou sur l'ensemble du territoire. Les décisions de cette juridiction sont applicables immédiatement et notamment les décisions suspendant l'exercice des fonctions d'O.P.J.

En cas non seulement d'une irrégularité, mais aussi d'une infraction à la loi pénale, la chambre de l'instruction ordonne la transmission du dossier au procureur général, qui reste libre d'engager des poursuites contres l'O.P.J.

Peut prendre un sanction disciplinaire contre l'O.P.J.

II. Suggestion d'introduction et de conclusion

Introduction.

Les O.P.J. sont chargés de constater les infractions à la loi pénale, d'en rassembler les preuves et d'en rechercher les auteurs tant qu'une information n'est pas ouverte, auquel cas ils exécutent les délégations des juridictions d'instruction et déférent à leurs réquisitions. Ils sont des auxiliaires de la justice répressive.

De par l'exécution des délégations, ils se trouvent investis de prérogatives importantes menaçant les libertés individuelles. C'est ainsi que le législateur, pour assurer une bonne exécution de la mission de police judiciaire par l'O.P.J., a défini les pouvoirs conférés aux magistrats et aux juridictions.

On évoquera dans un premier temps, les pouvoirs accordés aux magistrats vis-à-vis des O.P.J., c'est-à-dire de direction pour le procureur de la République et de surveillance pour le procureur général, puis dans un deuxième temps les pouvoirs accordés aux juridictions, autrement dit l'instruction par le juge d'instruction et le contrôle par la chambre de l'instruction.

Conclusion

La loi donne mission aux officiers de police judiciaire de constater les infractions à la loi pénale, d'en rassembler les preuves et d'en rechercher les auteurs.

Pour l'exécution de leur mission de police judiciaire, les officiers de police judiciaire disposent de pouvoirs spécifiques et importants.

Ils exercent leur fonction, conduisent leurs enquêtes et usent de toutes leurs prérogatives pour identifier et interpeller les auteurs des infractions sous la direction, la surveillance et le contrôle des magistrats et des juridictions. Cela n'est pas un frein à leur capacité d'action car leurs rapports avec les magistrats et les juridictions sont régis par la confiance et le professionnalisme.

Dans une démocratie, il est normal que l'action des forces de l'ordre soit conduite sous le contrôle des autorités judiciaires qui veillent au respect de la loi, des libertés et des personnes.

SUJET DE
CONNAISSANCES GÉNÉRALES

PROCÉDURE PÉNALE

SUJET

L'inviolabilité du domicile et les exigences de la police judiciaire.

RÉFÉRENCES

Domicile :
- Définition *(C.Civil., art. 102 à 111)*
- Autorisation permanente d'entrer dans les parties communes *(immeubles) (C.constr. et habit. , art. L. 126 - 1)*

Perquisitions, visites domiciliaires* :
- Enquête préliminaire *(C.P.P., art. 18, 20 et 75 à 78)*
- Enquête flagrant délit *(C.P.P., art. 18, 53 à 74)*
- Commission rogatoire *(C.P.P., art. 95 et 96 à 115)*

Cas particuliers :
- En matière de stupéfiants *(C.P.P., art. 706 - 28)*
- En matière de proxénétisme *(C.P.P., art. 706 - 35)*
- En matière de criminalité et délinquance organisée *(C.P.P., art. 706-89, 706-90 et 706-91)*
- Dans les milieux militaires *(C.P.P., art. 698 - 3)*
- Mandats de justice *(C.P.P., art. 134)*
- Ambassades et Consulats *(Art. 30 de la Convention de Vienne)*

* **Nota** : Dans la pratique comme en droit cette distinction n'offre aucun intérêt et les actes qu'elle nécessite répondent aux mêmes exigences procédurales

RECHERCHE ET SIGNIFICATION DES MOTS CLÉS

Inviolabilité : caractère de ce qui est inviolable donc que l'on ne peut pas enfreindre.

…/…

Domicile : lieu où la personne a son principal établissement. D'où l'inviolabilité du domicile qui est un principe général du droit français, consacré dans les termes les plus formels, par la loi, qui en punit sévèrement la méconnaissance.
Exigences : ce qui est commandé par des circonstances, la nature, ...etc.
Police judiciaire : dans sa signification légale, la police judiciaire désigne soit l'ensemble des missions répressives confiées aux services compétents, soit l'ensemble des personnels chargés de ces missions répressives.

NOTES PERSONNELLES

L'inviolabilité du domicile et les exigences de la police judiciaire.

I. Suggestion de plan détaillé

I. 1 – Caractéristiques de la perquisition

I. 11 – Caractéristiques générales à toute perquisition

. Conditions de temps *(art. 59 du C.P.P.)*

Les perquisitions ne peuvent pas débuter avant 6 heures et après 21 heures. Cependant, une perquisition commencée avant 21 heures, peut-être poursuivie sans désemparer au delà de cet horaire.

. Conditions tenant à la qualité des personnes concernées.

Les perquisitions s'opèrent en application de l'art. 56 du C.P.P. au domicile des personnes qui paraissent avoir participé au crime ou au délit, ou détenir des pièces ou objets relatifs aux faits incriminés.

Cependant :

* Les perquisitions dans le cabinet d'un avocat ou à son domicile ne peuvent être effectuées que par un magistrat et en présence du bâtonnier ou de son délégué *(art. 56 - 1 al. 1 du C.P.P.)* ;

* Les perquisitions dans le cabinet d'un médecin, d'un notaire, d'un avoué ou d'un huissier sont effectuées par un magistrat en présence de la personne responsable de l'ordre ou de l'organisation professionnelle à laquelle appartient l'intéressé ou de son représentant *(art. 56-3 du C.P.P.)* ;

* En revanche les perquisitions effectuées au domicile des notaires, avoués , huissiers et médecins peuvent être diligentés par les O.P.J.

Les perquisitions dans les locaux d'une entreprise de presse ou de communication audiovisuelle ne peuvent être effectuées que par un magistrat qui veille à ce que les investigations conduites ne portent pas atteinte au libre exercice de la profession de journaliste et n'entraîne pas de retards injustifiés à la diffusion de l'information *(art. 56 - 2 du C.P.P.)*

I. 12 – Caractéristiques en fonction du type d'enquête.

. Enquête préliminaire :

La perquisition peut être effectuée par un O.P.J. mais également par un A.P.J. sous le contrôle effectif d'un O.P.J. La présence de la personne chez qui elle a lieu est obligatoire et soumise à son assentiment express écrit de sa main. Si les nécessités de l'enquête relative à un crime ou à un délit puni d'une peine d'emprisonnement d'une durée égale ou supérieure à cinq ans l'exigent, le juge des libertés et de la détention du tribunal de grande instance peut, à la requête du procureur de la République, décider, par une décision écrite et motivée, que les opérations prévues au présent article seront effectuées sans l'assentiment de la personne chez qui elles ont lieu. À peine de nullité, la décision du juge des libertés et de la détention précise la qualification de l'infraction dont la preuve est recherchée ainsi que l'adresse des lieux dans lesquels ces opérations peuvent être effectuées ; cette décision est motivée par référence aux éléments de fait et de droit justifiant que ces opérations sont nécessaires. Les opérations sont effectuées sous le contrôle du magistrat qui les a autorisées, et qui peut se déplacer sur les lieux pour veiller au respect des dispositions légales. Ces opérations ne peuvent, à peine de nullité, avoir un autre objet que la recherche et la constatation des infractions visées dans la décision du juge des libertés et de la détention. Toutefois, le fait que ces opérations révèlent des infractions autres que celles visées dans la décision ne constitue pas une cause de nullité des procédures incidentes *(C.P.P., art. 76, al. 4).* Les enquêteurs agissent dans le ressort de leur circonscription habituelle *(art. 18 al. 1 du C.P.P.)*

Les O.P.J. pourront perquisitionner sur l'ensemble des T.G.I. limitrophes au tribunal ou aux tribunaux auxquels ils sont rattachés *(C.P.P., art. 18, al. 3)* et sur l'ensemble du territoire national sur réquisition du procureur de la République *(art. 18 al.4 du C.P.P.).* Dans ce dernier cas ils seront tenus d'être assistés de l'O.P.J. compétent si le magistrat l'a prescrit.

. Enquête de crime ou délit flagrant :

Les perquisitions s'effectuent d'autorité par un magistrat ou un O.P.J. En cas d'absence de la personne l'O.P.J. requiert deux témoins ne relevant pas de son autorité administrative *(un gendarme O.P.J. ne peut donc pas requérir deux autres gendarmes ; la notion de grade ne changeant rien au principe).*

L'O.P.J. a compétence territoriale sur le ressort de son ou de ses T.G.I. d'appartenance *(art. 18-1 du C.P.P.)* ainsi que sur le ressort des T.G.I. limitrophes *(art. 18-3 du C.P.P.).* L'O.P.J. aura compétence sur l'ensemble du territoire national sur réquisition du procureur de la République *(art. 18-4 du C.P.P.).* Dans ce cas l'O.P.J. sera tenu d'être assisté de l'O.P.J. compétent territorialement si le magistrat l'a prescrit.

. Enquête sur commission rogatoire :

Seul un O.P.J. peut exécuter une commission rogatoire. Les perquisitions, dès lors qu'elles sont prévues dans la mission du juge, sont exécutées d'autorité.
L'O.P.J. doit se conformer aux directives du magistrat. Sur commission rogatoire expresse du juge d'instruction, la compétence territoriale de l'O.P.J. pourra être étendue à l'ensemble du territoire national *(art. 18-4 du C.P.P.).*

. Enquête de découverte de cadavre, personne grièvement blessée, disparition de personne :

Selon les dispositions de l'article 74 du C.P.P., l'OPJ dispose des prérogatives des articles 56 à 62 du C.P.P., l'autorisant à mener des perquisitions sous l'autorité du magistrat compétent.

I. 2 – Les perquisitions dans les cas spéciaux (1)

I. 22 – En application de textes spécifiques

. En matière de proxénétisme :

En vertu de l'article 706-35 du C.P.P., lorsque le champ d'application vise les infractions entrant dans le cadre de

(1) Voir infra ANNEXES - Règles de procédure relatives aux infractions relevant de la criminalité et de la délinquance organisées.

l'article 706-34 du C.P.P. *(proxénétisme ainsi que l'association de malfaiteurs visant à préparer ces infractions)* l'O.P.J. peut perquisitionner à toutes heures du jour et de la nuit, à l'intérieur de tout hôtel, maison meublée, pension, débit de boissons, club, cercle, dancing, lieu de spectacle et lieux annexes et tout autre bien ouvert au public lorsqu'il est constaté que des personnes se livrant à la prostitution y sont reçus habituellement.

. En matière de stupéfiants :

En vertu de l'article 706-28 du C.P.P., lorsque le champ d'application vise les infractions entrant dans le cadre de l'article 706-26 du C.P.P. *(trafic de stupéfiants ainsi que l'association de malfaiteurs visant à préparer ces infractions).* les perquisitions prévues à l'article 59 du C.P.P. peuvent être opérées en dehors des normes prévues à cet article à l'intérieur des locaux où l'on use en société de stupéfiants ou dans lesquels sont fabriqués, transformés ou entreposés illicitement des stupéfiants lorsqu'il ne s'agit pas de locaux d'habitation.

. Criminalité et délinquance organisées :

Si les nécessités de l'enquête ou de l'instruction relative à l'une des infractions entrant dans le champ d'application de l'article 706-73 du C.P.P. l'exigent, les perquisitions, visites domiciliaires et saisies peuvent être effectuées de nuit dans les conditions suivantes:

- en enquête de flagrance, sur autorisation du juge des libertés et de la détention, à la requête du procureur de la République *(art. 706-89 du C.P.P.)* ;
- en enquête préliminaire, à la double condition que ces opérations ne concernent pas des locaux d'habitation et qu'elles soient autorisées par le juge des libertés et de la détention, à la requête du procureur de République *(art. 706-90 du C.P.P.).* ;
- en exécution d'une commission rogatoire, le juge d'instruction peut autoriser ces opérations dans des locaux autres que d'habitation. Cependant, en cas d'urgence, il peut également autoriser les officiers de police judiciaire à y procéder dans les locaux d'habitation dans trois hypothèses :
  1° S'il s'agit d'un crime ou d'un délit flagrant ;

2° S'il existe un risque immédiat de disparition de preuves ou des indices matériels ;
3° S'il existe une ou plusieurs raisons plausibles de soupçonner qu'une ou plusieurs personnes se trouvant dans les locaux sont en train de commettre des crimes ou des délits prévus par l'article 706-73 *(art. 706-91 du C.P.P.)*.

I. 23 – Recherches particulières :

Des perquisitions peuvent être ordonnées de jour comme de nuit :
- par l'autorité militaire lorsque la France est en état de siège ;
- par l'autorité administrative lorsque la France est en état d'urgence.

Il est possible de passer outre les heures légales en cas :
- d'appel provenant de l'intérieur de la maison *(59 al.1 du C.P.P.)*.

Cas d'un parlementaire : si, en principe, le domicile et le bureau de ces personnalités ne sont l'objet d'aucune inviolabilité particulière une perquisition ne peut cependant y être effectuée que s'il existe des indices graves et concordants.

Perquisition dans les milieux militaires après que le magistrat ou l'O.P.J. ait envoyé une réquisition à l'autorité militaire en vue d'obtenir l'autorisation de pénétrer dans l'enceinte militaire *(art. 698-3 du C.P.P.)*.

Perquisition pour exécuter des recherches spéciales : pour la mise à exécution d'un mandat d'amener, d'arrêt ou de recherche, une perquisition peut être effectuée aux heures légales au domicile de l'intéressé *(art. 134 du C.P.P.)*.

Pour les ambassades et les consulats, les locaux de la mission et le domicile privé du diplomate sont inviolables *(art. 30 de la Convention de Vienne)*. On ne peut donc y pénétrer que sur réquisition du chef de maison.

Enfin, on ne peut pénétrer dans les universités que sur réquisition du chef d'établissement, sur autorisation spéciale écrite du parquet et exceptionnellement pour mettre fin à la commission d'infractions particulièrement graves.

II – Suggestion d'introduction et de conclusion :

Introduction.

Un principe fondamental du droit français fait du domicile de toute personne un asile inviolable.

Bien que ce principe ait valeur de postulat, tant il correspond à l'esprit républicain axé sur la notion de liberté, il comporte cependant des limites répondant aux exigences de l'exercice de la police judiciaire.

En effet, il ne saurait y avoir de justice sans preuves et sans auteurs arrêtés et traduits devant les juridictions. Pour y parvenir, le législateur a accordé aux magistrats et à leurs auxiliaires le droit de pénétrer au domicile d'autrui dans des conditions particulièrement strictes. Il s'agit du droit de perquisition qui s'opère selon un formalisme rigoureux prenant en compte la qualité des personnes concernées et les infractions commises.

Après avoir analysé les caractéristique générales propres à toute perquisitions, il conviendra de rechercher les cas où les perquisitions sont soumises à des textes spécifiques.

Conclusion.

Le domicile d'un particulier reste fondamentalement un lieu inviolable. Le droit aux perquisitions restant l'exception qui confirme la règle.

Le formalisme particulièrement rigoureux qui encadre l'exécution des perquisitions est le garant des libertés individuelles.

Le législateur sait que la police judiciaire ne pourrait pas remplir efficacement son rôle sans ce droit de perquisition mais la contrepartie implacable est que le non respect des règles procédurales imposées par la loi conduit à la nullité textuelle de l'acte accompli et parfois à la commission du délit de violation de domicile par l'enquêteur fautif.

SUJET DE
CONNAISSANCES GÉNÉRALES

PROCÉDURE PÉNALE

SUJET

L'officier de police judiciaire.

Exposez les pouvoirs dont dispose l'officier de police judiciaire agissant dans le cadre de l'enquête judiciaire et de l'exécution des commissions rogatoires, puis indiquez les conditions de sa compétence territoriale ainsi que les possibilités d'extension de celle-ci, permises par la loi.

RÉFÉRENCES

Pouvoirs de l'O.P.J. :
- plaintes et dénonciations *(C.P.P., art. 15-3 et 17)*
- constatations *(C.P.P., art. 14, 54 et 74)*
- recherches personnes *(C.P.P., art. 74-1 et 74-2)*
- contrôle, vérifications d'identité *(C.P.P., art. 78-1 à 78-6)*
- enquête flagrant délit *(C.P.P., art. 53 à 67)*
- enquête préliminaire *(C.P.P., art. 75 à 78)*
- réquisitions *(C.P.P., art. 14, 53 à 65, 81 et 151)*
- commission rogatoire *(C.P.P., art. 151 à 155)*

RECHERCHE ET SIGNIFICATION DES MOTS CLÉS

Pouvoirs de police judiciaire : pouvoirs dévolus à l'O.P.J. dans le cadre de ses missions de police judiciaire, selon chaque cadre d'enquête : préliminaire, flagrant délit ou commission rogatoire.

Compétence territoriale : consiste en l'étendue de territoire sur laquelle l'O.P.J. exerce ses pouvoirs soit dans le cadre normal, soit dans le cadre des extensions prévues par les textes.

Notes Personnelles

L'officier de police judiciaire

Exposez les pouvoirs dont dispose l'officier de police judiciaire agissant dans le cadre de l'enquête judiciaire et de l'exécution des commissions rogatoires, puis indiquez les conditions de sa compétence territoriale ainsi que les possibilités d'extension de celle-ci, permises par la loi.

I. Processus d'élaboration de la réponse

I. 1 – Lecture et compréhension du sujet

I. 11 – Structure du sujet à étudier.

Le sujet est défini par un titre complété d'une phrase qui précise la matière

I. 12 – Étude du sujet

Il s'agit d'expliquer, d'une manière générale, les possibilités d'actions données par la loi à l'officier de police judiciaire enquêtant en enquête préliminaire ou de flagrance ainsi que sur commission rogatoire, puis de faire connaître les conditions nécessaires à la légalité de sa compétence territoriale, d'en définir les limites et d'exposer les différents cas d'extension de celle-ci, lui permettant d'exécuter ses missions.

I. 2 – Élaboration de la réponse

I. 21 – Les pouvoirs de l'officier de police judiciaire

Dans le cadre d'une enquête judiciaire, l'officier de police judiciaire :
- reçoit les plaintes ou dénonciations en matière de crimes, délits et contraventions *(C.P.P., art. 15-3 et 17)* ;

- constate les crimes, délits et contraventions, ainsi que les découvertes de cadavre *(C.P.P., art. 14 et 74)* ;
- recherche les causes de la mort *(C.P.P., art. 74, al. 4)* ;
- enquête en cas de découverte d'une personne grièvement blessée lorsque la cause de ses blessures est inconnue ou suspecte *(C.P.P., art. 74, al. 5)* ;
- recherche les mineurs ou les majeurs protégés signalés disparus *(C.P.P., art. 74-1)* ;
- enquête pour découvrir les personnes en fuite *(C.P.P., art. 74-2)* ;
- effectue des contrôles d'identité, suivis éventuellement de vérifications *(C.P.P., art 78-1 à 78-6)* ;
- exerce, en cas de crime ou délit flagrant les pouvoirs propres qui sont attachés à sa qualité *(C.P.P., art. 53 à 67)* :
  * constatations,
  * droit de défendre aux personnes présentes de s'éloigner du lieu de l'infraction,
  * auditions de témoins ou de victimes,
  * droit d'ordonner aux agents de police judiciaire qui le secondent d'entendre sous son contrôle les personnes susceptibles de fournir des renseignements sur les faits,
  * convocations de témoins,
  * gardes à vue, avec respect des droits de la personne retenue et de sa dignité,
  * perquisitions :
- d'autorité durant les heures légales,
- de nuit dans les conditions définies par les articles 706-28, 706-34 et 706-35 du Code de procédure pénale,
  * saisies d'autorité,
  * réquisitions des personnes *(C.P.P., art. 53 à 65)* ;
- procède à des enquêtes préliminaires :
  * soit sur instruction du procureur de la République,
  * soit d'office,

et peut exercer à cette occasion les pouvoirs propres qui sont attachés à sa qualité *(C.P.P., art. 75 à 78)* :

  * constatations,
  * droit de faire procéder sous son contrôle des actes d'enquête par des agents de police judiciaire,
  * auditions de témoins ou de victimes,

* convocations de témoins,
* gardes à vue, avec respect des droits de la personne retenue et de sa dignité,
* perquisitions :

– avec l'assentiment exprès de la personne, durant les heures légales *(C.P.P, art. 76, al. 1)*,
– sans l'assentiment exprès de la personne, durant les heures légales *(C.P.P., art. 76, al. 4)*,
– de nuit, dans les conditions définies par les articles 706-34 et 706-35 du Code de procédure pénale,
  * saisies avec l'assentiment exprès de la personne,
  * réquisitions des personnes *(C.P.P., art. 77-1 à 77-1-3)* ;
– contrôle les agents de police judiciaire qui effectuent des actes d'enquête préliminaire *(C.P.P., art. 75)* ;
– est destinataire des rapports rédigés par les agents de police judiciaire adjoints et il les transmet au parquet *(C.P.P., art. 21)* ;

Dans le cadre de l'enquête sur commission rogatoire, l'officier de police judiciaire :

– défère aux réquisitions et exécute les délégations des juridictions d'instruction, ainsi lorsqu'il exécute une commission rogatoire il procède à :
  * des constatations,
  * des auditions de témoins et de victimes,
  * des convocations de témoins,
  * des placements en garde à vue, avec respect des droits de la personne retenue et de sa dignité,
  * des perquisitions :
    - d'autorité durant les heures légales,
    - de nuit dans les conditions définies par les articles 706-28 et 706-35 du Code de procédure pénale,
  * des saisies d'autorité,
  * des réquisitions des personnes *(C.P.P., art. 1 4, 81 et 151)* ;
– requiert :
  * le concours de la force publique *(C.P.P., art. 17)*,
  * le prêt d'assistance des chefs de district et agents techniques des eaux et forêts et des gardes champêtres *(C.P.P., art. 25)*.

I. 22 – Les différentes conditions d'exercice de la compétence territoriale de l'officier de police judiciaire

La compétence territoriale normale de l'officier de police judiciaire se limite à l'étendue du territoire dans lequel l'officier de police judiciaire est habilité à exercer ses fonctions habituelles *(C.P.P., art. 15-1 et 18 al. 1 et R. 13).*

Les officiers de police judiciaire mis à disposition d'un service autre que celui dans lequel ils sont affectés, ont la même compétence territoriale que celle des officiers de police judiciaire du service d'accueil *(C.P.P., art. 18, al. 2).*

En application de la loi du 18 mars 2003, les officiers de police judiciaire en fonction dans les circonscriptions de sécurité publique de la police nationale et dans les unités de la gendarmerie nationale voient leurs compétences élargies au minimum à l'ensemble du département dans lequel ils exercent leurs attributions.

La compétence territoriale de l'officier de police judiciaire peut être élargie dans le cadre de :

- l'enquête préliminaire, lui permettant :
  * d'agir, sur réquisition du procureur de la République, sur toute l'étendue du territoire national *(C.P.P., art. 18 al. 4)* ;
- effectuer sur réquisition du procureur de la République, et avec l'accord des autorités compétentes de l'État concerné, des auditions sur le territoire d'un État étranger *(C.P.P., art. 18, al. 5).*
- l'enquête de flagrant délit, l'autorisant à :
  * procéder à des investigations dans le ressort de tribunaux de grande instance limitrophes à celui ou à ceux auxquels il est rattaché,
  * effectuer sur réquisition du procureur de la République, les opérations prescrites par ce magistrat, sur toute l'étendue du territoire national, *(C.P.P., art. 18 al. 4)* ;
- effectuer sur réquisition du procureur de la République, et avec l'accord des autorités compétentes de l'État concerné, des auditions sur le territoire d'un État étranger *(C.P.P., art. 18, al. 5).*

– l'enquête sur commission rogatoire lui donnant la possibilité :
  * de procéder aux opérations prescrites par le magistrat instructeur sur commission rogatoire expresse, surtout le territoire national *(C.P.P., art. 18, al. 4)*.
– d'effectuer, avec l'accord des autorités compétentes de l'État concerné, des auditions sur le territoire d'un État étranger *(C.P.P., art. 18, al. 5)*.

L'officier de police judiciaire peut aussi être territorialement compétent en raison :

– de l'habilitation qui lui est donnée par le procureur général, sur proposition des autorités administratives, dans les limites de la circonscription territoriale de l'officier de police judiciaire qu'il est appelé à suppléer *(C.P.P., art. 18 al. 6)* ;
– de la mission qu'il exerce dans les véhicules affectés au transport collectif de voyageurs ou dans des lieux d'accès à ces moyens de transport, dont les limites territoriales sont étendues aux limites de la zone de défense de leur service d'affectation *(C.P.P., art. 18 al. 7)* ;
– de la compétence territoriale élargie des fonctionnaires en poste dans les groupes d'intervention régionaux (G.I.R.).

Cas particulier : il n'y a pas obligation pour l'officier de police judiciaire d'être territorialement compétent lorsqu'il s'agit de recevoir les plaintes déposées par les victimes d'infractions pénales *(C.P.P., art. 15-3)*.

II. Rédaction de la réponse

Le devoir de connaissances générales se présente sous la forme d'une composition littéraire.

Résultat d'un travail personnel, de l'étude du sujet, de la recherche et de l'analyse des connaissances acquises ou puisées dans la documentation laissée à sa disposition, chaque candidat rédige et présente son devoir selon sa personnalité et son style d'écriture, tout en respectant la méthode de composition et de présentation des devoirs enseignée pendant les deux années d'instruction précédentes.

Chaque composition doit cependant exposer les connaissances juridiques nécessaires pour répondre à la question posée et respecter les règles de l'orthographe et de la grammaire.

III. Suggestion d'introduction et de conclusion

III. 1 – Introduction.

Les enquêtes judiciaires font suite à la commission d'une infraction. Elles ont pour but de constater les faits, de rassembler les preuves et d'interpeller les auteurs afin de les présenter à la justice.

Elles sont effectuées par un agent ou un officier de police judiciaire.

L'officier de police judiciaire exerce sa mission d'enquête sous la direction et le contrôle des magistrats, dans le cadre légal tel que défini par le Code de procédure pénale.

Qu'il diligente une enquête préliminaire, de flagrance ou exécute une commission rogatoire, l'officier de police judiciaire dispose des pouvoirs propres à sa qualité que nous allons exposer, notamment la possibilité d'extension de compétence territoriale.

III. 2 – Conclusion.

L'officier de police judiciaire exerce sa mission de police judiciaire dans le respect des lois et règlements ainsi que du Code de procédure pénale qui régissent son action.

C'est un auxiliaire de justice chargé d'effectuer des enquêtes judiciaires.

Pour exécuter sa mission, il dispose de pouvoirs particuliers attachés à sa qualité. Cette particularité lui impose de respecter les règles concernant l'exécution de sa tâche notamment celles relatives à sa compétence territoriale.

Qu'il soit militaire de la gendarmerie ou fonctionnaire de police, il a l'obligation d'informer les autorités judiciaires des infractions dont il a connaissance et le devoir de rendre compte à ses supérieurs hiérarchiques.

SUJET DE
CONNAISSANCES GÉNÉRALES

Procédure pénale

Sujet

La commission rogatoire.
Exposez les critères de compétence de l'O.P.J. ayant reçu délégation et les attributions que lui confère ce type d'enquête en matière d'audition.

Références

- La compétence territoriale : *(C.P.P. art. 15-1, 18 al. 1 et R. 13).*
- Les auditions en commission rogatoire : *(C.P.P. art. 151, 152, 153, 154 et 155).*

Lecture et compréhension du sujet

1 - Structure du sujet

Le sujet est constitué d'un titre qui indique la matière à étudier et d'une phrase qui précise le travail à effectuer et situe le domaine à traiter.

2 - Étude du sujet

Il s'agit de déterminer les règles de compétence de l'officier de police judiciaire en matière de commission rogatoire et de développer les pouvoirs conféré à l'officier de police judiciaire et ses devoirs en matière d'audition lors de l'exécution d'une commission rogatoire.

Notes Personnelles

La commission rogatoire

I. Suggestion plan détaillé

I.1 – Les critères de compétence de l'officier de police judiciaire

L'officier de police judiciaire ne peut exécuter une commission rogatoire que :
– s'il est territorialement compétent :
- La compétence normale de l'O.P.J. est définie par les articles 15-1, 18 al. 1 et R. 13 du Code de procédure pénale et se limite à l'étendue du territoire dans lequel il est habilité à exercer ses fonctions habituelles ;
- La compétence territoriale de l'O.P.J. peut être étendue au ressort des tribunaux de grande instance limitrophes du tribunal ou des tribunaux auxquels ils sont rattachés, à l'effet d'y poursuivre leurs investigations et de procéder à des auditions, perquisitions et saisies. Pour l'application, les ressorts des tribunaux de grande instance situés dans un même département sont considérés comme un seul et même ressort. Les ressorts des tribunaux de grande instance de Paris, Nanterre, Bobigny et Créteil sont considérés comme un seul et même ressort ;
- Sur toute l'étendue du territoire national, sur commission rogatoire expresse du juge d'instruction pour procéder aux opérations prescrites par ces magistrats sur toute l'étendue du territoire national. Dans ce cas, ils sont tenus d'être assistés d'un O.P.J. territorialement compétent si le magistrat dont ils tiennent la commission ou la réquisition le décide. Le procureur de la République territorialement compétent en est informé par le magistrat ayant prescrit l'opération.
- À l'étranger, avec l'accord des autorités compétentes de l'État concerné, sur commission rogatoire expresse du juge d'instruction, pour procéder à des auditions sur le territoire d'un État étranger.

– à raison des actes à accomplir :
- Recevoir des plaintes ou dénonciations ;
- Constater des infractions ;
- Procéder à des auditions de témoins, victimes personnes ayant commis une infraction ;
- Effectuer des actes de perquisition ou de réquisition.

– en fonction des personnes. Toutes les personnes sauf :
- La personne mise en examen ;
- La personne partie civile, sauf si elle le demande ;
- La personne témoin assisté, sauf si elle le demande ;
- Celles protégées par une immunité.

– selon les lieux où les actes peuvent être effectués. En tous lieux sauf les locaux :
- des avocats ;
- d'entreprises de presse ;
- des médecins, notaires ;
- des avoués ;
- des huissiers ;
- des juridictions ;
- du domicile d'une personne exerçant des fonctions juridictionnelles.

I.2 – Les attributions que confère la commission rogatoire à l'officier de police judiciaire en matière d'audition

Les officiers de police judiciaire commis pour l'exécution exercent, dans les limites de la commission rogatoire, tous les pouvoirs du juge d'instruction *(C.P.P. art. 152)*.

Les personnes convoquées devant l'officier de police judiciaire sont tenues de comparaître et de prêter serment *(C.P.P. art. 153)*, sauf pour les personnes en garde à vue *(C.P.P. art. 153, al. 3)*.

<u>Audition des personnes victimes d'une infraction</u>

– Audition avec prestation de serment ;
– Recueil de tous les éléments prouvant l'existence de l'infraction ;

– Mention du préjudice ;
– Dépôt de plainte ;
– Information des droits de la victime ;
– Remise d'une attestation de dépôt de plainte ;
– Remise d'une copie de la plainte ;
– Peuvent se faire domicilier à la brigade de gendarmerie ou au commissariat de police, ou déclarer leur adresse professionnelle ;
– Peuvent se faire assister par un avocat lors de confrontation avec une personne gardée à vue ou d'une opération de reconstitution ou de séance d'identification de suspects.

Audition des témoins

– Audition avec prestation de serment *(4 heures maximum)* ;
– Recueil des circonstances de l'infraction ;
– Recueil des informations connues par le témoin ;
– Peuvent se faire domicilier à la brigade de gendarmerie ou au commissariat de police, ou déclarer leur adresse professionnelle ;
– Peuvent être entendus par des moyens de télécommunication ;
– Peuvent être entendus sous couvert de l'anonymat.

Audition des personnes soupçonnées d'avoir commis ou tenté de commettre une infraction entendue librement

Durée de la retenue pour l'audition 4 heures maximum.

Information

– Qualification, de la date et du lieu présumés de l'infraction qu'elle est soupçonnée d'avoir commise ou tentée de commettre ;
– Droit de quitter à tout moment les locaux où elle est entendue ;
– Droit d'être assistée par un interprète ;
– Droit de faire des déclarations, de répondre aux questions qui lui sont posées ou de se taire ;
– Droit d'être assistée au cours de son audition, de sa confrontation, d'une opération de reconstitution ou de séance d'identification de suspects par un avocat choisi *(crime ou un délit puni d'une peine d'emprisonnement)*.

– Possibilité d'accepter expressément de poursuivre l'audition hors la présence de son avocat ;

– Possibilité de bénéficier, le cas échéant gratuitement, de conseils juridiques dans une structure d'accès au droit ;

– Mention au P.V. de la notification des informations ;

– Dispositions non applicables si la personne a été conduite, sous contrainte, par la force publique devant l'O.P.J. ;

– La personne peut être placée en G.A.V. en cours ou en fin d'audition.

Personnes contre lesquelles il existe une ou plusieurs raisons plausibles de soupçonner qu'elles ont commises ou tentées de commettre une infraction

Garde à vue décidée par l'O.P.J.

Durée de la mesure, 24 heures avec prolongation possible.

– Audition de personne gardée à vue :

- Audition filmée en cas de crime.
- Audition sans prestation de serment.

– Droits de la personne gardée à vue :

- Information de la mesure, de la nature et la date présumée de l'infraction, de ses droits, des dispositions relatives à la mesure.

Audition des personnes contre lesquelles il existe des indices graves et concordants de participation à l'infraction

Personne gardée à vue = audition sans prestation de serment.

Existence de ces indices avant audition

– Garde à vue possible ;

– Audition impossible.

Apparition de ces indices pendant l'audition

– Garde à vue se poursuit ;

– Recueil des aveux circonstanciés ;

– Poursuite de l'audition impossible après aveux circonstanciés ;

– Respect des droits de la défense *(C.P.P. art. 105)*

Audition des personnes partie civile

– Audition exclusivement sur demande de la personne ;
– Audition avec prestation de serment ;
– Garde à vue impossible ;
– Assistance d'un avocat impossible.

Audition des témoins assistés

– Audition exclusivement sur demande de la personne ;
– Audition avec prestation de serment ;
– Garde à vue impossible ;
– Assistance d'un avocat possible ;
– Droit de faire des déclarations, de répondre aux questions qui lui sont posées ou de se taire.

II. Suggestion d'introduction et de conclusion

Introduction

Le juge d'instruction peut, selon l'article 151 du Code de procédure pénale, requérir par commission rogatoire tout officier de police judiciaire, de procéder aux actes d'information qu'il estime nécessaires dans les lieux où chacun d'eux est territorialement compétent. La commission rogatoire indique la nature de l'infraction, objet des poursuites. Elle ne peut prescrire que des actes d'instruction se rattachant directement à la répression de l'infraction visée aux poursuites. L'article 152 du même code précise que les officiers de police judiciaire commis pour l'exécution exercent, dans les limites de la commission rogatoire, tous les pouvoirs du juge d'instruction.

Être territorialement compétent est la première des conditions pour que l'officier de police judiciaire puisse exécuter une commission rogatoire. Il doit en outre, avant de procéder à un acte d'enquête, s'assurer qu'il est compétent en fonction des actes à accomplir, des personnes et des lieux.

Selon l'article 152 du Code de procédure pénale, les officiers de police judiciaire commis pour l'exécution exercent, dans les limites de la commission rogatoire, tous les pouvoirs du juge d'instruction.

Parmi les actes à accomplir l'officier de police judiciaire aura à procéder à l'audition des personnes qu'elles soient victimes, témoins ou soupçonnées d'avoir commis une infraction.

Nous allons présenter et développer les critères de compétence que l'officier de police judiciaire ayant reçu une commission rogatoire doit respecter et les attributions que lui confère ce type d'enquête en matière d'audition.

Conclusion

La délégation de pouvoir que constitue la commission rogatoire revêt un caractère particulier et exceptionnel.

C'est pour cela que l'officier de police judiciaire doit, pour pouvoir accomplir les actes d'enquête qui lui sont confiés, être légalement compétent et agir sous le contrôle et la surveillance du magistrat instructeur.

Les auditions des personnes peuvent être prescrites ou faire partie de l'enquête sur commission rogatoire. Pour l'exécution de ces actes, l'officier de police judiciaire bénéficie de droits spécifiques mais aussi d'obligations, voire de restrictions légales particulières.

Des critères de compétence précis et des règles spécifiques d'exécution des auditions des personnes règlent avec rigueur l'action de l'officier de police judiciaire qui agit sous délégation d'un magistrat instructeur.

Ces mêmes critères et règles s'appliquent, à peine de nullité, à tous les actes pouvant être accomplis par l'officier de police judiciaire agissant sur commission rogatoire.

SUJET DE
CONNAISSANCES GÉNÉRALES

PROCÉDURE PÉNALE

SUJET

La découverte d'une personne grièvement blessée, lorsque la cause de ses blessures est inconnue ou suspecte.

Généralités - Cadre juridique - But de l'enquête - Rôle de l'O.P.J. et du procureur de la République.

RÉFÉRENCES

– découverte d'une personne blessée *(C.P.P., art. 74, al. 6)*
– transport sur les lieux en enquête de flagrance *(C.P.P., art. 54)*

RÉDACTION DE LA RÉPONSE

Le devoir de connaissances générales se présente sous la forme d'une composition littéraire.

Résultat d'un travail personnel, de l'étude du sujet, de la recherche et de l'analyse des connaissances acquises ou puisées dans la documentation laissée à sa disposition, chaque candidat rédige et présente son devoir selon sa personnalité et son style d'écriture.

Chaque composition doit exposer les connaissances juridiques nécessaires pour répondre à la question posée et respecter les règles de l'orthographe et de la grammaire.

Notes Personnelles

La découverte d'une personne grièvement blessée, lorsque la cause de ses blessures est inconnue ou suspecte.

I. – Processus d'élaboration de la réponse

I. 1 – Lecture et compréhension du sujet

I. 11 – Structure du sujet

Le sujet se compose d'une phrase et de sous-titres. La phrase présente la matière à étudier et les sous-titres en précisent l'objet.

I. 12 – Étude du sujet

Il s'agit de définir :
- les dispositions de l'article 74 alinéa 6 du Code de procédure pénale faisant référence aux prérogatives déterminées par l'article 74 du C.P.P. ;
- d'expliquer le cadre juridique, le but de ce type d'enquête et les actes de l'officier de police judiciaire et du procureur de la République au cours d'une telle procédure.

Il ne s'agit pas de traiter :
- de l'enquête de découverte de cadavre ;
- de l'enquête de flagrance ou d'une comparaison entre l'enquête de flagrance et celle de découverte de cadavre;
- du rôle du juge d'instruction dans l'enquête diligentée en vertu de l'article 74 du C.P.P.

I. 2 – Élaboration de la réponse

I. 21 – Généralités - Cadre juridique - But de l'enquête

I. 211 – Généralités

L'alinéa 6 de l'article 74 du C.P.P. relatif à la découverte d'une personne grièvement blessée, lorsque la cause de ses blessures est inconnue ou suspecte, précise que les dispositions des alinéas 1, 2, 3 et 4 de ce même article sont applicables.

Le cadre juridique particulier confie aux magistrats et aux O.P.J. l'exécution de missions non assimilables à l'action de la police judiciaire exercée dans le cadre de la flagrance, c'est-à-dire la recherche et la poursuite des infractions à la loi pénale.

Lors de la saisine de cette enquête, aucune infraction n'est qualifiée : le critère de l'action diligentée dans le cadre de l'article 74 du C.P.P. réside dans le mystère entourant « la découverte de la personne gravement blessée » dont l'origine des blessures est inconnue ou suspecte.

La notion de blessures de cause inconnue ou suspecte ne comporte pas de définition légale. Cependant, elle peut être celle qui éveille, en raison d'indices équivoques ou de renseignements recueillis, des doutes, des soupçons sans qu'il ne soit possible, lors de la saisine, d'affirmer la nature délictuelle ou criminelle de l'évènement.

Ainsi l'article 74 alinéa 6 du C.P.P. ne vise pas :

– la découverte fortuite ou non, sur la voie publique ou dans un lieu privé, d'un corps grièvement blessé manifestement lardé de coups de couteau par exemple. Il s'agit dans ce cas de la saisine d'une enquête de flagrance, les causes des blessures graves n'étant ni inconnues, ni suspectes ;
  (exemple personnel du candidat)
– l'accident provoqué par l'imprudence, l'inattention, la négligence ou l'inobservation des règlements *(imputables ou non à un tiers)* dont la cause est connue. Il en est ainsi d'un cycliste gisant sur la chaussée, manifestement heurté par un véhicule, par exemple ;
  (exemple personnel du candidat)
– la tentative de suicide.

Les dispositions énoncées ne s'appliquent pas systématiquement lors de la découverte d'une personne gravement blessée. Il faut nécessairement des causes suspectes ou inconnues et/ou des circonstances suspectes, pour permettre l'ouverture de l'enquête prévue par l'article 74 alinéa 6 du C.P.P.

Il peut y avoir suspicion :

- à raison des traces : c'est le cas des blessures sur le corps de la victime, souvent découvertes par le médecin. Lorsqu'elles sont équivoques, c'est la procédure de l'article 74 du C.P.P. qui s'impose ;
- à raison des circonstances de lieu : c'est le cas d'une personne découverte, grièvement blessée dans un lieu où rien n'explique a priori l'origine des blessures ;
- à raison des circonstances de fait : c'est l'exemple de la personne inconsciente, grièvement blessée, découverte dans une chambre d'hôtel fermée de l'intérieur, la clé sur la serrure, sans qu'il y ait d'effraction sur les issues extérieures et sans indication d'une volonté suicidaire ;
- à raison des renseignements recueillis : une rumeur, une dénonciation qui peuvent éveiller des soupçons.

I. 212 – Le cadre juridique

Le Code de procédure pénale fait de l'article 74 du C.P.P., un cadre juridique distinct qui :

- fait obligation à l'O.P.J. d'informer immédiatement le procureur de la République et de se transporter personnellement sans délai sur les lieux pour procéder aux premières constatations *(art. 74 alinéa 1 du C.P.P.)* ;
- confie l'enquête au procureur de la République, tout en lui permettant de déléguer ses pouvoirs à un O.P.J. *(art. 74 alinéa 2 du C.P.P.)* ;
- permet, à l'issue d'un délai de 8 jours à compter des instructions du procureur de la République, la poursuite des investigations en cas de doute ou de suspicion sur les causes des blessures graves dans les formes de l'enquête préliminaire, sans qu'il soit possible de requérir l'ouverture d'une information *(art. 74 al. 6 du C.P.P.).*

I. 213 – Le but de l'enquête

Lorsque la découverte d'une personne grièvement blessée fait naître des doutes sur les causes et les circonstances de ses blessures, la question est posée de savoir si elles résultent d'une infraction ou non, et si la responsabilité d'un tiers est engagée.

L'enquête, que l'officier de police judiciaire est alors amené à conduire sur instructions du procureur de la République, a simplement pour but de déterminer la nature des circonstances et les causes des blessures.

Dans certains cas, cette procédure suffira pour établir que les causes des blessures graves suivies ou non de la mort sont naturelles, accidentelles ou d'origine suicidaire. Dans d'autres cas, elle permettra de préciser les soupçons quant à l'origine délictueuse ou criminelle des blessures.

Si les faits ainsi révélés se situent encore dans le temps de la flagrance, une enquête distincte de délit ou de crime flagrant sera conduite pour en rassembler les preuves et en interpeller les auteurs.

Dans le cas contraire, les investigations pourront s'effectuer dans le cadre d'une enquête préliminaire ou, après l'ouverture d'une information, sur commission rogatoire, à propos de l'infraction retenue.

I. 22 – Les acteurs de l'article 74 al. 5 du C.P.P.

I. 221 – Rôle de l'O.P.J.

Lorsqu'il découvre une personne gravement blessée dont la cause des blessures est inconnue ou suspecte, ou lorsqu'il est informé d'une telle découverte, notamment par un médecin, l'officier de police judiciaire doit procéder à des actes de police judiciaire. Ainsi, il :

– doit informer immédiatement le procureur de la République. En pratique, l'O.P.J. vérifie d'abord la matérialité des faits avant d'informer le parquet ;
– se transporte sans délai sur les lieux, après s'être assuré que les secours sont alertés. Il doit être physiquement présent sur les lieux. Il ne peut désigner des agents de police judiciaire ou agents de police judiciaire adjoints pour le remplacer sur place. Ce transport sur les lieux obéit aux règles de l'article 54 du C.P.P. en matière de flagrance ;
– veille à faire secourir la victime, si nécessaire ;
– prend les mesures conservatoires nécessaires, en vue de protéger les traces et indices : il procède à la prise de

vues photographiques, à l'établissement d'un croquis et au recueil des renseignements d'identité de la victime et des témoins ;
- procède aux premières constatations. Il agit avec la réserve et la discrétion nécessaires. Il peut se faire assister des techniciens en identification criminelle ;
- procède, sans nuire aux secours, aux constatations concernant l'examen de la victime. Il note avec précision les détails, tant sur la victime que sur ses vêtements ;
- procède aux constatations des lieux et de l'environnement ;
- procède à des investigations. Il peut être nécessaire qu'il :
  * effectue sur place des saisies. L'officier de police judiciaire n'agissant que sur délégation du procureur de la République, il est souhaitable qu'il sollicite au préalable l'accord de ce magistrat,
  * requiert des personnes : (il est souhaitable que l'O.P.J. en informe auparavant le procureur de la République) il peut requérir un médecin ou toute autre personne capable, en raison de son art ou de sa profession, d'expliquer les causes ou les circonstances des blessures, toute personne capable d'apporter une aide nécessaire à l'enquête,
  * entend des témoins : il peut procéder aux auditions des membres de la famille et des fréquentations de la victime, mais aussi de tout témoin utile.
  * procède à des perquisitions : il peut procéder à des perquisitions (il est souhaitable que l'O.P.J. en informe le procureur de la République) pour rechercher tout élément nécessaire à l'enquête;

L'officier de police judiciaire peut :
- informer le maire de la commune ;
- prévenir la famille de la victime ;
- procéder à la fermeture des lieux si la victime vivait seule.

L'officier de police judiciaire agissant dans le cadre d'une procédure conduite en vertu de l'article 74 du Code de procédure pénale, ne peut pas :
- décider une garde à vue .

En vertu de l'article 74 du C.P.P., l'O.P.J. établit un procès-verbal destiné au procureur de la République. Aucun formalisme n'est imposé pour la rédaction de cette procédure : il s'agit de relater les investigations effectuées.

I. 222 – Rôle du procureur de la République

Deux hypothèses sont à envisager. Le magistrat avisé immédiatement par l'O.P.J. peut :

– se transporter sur les lieux, dans le but d'instrumenter lui-même.
  Il peut alors :
  * requérir l'assistance de « tous hommes de l'art » : mécaniciens, armuriers, photographes... et surtout d'un médecin aux fins d'effectuer une recherche des causes physiologiques des blessures,
  * leur faire prêter serment,
  * rechercher les causes des blessures en procédant aux mêmes investigations que l'officier de police judiciaire ;
– ne pas se transporter sur les lieux. Dans ce cas, il peut :
  * prescrire à l'officier de police judiciaire de continuer les premières investigations ;
  * requérir un autre O.P.J. ou un service de police.

II. Suggestion d'introduction et de conclusion

Introduction

La découverte d'une personne grièvement blessée, dans un espace public ou non, entraîne rarement l'ouverture d'une enquête car la cause des blessures, souvent d'origine accidentelle, est rapidement déterminée.

Il est cependant des cas pour lesquels la question se pose ou un doute existe. Estimant qu'il n'était ni moralement, ni socialement concevable de laisser subsister de tels soupçons, le législateur a récemment permis qu'une enquête spécifique soit diligentée.

Prévue et définie par le Code de procédure pénale, l'enquête de découverte d'une personne grièvement blessée, lorsque la cause de ses blessures est inconnue ou suspecte, est confiée au procureur de la République. Ce magistrat peut déléguer ses pouvoirs à un officier de police judiciaire pour qu'il procède, sous sa direction, aux actes d'enquête nécessaires pour déterminer si les blessures résultent ou non d'une infraction.

Après avoir présenté le cadre juridique et le but de cette enquête, le rôle de l'officier de police judiciaire et du procureur de la République sera exposé.

Conclusion

Lors de la découverte d'une personne grièvement blessée, les constatations ne permettent pas toujours de connaître la cause des blessures. Parfois les circonstances ou le lieu de découverte de la personne, voire sa personnalité, font naître des soupçons.

Dans ce cas, informé le procureur de la République est chargé de procéder ou de faire procéder par un officier de police judiciaire à une enquête afin de déterminer les causes des blessures. Cette enquête répond à un formalisme rigoureux et précis défini par le Code de procédure pénale.

Selon les conclusions de l'enquête, le procureur de la République peut, en l'absence d'infraction, classer l'affaire. Dans le cas contraire, il ordonne la poursuite d'une enquête ou requiert l'ouverture d'une information afin de charger un juge d'instruction de déterminer les causes des blessures et d'en rechercher l'auteur ou le responsable.

SUJET DE
CONNAISSANCES GÉNÉRALES

DROIT PÉNAL

SUJET

La tentative punissable.

RÉFÉRENCES

Tentative : *(C.P. 121-4 et s.)*
– commencement d'exécution *(C.P. 121-5)*
– crime ou délit *(C.P. 121-4)*
– définition *(C.P. 121-5)*
– personne morale *(C.P. 121-2, 121-4 et s.)*

RECHERCHE ET SIGNIFICATION DES MOTS CLÉS

Tentative : action tendant à la perpétration d'une infraction.
Punissable : qui mérite une sanction.

Notes Personnelles

La tentative punissable

I. Suggestion de plan détaillé

I.11- Définition

Il y a tentative punissable lorsque le crime ou le délit projeté, prévu par la loi, s'est manifesté par un commencement d'exécution et que celle-ci n'a été suspendue ou qu'elle n'a manqué son effet qu'en raison de circonstances indépendantes de la volonté de son auteur.

I.12 – Élément constitutif matériel

I.121 – L'existence d'un commencement d'exécution

I.122 – La pensée de l'infraction:

L'auteur envisage de commettre un crime ou un délit. Cette étape intellectuelle choque la morale mais ne transgresse pas la loi.

I.123 – La résolution d'agir:

L'auteur est déterminé à commettre le méfait qu'il a envisagé.
Cette volonté criminelle ne trouble pas la société parce qu'elle reste immatérielle. L'absence d'acte matériel ne permet pas de considérer que cet état psychologique constitue la tentative de l'infraction envisagée.
Toutefois, dans certains cas bien déterminés, lorsque la résolution d'agir se matérialise au travers des paroles, des écrits ou des gestes elle peut constituer une infraction propre *(ex : menaces, voies de faits).*

I.124 – Les actes préparatoires:

Ce sont des comportements ou des démarches qui, sans constituer, l'exécution du crime ou du délit, tendent à son exécution. À ce stade, l'on peut parler de projet criminel. Non encore suffisant pour matérialiser la tentative, ils ne sont pas répréhensibles à ce titre.

Cependant certains de ces comportement ou démarches au travers de faits ou de circonstances particulières peuvent constituer:

– une infraction particulière, (*ex : association de malfaiteurs, violation de domicile, destruction, dégradation, séquestration*)

– une circonstances aggravante d'un crime ou délit tenté, pouvant être autre que celui projeté, *(ex :escalade, effraction, port d'arme)*;

– un fait constitutif de la complicité, fourniture d'informations, d'ordres, d'instructions ou de moyens matériels.

I.125 – Le commencement d'exécution:

Le commencement d'exécution résulte des étapes intellectuelles ou dont la concrétisation ne constitue qu'un projet criminel. C'est le début de leur matérialisation. Ce sont des actes en relation directe avec le crime ou le délit.

Ils révèlent l'intention de l'auteur. Il en résulte que le commencement d'exécution d'une infraction particulière ne peut être retenu qu'en fonction de l'intention de son auteur. Il est prouvé ou confirmé par les preuves matérielles réunies par les enquêteurs. Celles-ci peuvent résulter de la réputation de la personne en cause, des objets en possession desquels il est découvert, des lieux où il est interpellé, de son attitude ou de son comportement.

I.126 – L'absence de désistement volontaire:

L'individu qui a commencé l'exécution de l'infraction qu'il a projetée de commettre peut l'interrompre avant qu'elle ne soit réalisée. Il peut ainsi s'arrêter spontanément ou être empêché de poursuivre la commission de son méfait en raison d'une intervention ou d'une circonstance extérieure.

L'absence de désistement volontaire se définit par le fait que l'interruption de l'action répréhensible de l'auteur résulte d'une ou de plusieurs circonstances indépendantes de sa volonté.

I.127 – L'absence de résultat nuisible:

La commission de l'infraction étant interrompue du fait de circonstances extérieures à la volonté de l'auteur, elle n'est pas consommée. Par conséquent elle n'a pas entraîné le préjudice prévisible pour la victime potentielle.

Toutefois, si avant d'être interrompu dans son action le malfaiteur a commis des actes répréhensibles ceux-ci peuvent être poursuivis en qualité d'infraction indépendante (*ex : port d'arme, menaces, violences, dégradations*).

II – La tentative infructueuse

La tentative infructueuse n'atteint pas le résultat convoité par l'auteur bien que les actes tendant à l'exécution de l'infraction envisagée ait été commis sans interruption volontaire ou du fait de circonstances indépendantes de sa volonté. La tentative infructueuse s'identifie selon le cas, sous les dénominations juridiques de délit manqué et délit impossible.

II.11 – Le délit manqué

Il peut résulter :
- D'une circonstance imputable à la maladresse;
- d'une étourderie;
- d'une cause fortuite.

II.21 – Le délit impossible.

Il peut être la conséquence :
- D'une circonstance existant à l'insu de l'auteur;
- de l'inexistence d'une infraction;
- de l'inefficacité des moyens employés.

II.31 – La répression de la tentative infructueuse.

***II.**311 – Répression du délit manqué.*

Le délit manqué est assimilé à la tentative lorsque celle-ci est punissable.

Exceptionnellement, cette infraction est assimilée à celle consommée, notamment en matière d'infractions formelles dont la réalisation est indépendante des actes d'exécution et du résultat obtenu. Le délit manqué demeure alors punissable, même si la tentative proprement dite ne l'est pas, parce que non prévue par la loi *(C.P. art. 121-5).*

Ceci se justifie par le fait que les conditions de la tentative punissable sont réunies:

– Il y a exécution des actes de commission de l'infraction, mais défectueuse;
– il existe une intention criminelle de la part de l'auteur;
– il n'y a pas de résultat nuisible du fait de la non concrétisation du méfait projeté.

***II.**312 – Répression du délit impossible.*

Le délit impossible est traité différemment par la jurisprudence selon qu'il s'agit :

– D'une impossibilité absolue et relative;
– d'une impossibilité de fait et de droit.

Il en résulte en pratique que le délit impossible est :

– répréhensible lorsqu'il est la conséquence de :
  * L'inefficacité des moyens employés;
  * l'inexistence des objets convoités sur les lieux;
  * l'absurdité manifeste des moyens employés;

Mais il ne doit avoir fait l'objet que d'un commencement d'exécution pour être réprimé comme la tentative de l'infraction.

– non répréhensible:
  * Si le commencement d'exécution concerne un fait qui n'est pas ou qui n'est plus sanctionné par la loi. *(ex. l'adultère)* c'est ce qu'on appelle l'infraction putative.

* si les moyens employés révèlent chez l'auteur l'absence d'intention de nuire.

III – Suggestion d'introduction et de conclusion

Introduction

Le droit pénal ne sanctionne pas les projets délictueux échafaudés dans la conscience des individus, tant qu'ils ne se matérialisent pas concrètement. La pensée criminelle ne peut, seule, suffire à justifier la réaction sociale,

L'existence de la tentative punissable est étroitement liée à l'élément matériel de l'infraction projetée par le malfaiteur. C'est la manifestation concrète de sa volonté criminelle dont le commencement d'exécution peut être interrompu contre le gré de son auteur ou, dans certaines situations, conduire à un résultat infructueux.

Après que la tentative punissable ait été définie, l'élément constitutif matériel de cette infraction, ainsi que la tentative infructueuse seront étudiés.

Conclusion

La tentative punissable, tout comme la tentative infructueuse résulte de l'échec des actes matériels commis dans le but de perpétrer l'infraction projetée par leur auteur.

Après la résolution criminelle qui demeure toujours révocable, apparaissent successivement, l'extériorisation de cette résolution, puis des actes préparatoires qui tendent à procurer, soit les moyens d'accomplir l'infraction, soit d'en permettre ou d'en faciliter l'exécution. Lorsqu'une circonstance extérieure, non voulue par leur auteur en interrompt le processus avant la commission du méfait, ces actes sont punis au titre de la tentative de l'infraction envisagée.

Le délit manqué ou le délit impossible qui, du fait de la nature de certains actes préparatoires, l'attitude de l'auteur ou l'inefficacité des moyens employés ne sont pas susceptibles d'atteindre le résultat souhaité par leur auteur est répréhensible de la même manière.

La difficulté en matière de tentative est de localiser dans le temps le moment où elle se matérialise et devient punissable. Il est donc essentiel que les enquêteurs puissent surveiller les malfaiteurs dont ils suspectent la volonté de commettre une infraction, ou recueillir les témoignages et éléments de preuve permettant leur mise en cause lorsqu'ils sont interpellés avant d'avoir perpétré leur méfait.

SUJETS D'ÉPREUVES PRATIQUES

Editions La Baule

SUJET DE PROCÉDURE PÉNALE

TRAVAIL À EFFECTUER

PREMIÈRE QUESTION

Indiquez la qualification pénale, les éléments constitutifs et les éléments de preuve se rapportant à chacune des infractions susceptibles d'être retenues à l'encontre des personnes impliquées.

La réponse sera présentée sous la forme du tableau habituel.

DEUXIÈME QUESTION

Citez les droits des personnes majeures gardées à vue.
La réponse sera présentée sous la forme du tableau suivant :

DROITS DES PERSONNES MAJEURES GARDÉES À VUE	JUSTIFICATIONS

TROISIÈME QUESTION

Rédigez le procès-verbal de synthèse de votre procédure.

Nota :

Les questions 2 et 3 dans l'examen OPJ de 2000 ne sont plus d'actualité.

QUATRIEME QUESTION :

Présentez de façon chronologique et analytique, sous forme de tableau, les principaux actes de procédure utiles à l'enquête qui apparaissent dans le thème faisant suite à l'audition de monsieur PLAINE Roger (à l'exception du P.V. de Synthèse et de l'inventaire des pièces à conviction).

Nota :

Cette question ne figurait pas à l'épreuve de l'examen de 2000, elle a été ajoutée pour répondre aux exigences de la nouvelle formule de l'épreuve de procédure pénale pratique et aider les candidats en leur proposant des éléments de réponse et un exemple de rédaction.

Notes Personnelles

Sujet

Gendarme, officier de police judiciaire, vous commandez par intérim la brigade de BOURG-ÉGLISE(1).

Depuis quelques mois, se déroulent dans votre région des travaux de sondages et d'études géologiques pour confirmer le tracé d'une autoroute.

À l'annonce du projet, la population s'était montrée inquiéte et depuis le début des travaux quelques manifestations ont eu lieu sans qu'aucune opposition formelle n'ait été signalée.

Le 15 octobre 2000, à 8 heures 30, monsieur GRANIT, André, ingénieur aux services de l'équipement accompagné d'une équipe de techniciens arrive au lieu-dit « le dolmen » à BOURG-ÉGLISE[1]. Il envisage d'effectuer des carottages et des sondages sur le domaine public en vue de la construction de deux piliers du futur échangeur autoroutier à proximité d'une prairie appartenant à monsieur DUROC, Marcel.

Monsieur DUROC, Marcel et son fils Jean, régulièrement informés du calendrier des travaux, barrent le chemin communal empêchant l'accès, à l'aide d'engins et de matériels agricoles, à l'endroit où les sondages et carottages doivent être réalisés.

Interrogé sur son attitude par monsieur GRANIT, André, monsieur DUROC, Marcel lui répond qu'il refuse que l'on construise quoi que ce soit sur « sa terre » et lui signifie qu'il interdit la réalisation des travaux envisagés.

Monsieur GRANIT, André, accompagné de monsieur PLAINE, Roger, le chef d'équipe qu'il leur a présenté s'avance vers messieurs DUROC, Marcel et Jean pour tenter de les raisonner et de leur montrer qu'il détient toutes les autorisations administratives nécessaires pour effectuer les travaux envisagés.

Refusant tout dialogue, monsieur DUROC, Marcel, bouscule et gifle monsieur GRANIT, André en lui arrachant des mains les papiers et la sacoche qu'il tient, tout en l'invitant fermement à quitter les lieux.

Monsieur PLAINE, Roger est, quant à lui, pris à parti par

(1) Compagnie de CHARLERUE, Groupement de VILLEMONT, T.G.I. de VILLEMONT.

monsieur DUROC, Jean qui lui assène un violent coup de poing au visage, lui cassant le nez et lui éclatant la lèvre supérieure.

Choqués et poursuivis par leurs agresseurs, ils rebroussent chemin jusqu'au véhicule de chantier stationné sur la route, abandonnant dans le chemin, la voiture Peugeot 206 de service de monsieur GRANIT, André.

Pour éviter tout nouvel incident, messieurs GRANIT, André et PLAINE, Roger quittent les lieux et se présentent à la Gendarmerie à 9 heures 30, où ils vous déclarent les faits et déposent plainte.

Vous rendez compte à votre commandant de compagnie et informez le procureur de la République à VILLEMONT(1).

Monsieur GRANIT, André qui ne veut pas consulter un médecin ne bénéficie d'aucune incapacité de travail.

Vous requérez le docteur PLAGE, Jacques, interne au centre hospitalier à VILLEMONT(1) pour qu'il examine monsieur PLAINE, Roger, rédige un certificat médical complet comprenant un descriptif des blessures constatées, ainsi que la mention des séquelles éventuelles et la durée de son incapacité totale de travail.

À 10 heures 30, avec deux militaires de votre unité et le renfort du P.S.I.G. de la compagnie, vous arrivez sur les lieux.

Vous constatez que le véhicule de service de monsieur GRANIT, André qui a été incendié est détruit et que messieurs DUROC, Marcel et Jean, ne sont plus présents.

Vos recherches dans les environs vous permettent de les retrouver à 11 heures 30, travaillant dans un de leurs champs. Dès qu'il aperçoit les gendarmes descendre de leur véhicule, monsieur DUROC, Marcel s'adresse à eux en ces termes « Tiens voilà ces bons à rien de flics ! Ces fainéants n'ont rien d'autre à foutre que d'emmerder ceux qui gagnent leur croûte ! » puis en se tournant vers son fils, il ajoute « On s'en va, ces cons ne sont pas prêts de nous rattraper, ils ont peur de salir leurs godasses ! ».

Après une poursuite d'une centaine de mètres, ils sont rejoints. Monsieur DUROC, Marcel qui se laisse appréhender sans difficulté est porteur de la sacoche et des papiers pris à monsieur GRANIT, André. Monsieur DUROC, Jean s'oppose aux deux gendarmes du P.S.I.G. qui tentent de l'interpeller. Il gesticule et

(1) Compagnie de CHARLERUE, Groupement de VILLEMONT, T.G.I. de VILLEMONT.

les fait tomber à terre avant d'être maîtrisé à l'aide des objets de sûreté. Aucun des militaires concernés n'est blessé.

Placés en garde à vue, ils sont conduits à votre unité où ils sont entendus.

Monsieur DUROC, Marcel :

- confirme avec force son refus de voir des travaux autoroutiers s'effectuer en bordure de ses terres, et son intention de s'y opposer ;
- avoue s'être énervé en voyant monsieur GRANIT, André et l'avoir agressé ainsi que s'être emparé des papiers et de la sacoche qu'il tenait dans le but de montrer le tout aux opposants de la région ;
- reconnaît, sans s'en excuser, les propos qu'il a tenus à l'endroit des gendarmes.

Monsieur DUROC, Jean :

- se dit concerné par la perte des terres agricoles étant associé à son père quant à la gestion et l'exploitation de la ferme familiale, et à ce titre refuser que l'on entreprenne des travaux pour la construction d'un échangeur d'autoroute à proximité de leur prairie. Il précise qu'il fera tout pour que ceux-ci n'aient pas lieu ;
- reconnaît avoir frappé monsieur PLAINE, Roger, qui, selon lui, l'a provoqué par son attitude méprisante et lui avoir occasionné des blessures au visage ;
- avoue avoir, alors que son père avait déjá quitté les lieux, mis le feu à la voiture de service de monsieur GRANIT, André et ce, pour montrer sa détermination à l'égard des services de l'équipement ;
- explique, sans la regretter, les raisons de son attitude agressive vis-à-vis des gendarmes.

À 15 heures, le docteur PLAGE, Jacques vous remet le certificat médical concernant monsieur PLAINE, Roger, rédigé conformément à votre réquisition, et faisant état d'une incapacité totale de travail de 30 jours.

Le 15 octobre 2000 à 23 heures 30, suivant les instructions du procureur de la République de VILLEMONT[1] messieurs DUROC, Marcel et Jean sont remis en liberté à l'issue de leurs auditions.

(1) Compagnie de CHARLERUE, Groupement de VILLEMONT, T.G.I. de VILLEMONT.

I. Première question

I. 1 – Infractions susceptibles d'être relevées à l'encontre de DUROC, Marcel et DUROC, Jean

INFRACTIONS	ÉLÉMENTS CONSTITUTIFS	ÉLEMENTS DE PREUVE
Qualification	**– élément légal ; – élément matériel ; – élément moral.**	**se rapportant à chacun des éléments constitutifs**
Entrave à la circulation sur une voie ouverte à la circulation publique *Délit*	<u>Élément légal</u> Infraction prévue et réprimée par l'art. L. 412-1 du Code de la route.	
	<u>Élément matériel</u> – Entrave à la circulation.	Messieurs DUROC, Marcel, et DUROC, Jean, empêchent l'accès à l'endroit où les sondages et carottages doivent être réalisés...
	– Sur une voie ouverte à la circulation publique.	... en barrant le chemin communal...
	– Placement d'un objet ou usage d'un moyen quelconque pour mettre obstacle à la circulation.	... à l'aide d'engins et de matériels agricoles.

	Élément moral Intention coupable.	Messieurs DUROC, Marcel, et DUROC, Jean agissent avec l'intention d'empêcher l'accès aux engins de sondage et de carottage à l'endroit des travaux envisagés.
Opposition à l'exécution de travaux d'utilité publique *Délit*	Élément légal Infraction prévue par l'art. 433-11 du Code pénal et réprimée par les art. 433-11 et 433-22 du même code. Élément matériel – Une opposition par voies de fait ou violences.	 Messieurs DUROC, Marcel, et DUROC, Jean, empêchent à l'aide d'engins agricoles, et d'actes de violence, messieurs GRANIT, André, et PLAINE, Roger, d'accéder à l'endroit où doivent être réalisés les travaux.
	– Dirigée contre l'exécution de travaux publics ou d'utilité publique.	Messieurs DUROC, Marcel et Jean, s'opposent de la sorte à l'exécution des sondages et des carottages devant être pratiqués en vue de la construction en bordure de leur prairie de deux piliers du futur échangeur autoroutier.

	Élément moral Intention coupable.	Interrogé sur son attitude, monsieur DUROC, Marcel, répond qu'il refuse que l'on construise quoi que ce soit à proximité de sa terre et qu'il interdit la réalisation des travaux envisagés. Lors de son audition, monsieur DUROC, Jean, se dit concerné par la perte des terres agricoles étant associé à son pére, et à ce titre il refuse que l'on entreprenne des travaux pour la construction d'un échangeur d'autoroute, précisant qu'il fera tout pour que ceux-ci n'aient pas lieu.

I. 2 – Infractions susceptibles d'être relevées à l'encontre de DUROC, Marcel

Vol commis avec violence sur autrui n'ayant pas entraîné une incapacité totale de travail *Délit*	Élément légal Infraction prévue par les art. 311-1 et 311-4, al. 1, 4°, du Code pénal et réprimée par les art. 311-4, al. 1, et 311-14, al. 1, 1° à 4°, du même code.	

	<u>Élément matériel</u> – La soustraction frauduleuse.	Monsieur DUROC, Marcel, arrache des mains de monsieur GRANIT, André...
	– D'un bien mobilier.	...les papiers et la sacoche qu'il tient.
	– Appartenant à autrui.	Ces papiers et la sacoche sont la propriété ou confiés à la garde de monsieur GRANIT, André.
	<u>Circonstance aggravante</u> – Commise à l'aide de violences n'ayant pas entraîné d'incapacité totale de travail.	Pour lui arracher des mains les papiers et la sacoche qu'il convoite, monsieur DUROC, Marcel, bouscule et gifle monsieur GRANIT, André, lequel ne bénéficie d'aucune incapacité totale de travail.
	<u>Élément moral</u> Intention coupable.	Monsieur DUROC, Marcel, a agressé monsieur GRANIT, André, dans le but de s'emparer des papiers et de la sacoche pour les montrer aux opposants de la région.

Outrage à personne dépositaire de l'autorité publique, dans l'exercice des ses fonctions *Délit*	Élément légal Infraction prévue par l'art. 433-5, al. 1 et 2, du Code pénal et réprimée par les art. 433-5, al. 2, et 433-22 du même code.	
	Élément matériel – La prononciation de paroles de nature à porter atteinte à la dignité ou au respect dû à la fonction dont la personne à laquelle elles s'adressent est investie.	Monsieur DUROC, Marcel s'adresse aux gendarmes en ces termes « Tiens voilà ces bons à rien de flics ! Ces fainéants n'ont rien d'autre à foutre que d'emmerder ceux qui gagnent leur croûte ! » puis se tournant vers son fils, il ajoute « On s'en va, ces cons ne sont pas prêts de nous rattraper, ils ont peur de salir leurs godasses ! ».
	– La victime est une personne dépositaire de l'autorité publique.	Les victimes ont la qualité de commandant ou d'agent de la force publique et sont dépositaires de l'autorité publique.
	– Les faits se produisent alors qu'elle exerce sa mission de service public.	Les gendarmes viennent interpeller messieurs DUROC, Marcel et Jean, auteurs d'infractions pénales.
	Élément moral Intention coupable.	Monsieur DUROC, Marcel a volontairement prononcé des paroles outrageantes à l'égard des gendarmes. Il le reconnaît, sans s'excuser, lors de son audition.

I. 3 – Infractions susceptibles d'être relevées à l'encontre de DUROC, Jean.

Violences ayant entraîné une incapacité totale de travail pendant plus de huit jours commises sur une personne chargée d'une mission de service public, à l'occasion de l'exercice de sa mission *Délit*	<u>Élément légal</u> Infraction prévue par les art. 222-11 et 222-12, al. 1, 4° *bis* du Code pénal et réprimée par les art. 222-12, al. 1, 222-44, 222-45 et 222-47, al. 1 du même code.	
	<u>Élément matériel</u> – La commission de violences.	Monsieur DUROC, Jean assène à monsieur PLAINE, Roger, un violent coup de poing au visage, lui cassant le nez et lui éclatant la lèvre supérieure.
	– Ayant entraîné une incapacité totale de travail pendant plus de huit jours.	Le docteur PLAGE, Jacques, a prescrit, à monsieur PLAINE, Roger, une incapacité totale de travail de 30 jours.
	<u>Circonstance aggravante</u> – Sur une personne chargée d'une mission de service public, à l'occasion de l'exercice de sa mission.	Monsieur PLAINE, Roger, est chef de chantier, mandaté par les services de l'équipement pour procéder à des travaux de sondages en vue d'études géologiques pour confirmer le tracé d'une autoroute.

	– La qualité de la victime est connue de l'auteur. Élément moral Intention coupable.	Monsieur DUROC, Jean a eu connaissance de la qualité de monsieur PLAINE, Roger. Le coup porté par monsieur DUROC, Jean au visage de monsieur PLAINE, Roger, est volontaire.
Destruction d'un bien appartenant à autrui par l'effet d'un incendie *Délit*	Élément légal Infraction prévue par l'art. 322-6 du Code pénal et réprimée par les art. 322-6 et 322-15, 1° à 3°, du même code. Élément matériel – Qu'il y ait une destruction. – À l'aide d'un incendie. – D'un bien appartenant à autrui.	 Le véhicule de service de monsieur GRANIT, André, est détruit... ...par l'effet d'un incendie. Le véhicule incendié appartient à l'administration de l'équipement.

	<u>Élément moral</u> Intention coupable.	Monsieur DUROC, Jean a volontairement incendié le véhicule de service de monsieur GRANIT, André pour montrer sa détermination à s'opposer aux travaux prévus à proximité de ses terres.
Rébellion envers des personnes dépositaires de l'autorité publique agissant dans l'exercice de leurs fonctions pour l'exécution des lois *Délit*	<u>Élément légal</u> Infraction prévue par l'art. 433-6 du Code pénal et réprimée par les art. 433-7, al. 1, et 433-22 du même code. <u>Élément matériel</u> – Une opposition avec résistance violente. – Que la victime soit dépositaire de l'autorité publique.	Monsieur DUROC, Jean s'oppose aux deux gendarmes du P.S.I.G. en gesticulant et en les faisant tomber à terre avant d'être maîtrisé. Les victimes sont des gendarmes, dépositaires de l'autorité publique par leur fonction.

	– Que la victime agisse dans l'exercice de ses fonctions pour l'exécution des lois. <u>Élément moral</u> Intention coupable.	Les gendarmes tentent d'interpeller monsieur DUROC, Jean, auteur d'infractions pénales punies d'une peine d'emprisonnement. La violence dont a fait montre monsieur DUROC, Jean à l'égard des gendarmes est volontaire.

QUATRIÈME QUESTION

CADRE JURIDIQUE
TYPE D'ENQUÊTE Enquête de délit flagrant
CADRE LÉGAL Articles 16 à 19 et 53 à 67 du Code de procédure pénale s'agissant d'un délit flagrant.
JUSTIFICATION DU CHOIX DE CADRE JURIDIQUE D'ENQUÊTE Les faits viennent de se commettre, *(C.P.P. art 53, al. 1).* Les infractions dénoncées portent sur des faits de violences, d'entrave à la circulation publique, d'opposition à l'exécution de travaux d'utilité publique, de vol commis avec violence sur autrui n'ayant pas entraîné une incapacité de travail, délits punis d'une peine d'emprisonnement ce qui autorise le recours au cadre juridique de la flagrance pour la réalisation des actes de l'enquête *(C.P.P. art. 67).* *Nota : À ce stade, tous les faits ne sont pas connus ou encore réalisés.*

COMPÉTENCE DE L'O.P.J

Les infractions ont été commises sur la voie publique de la commune de BOURG-ÉGLISE qui fait partie de la circonscription territoriale où le gendarme ALPHA, officier de police judiciaire exerce ses fonctions habituelles *(C.P.P. art. R. 15-24).*

Il agit dans le cadre de sa compétence habituelle *(C.P.P. art. 18-1).*

Procès-verbal d'audition de GRANIT André (Victime)

Le 15 octobre 9 heures 30 à la Brigade de BOURG-ÉGLISE.

Gendarme ALPHA, O.P.J. à la brigade de BOURG-ÉGLISE.

CADRE LÉGAL

Articles 15-3, 17, 18, al. 1 et 53-1 et 62 du Code de procédure pénale.

MOTIVATION

Nécessité de procéder à l'audition d'un témoin dénonçant une violation à la loi pénale dont il a été victime.

ÉLÉMENTS DE FOND

GRANIT André ingénieur aux services de l'équipement envisage en compagnie de PLAINE Roger chef d'équipe d'effectuer des carottages et des sondages sur le domaine public au lieudit «le dolmen» à BOURG-ÉGLISE en vue de la construction d'un pilier du futur échangeur autoroutier.

L'accès au chantier leur est interdit par un barrage d'engins et de matériels agricoles placés sur la route par DUROC Marcel et Jean.

Alors que GRANIT André, accompagné de PLAINE Roger tente de les raisonner, DUROC Marcel bouscule GRANIT André en lui arrachant des mains les papiers et la sacoche qu'il tient, en l'invitant fermement à quitter les lieux.

PLAINE Roger est pris à parti par DUROC Jean qui lui assène un violent coup de poing au visage, lui cassant le nez et lui éclatant la lèvre supérieure.

Choqués et poursuivis par leurs agresseurs ils rebroussent chemin jusqu'au véhicule de chantier stationné sur la route, abandonnant dans le chemin la voiture de service de GRANIT André.

Il dépose plainte.

Nota: À ce stade, tous les faits ne sont pas connus ou encore réalisés.

Procès-verbal d'audition de PLAINE Roger (Victime)
Le 15 octobre 2000 à la Brigade de BOURG-ÉGLISE. Gendarme ALPHA, O.P.J. à la brigade de BOURG-ÉGLISE.
CADRE LÉGAL Articles 15-3, 17, 18, al. 1, 53-1 et 62 du Code de procédure pénale.
MOTIVATION Recueil de la déclaration circonstanciée de la victime pour établir les faits constituant les infractions. Ses dires sont semblables à ceux de GRANIT André. Il dépose plainte.
ÉLÉMENTS DE FOND Les dires de PLAINE Roger sont semblables à ceux de GRANIT André. Il dépose plainte. *Nota : À ce stade, tous les faits ne sont pas connus ou encore réalisés.*

Procès-verbal de réquisition à personne qualifiée (examen de PLAINE Roger) Docteur PLAGE Jacques
Le 15 octobre 2000 à 10 heures 20. Gendarme ALPHA, O.P.J. à la brigade de BOURG-ÉGLISE.
CADRE LÉGAL Articles 18, al. 1, et 60 du Code de procédure pénale. Le médecin requis doit : – accepter la mission ; – prêter serment, car il n'est pas inscrit sur la liste des experts près la cour d'appel ; – remettre un rapport.
MOTIVATION La réquisition a pour but de constater : – la présence de traces de violences sur le corps de la victime ; – de déterminer son I.T.T.

ÉLÉMENTS DE FOND

Le docteur PLAGE prescrit une ITT de 30 jours à PLAINE, Roger.

Procès-verbal de transport, des constatations et mesures prises (sur les lieux des faits)

Le 15 octobre 2000 à 10 heures 30.

Gendarme *(Non précisé dans le thème)*, O.P.J. à la Brigade de recherches de VILLEMONT. Commune de BOURG-ÉGLISE lieu-dit « le dolmen » *(lieux de la commission des faits)*.

CADRE LÉGAL

Articles 14, 18, al. 1, 54 et 55 du Code de procédure pénale.

MOTIVATION

Il s'agit de découvrir des traces et indices de nature à conforter les déclarations des victimes et à permettre la poursuite de l'enquête et de retrouver le véhicule de service de GRANIT, André.

ÉLÉMENTS DE FOND

Le véhicule de GRANIT André est retrouvé incendié et détruit, motivant la rédaction d'un descriptif, de photographies et d'un croquis constituant la procédure de constatations.

Procès-verbal d'investigations et d'interpellation de DUROC Marcel et DUROC Jean

Le 15 octobre 2000 à 11 heures.

Mesure prise et notifiée par le gendarme ALPHA, O.P.J. à la brigade de BOURG-ÉGLISE. Lieu-dit « le dolmen » commune de BOURG-ÉGLISE.

CADRE LÉGAL

Articles 14, 17 et 18, al. 1 du Code de procédure pénale DUROC Marcel et Jean sont placés en garde à vue dès leur interpellation.

MOTIVATION

Interpeller et placer en garde à vue DUROC, Marcel auteur des infractions.

ÉLÉMENTS DE FOND

Recherches entreprises pour retrouver DUROC, Marcel et DUROC, Jean. Ils sont retrouvés à 11 heures 30 dans un de leurs champs à travailler.

Dès qu'il aperçoit les gendarmes, DUROC Marcel tient à leur endroit des propos injurieux tout en s'enfuyant des lieux en compagnie de DUROC Jean.

Après une poursuite d'une centaine de mètres DUROC, Marcel se laisse appréhender tandis que DUROC, Jean se rebelle.

Procès-verbal de notification des droits et d'audition de personne gardée à vue (DUROC Marcel)

(Durée 12 heures)

Le 15 octobre 2000 à 11 heures 30 – Remise en liberté le 15 octobre 2000 à 11 heures 30.

Mesure prise et notifiée par le gendarme ALPHA, O.P.J. à la brigade de BOURG-ÉGLISE. sur les lieux de l'interpellation et poursuivie à la brigade de BOURG-ÉGLISE.

CADRE LÉGAL

Articles 18, al. 1, 62-2 à 64-1 du Code de procédure pénale.

MOTIVATION

Procéder à l'audition de DUROC, Marcel auteur des infractions d'entrave à la circulation publique, d'opposition à l'exécution de travaux d'utilité publique, de vol avec violences sur autrui n'ayant pas entraîné une incapacité de travail et d'outrage qui lui sont reprochés.

NOTIFICATION DES DROITS

■ Article 63-1 C.P.P. : de la qualification, de la date et du lieu présumés des infractions sur lesquelles porte l'enquête (Délits de violences ayant entraîné une incapacité totale de travail pendant plus de huit jours, commises sur une personne chargée d'une mission de service public, à l'occasion de l'exercice de sa mission, d'entrave à la circulation publique, d'opposition à l'exécution de travaux d'utilité publique, de vol commis avec violence sur autrui n'ayant pas entraîné une incapacité de travail, destruction d'un bien appartenant à autrui par l'effet d'un incendie, d'outrage à personne dépositaire de l'autorité publique, dans l'exercice de ses fonctions, de rébellion).

Droit, après avoir décliné son identité de faire des déclarations ; de répondre aux questions qui lui sont posées ou de se taire.

Droit de consulter le PV de la notification de GAV, le certificat médical et de son audition.

Droit de présenter des observations au PR ou au JLD en cas d'éventuelle prolongation de la GAV.

■ Article 63-2 C.P.P. : droit de faire prévenir une personne avec laquelle il vit habituellement ou l'un de ses parents en ligne directe, l'un de ses frères et sœurs ou son employeur de la mesure dont il est l'objet et de s'entretenir avec la personne désignée.

■ Article 63-3 C.P.P. : droit à une visite médicale.

■ Article 63-4 C.P.P : droit à s'entretenir avec un avocat dès le début de la garde à vue.

→ Remise d'un document énonçant ces droits.

ÉLÉMENTS DE FOND

DUROC Marcel précise les raisons de son attitude et les circonstances de la commission des faits.

Il reconnaît avoir entravé la circulation sur le chemin communal en y entassant des engins agricoles.

Il réitère avec force son refus de voir des travaux autoroutiers s'effectuer en bordure de ses terres et son intention de s'y opposer.

Il avoue s'être énervé en voyant GRANIT André et l'avoir agressé ainsi que s'être emparé des papiers et de la sacoche qu'il tenait en mains.

Il reconnaît sans s'en excuser les propos injurieux qu'il a tenus envers les gendarmes.

Procès-verbal de notification des droits et d'audition de personne gardée à vue (DUROC Jean)
(Durée 12 heures)

Le 15 octobre 2000 à 11 heures 30 – Remise en liberté le 15 octobre 2000 à 11 heures 30.

Mesure prise et notifiée par le gendarme ALPHA, O.P.J. à la brigade de BOURG-ÉGLISE. sur les lieux de l'interpellation et poursuivie à la brigade de BOURG-ÉGLISE.

CADRE LÉGAL

Articles 18, al. 1, 62-2 à 64-1 du Code de procédure pénale.

MOTIVATION

Procéder à l'audition de DUROC, Jean auteur des infractions d'entrave à la circulation publique, d'opposition à l'exécution de travaux d'utilité publique, de violences aggravées sur autrui, de destruction par incendie d'un bien appartenant à autrui et de rébellion qui lui sont reprochés.

NOTIFICATION DES DROITS

■ Article 63-1 C.P.P. : de la qualification, de la date et du lieu présumés des infractions sur lesquelles porte l'enquête (Délits de violences ayant entraîné une incapacité totale de travail pendant plus de huit jours, commises sur une personne chargée d'une mission de service public, à l'occasion de l'exercice de sa mission, d'entrave à la circulation publique, d'opposition à l'exécution de travaux d'utilité publique, de vol commis avec violence sur autrui n'ayant pas entraîné une incapacité de travail, destruction d'un bien appartenant à autrui par l'effet d'un incendie, d'outrage à personne dépositaire de l'autorité publique, dans l'exercice de ses fonctions, de rébellion).

Droit, après avoir décliné son identité de faire des déclarations ; de répondre aux questions qui lui sont posées ou de se taire.

Droit de consulter le PV de la notification de GAV, le certificat médical et de son audition.

Droit de présenter des observations au PR ou au JLD en cas d'éventuelle prolongation de la GAV.

■ Article 63-2 C.P.P. : droit de faire prévenir une personne avec laquelle il vit habituellement ou l'un de ses parents en ligne directe, l'un de ses frères et sœurs ou son employeur de la mesure dont il est l'objet et de s'entretenir avec la personne désignée.

■ Article 63-3 C.P.P. : droit à une visite médicale.

■ Article 63-4 C.P.P: droit à s'entretenir avec un avocat dès le début de la garde à vue

→ Remise d'un document énonçant ces droits.

ÉLÉMENTS DE FOND

DUROC, Jean précise les raisons de son attitude et circonstances de la commission des faits.

Il se dit concerné par la perte des terres agricoles de la ferme familiale étant associé à son père quant à sa gestion et son exploitation.

Il affirme sa volonté de s'opposer aux travaux.

Il reconnaît avoir bloqué la circulation en barrant le chemin communal avec des engins agricoles.

Il avoue avoir frappé PLAINE Roger et lui avoir occasionné des blessures au visage et avoir mis le feu à la voiture de service de GRANIT, André.

Il reconnaît s'être rebellé.

SUJET DE PROCÉDURE PÉNALE

TRAVAIL À EFFECTUER

PREMIÈRE QUESTION

Indiquez la qualification pénale, les éléments constitutifs et les éléments de preuve se rapportant à chacune des infractions susceptibles d'être retenues à l'encontre des personnes impliquées.

DEUXIÈME QUESTION

Rédigez le procès-verbal d'audition de personne gardée à vue de CAVALE Pierre, comportant la notification de ses droits.

Nota :

Cette question dans l'examen OPJ de 2001 n'est pas d'actualité.

TROISIÈME QUESTION

Présentez de façon chronologique et analytique, sous forme de tableau, les principaux actes de procédure utiles à l'enquête qui apparaissent dans le thème faisant suite à l'interpellation des nommés LESPUGUES Damien et LEPUITS, Georges (à l'exception du P.V. de Synthèse et de l'inventaire des pièces à conviction).

Nota :

Cette question ne figurait pas à l'épreuve de l'examen de 2001, elle a été ajoutée pour répondre aux exigences de la nouvelle formule de l'épreuve de procédure pénale pratique et aider les candidats en leur proposant des éléments de réponse et un exemple de rédaction.

Sujet

Gendarme officier de police judiciaire vous exercez vos fonctions à la brigade de GENESTIERES (1).

Le 18 octobre 2001, monsieur DELABRY Victor, propriétaire de l'hôtel des voyageurs à GENESTIERES (1), a fait part à votre commandant de brigade que l'attitude de trois de ses clients lui paraît suspecte et lui fait craindre que la chambre de l'un d'eux serve de réunion en vue de la commission de méfaits dans la région. Ils s'absentent toute la journée et reviennent à l'hôtel tous les jours vers 17 heures.

À 17 heures 30, à l'arrivée de deux des clients signalés par monsieur DELABRY Victor, vous êtes présents sur la voie publique à proximité de l'hôtel. Pendant qu'ils stationnent leur voiture, vous vous dirigez vers eux. Lorsque vous vous approchez, le passager avant sort précipitamment du véhicule et s'enfuit en tenant une mallette à la main. Il est aussitôt poursuivi par le gendarme DELPE Guy. Avant d'être rattrapé et interpellé, il jette sa mallette qui, en tombant, s'ouvre et laisse s'échapper un pistolet et des liasses de billets de 50 €. Pendant ce temps vous avez arrêté le conducteur qui n'a pas pu suivre son compère.

Les deux hommes qui se nomment LESPUGUE Damien et LEPUITS Georges sont conduits à la brigade.

La surveillance des lieux est maintenue jusqu'à l'interpellation du troisième homme, CAVALE Pierre, laquelle se produit trente minutes plus tard alors qu'il regagne l'hôtel à pied, muni d'un appareil photographique.

Les investigations que vous effectuez vous permettent, dans les heures suivantes, d'établir que :

– la mallette détenue par LESPUGUE Damien contient :
  * un pistolet Colt de calibre 9 mm provenant d'un vol commis avec violences le 15 décembre 2000 dans une armurerie à GRANDPORT (2) où le malfaiteur a aussi

(1) Compagnie, groupement et T.G.I. de BELLEVILLE.

(2) Compagnie de GRANDPORT, groupement et T.G.I. de CHÂTEAU-FORT *(non limitrophe au T.G.I. de BELLEVILLE)*.

dérobé la caisse. La victime a bénéficié d'une incapacité totale de travail de huit jours. Ces faits font l'objet d'une information judiciaire en cours,
* cinq liasses de dix billets de 50 € contrefaits. Il s'agit d'une nouvelle contrefaçon, qui n'est concernée par aucune information judiciaire en cours ;

– LESPUGUE Damien et son compère LEPUITS Georges :
* écoulent dans les différents commerces de la région les billets de banque contrefaits, qu'ils détiennent,
* relèvent, au cours de leurs tournées, les adresses et les caractéristiques des établissements bancaires de la région comme le prouvent les notes manuscrites trouvées sur eux ;

– CAVALE Pierre, possède dans sa chambre :
* des photographies, des notes d'observation et des plans des établissements bancaires signalés par ses acolytes ainsi qu'une carte routière indiquant les meilleures directions de fuite,
* le certificat d'immatriculation d'un véhicule RENAULT Laguna de location, immatriculé 222 W 51, avec lequel il circule ordinairement et qu'il a stationné dans une ruelle discrète à proximité de l'hôtel.

Les vérifications relatives à la situation des véhicules utilisés par ces individus font apparaître que la RENAULT Laguna n° 222 W 51 est recherchée en raison d'une plainte déposée par le responsable de l'agence de location. Louée par CAVALE Pierre le 2 août 2001, cette voiture aurait dû être restituée au loueur le 2 septembre 2001.

Au cours des auditions conduites sous votre direction, dans les locaux de votre brigade, vous obtenez les précisions suivantes :

– LESPUGUE Damien avoue spontanément être l'auteur du vol avec violences au cours duquel il a dérobé, dans une armurerie à GRANDPORT (1), le pistolet qu'il transporte dans sa mallette. Cette arme devait servir à commettre les

(1) Compagnie de GRANDPORT, groupement et T.G.I. de CHÂTEAUFORT *(non limitrophe au T.G.I. de BELLEVILLE)*.

vols à main armée qu'il prépare avec LEPUITS Georges et CAVALE Pierre. Il déclare écouler avec LEPUITS, Georges, depuis quelques jours, dans les commerces de la région, les fausses coupures de 50 € trouvées dans sa mallette et dont il dit ignorer la provenance ;

- LEPUITS Georges déclare avoir, avec LESPUGUE Damien, émis dans les commerces de la région plusieurs billets de 50 € contrefaits, identiques à ceux découverts et dont il refuse d'indiquer la provenance. Il vous précise que LESPUGUE Damien et lui, au cours de leurs tournées, relèvent les adresses et les caractéristiques des établissements bancaires qu'ils remarquent. Le soir à l'hôtel, ils les communiquent à CAVALE Pierre. Celui-ci, le jour suivant, les photographie, les observe et en dresse les plans. Ils se concertent ensuite pour déterminer les banques les moins bien protégées dans le but d'attaquer certaines d'entre elles, au cours des semaines à venir ;
- CAVALE Pierre, furieux d'avoir été dénoncé par LESPUGUE Damien et LEPUITS Georges, déclare que ceux-ci écoulent des billets de 50 € contrefaits dans les commerces de la région en y effectuant des achats ou des échanges de monnaie. Cependant cette activité très lucrative dont il bénéficie, étant donné que les revenus de ses acolytes payent la totalité des frais de son séjour à GENESTIERES (1), ne leur est pas habituelle. Il affirme, pour ce qui le concerne, n'avoir émis aucune de ces coupures monétaires contrefaites et en ignorer l'origine. Il ne nie pas être l'auteur des photographies, et des notes d'observation des établissements bancaires de la région, ainsi que des indications portées sur la carte routière découvertes dans sa chambre. Il reconnaît avec difficulté que ces notes sont destinées à faciliter l'attaque de certaines de ces banques, dans les prochaines semaines. Il avoue avoir conservé à sa disposition le véhicule RENAULT Laguna immatriculé 222 W 51 après la fin

(1) Compagnie, groupement et T.G.I. de BELLEVILLE.

du contrat de location, avec l'intention de le vendre à un particulier ou à un professionnel peu scrupuleux.

Le 19 octobre 2001, à 10 heures, le procureur de la République à BELLEVILLE (1), qui a été constamment tenu informé de vos investigations et de leurs résultats vous fait part de son intention de requérir l'ouverture d'une information judiciaire. Il vous prescrit de clôturer votre enquête initiale le jour même à 14 heures, et de lui présenter les intéressés à 15 heures.

(1) Compagnie, groupement et T.G.I. de BELLEVILLE.

Solution

I. Première question

I. 1 – Infraction susceptible d'être retenue à l'encontre de LESPUGUE Damien, LEPUITS Georges et CAVALE Pierre

INFRACTIONS	ÉLÉMENTS CONSTITUTIFS	ÉLEMENTS DE PREUVE
Qualification	**– élément légal ; – élément matériel ; – élément moral.**	**se rapportant à chacun des éléments constitutifs**
Participation à une association de malfaiteurs *Délit*	<u>Élément légal</u> Infraction prévue par l'art. 450-1, al. 1 du Code pénal et réprimée par les art. 450-1, al. 2, et 450-3 du même code. <u>Élément matériel</u> – Un groupement formé ou une entente établie.	 LESPUGUE Damien, LEPUITS Georges et CAVALE Pierre recueillent des informations et se concertent...
	– Il a pour but de préparer un ou plusieurs crimes, ou un ou plusieurs délits punis de dix ans d'emprisonnement.	... pour préparer l'attaque à main armée des établissements bancaires de la région, parmi ceux les moins protégés.

	– La préparation des crimes ou des délits projetés est caractérisée par un ou plusieurs faits matériels.	Les adresses des établissements bancaires sont relevés par LESPUGUE Damien et LEPUITS Georges qui les transmettent à CAVALE Pierre, lequel les photographie, note ses observations et établit l'itinéraire de fuite. LESPUGUE Damien est trouvé porteur de l'arme destinée à commettre les attaques projetées.
	<u>Élément moral</u>	
	– Intention coupable.	Elle est caractérisée par le fait que LESPUGUE Damien, LEPUITS Georges et CAVALE Pierre recueillent des renseignements et se concertent en vue de réaliser des vols à main armée dans les établissements bancaires les moins bien protégés de la région.

I. 2 – Infractions susceptibles d'être retenues à l'encontre de LESPUGUE Damien et LEPUITS Georges

Détention, transport, émission de monnaie contrefaite ayant cours légal en France *Délit*	Élément légal Infraction prévue par l'art. 442-2, al. 1 du Code pénal et réprimée par les art. 442-2, al. 1, 442-11 et 442-13 du même code.	
	Élément légal	
	– Réalisation en France d'un trafic de monnaie contrefaite.	LESPUGUE Damien et LEPUITS Georges mettent en circulation dans les commerces de la région des coupures contrefaites de billets de banque…
	– Cette monnaie a cours légal en France	… d'une valeur de 50 €.
	Élément moral	
	– Intention coupable	LESPUGUE Damien et LEPUITS Georges possèdent plusieurs liasses de billets de 50 € contrefaits. Ils les mettent sciemment en circulation dans les commerces de la région, dans le but d'en tirer profit.

I. 3 – Infractions susceptibles d'être retenues à l'encontre de LESPUGUE Damien

Vol accompagné de violences ayant entraîné une incapacité totale de travail de huit jours *Délit*	Élément légal Infraction prévue par les art. 311-1 et 311-5 du Code pénal et réprimée par les art. 311-5 et 311-14, 1° à 4° du même code.	
	Élément matériel – Une soustraction frauduleuse.	LESPUGUE Damien a cambriolé une armurerie à GRANDPORT, pour y dérober…
	– Une chose mobilière.	… la caisse et un pistolet de marque Colt, de calibre 9 mm…
	– La chose appartient à autrui.	… appartenant à l'armurier.
	Circonstance aggravante – Commission des faits à l'aide de violences sur autrui, ayant entraîné une incapacité totale de travail de huit jours.	En raison des violences qu'elle a subies, la victime a bénéficié d'une incapacité totale de travail de huit jours.
	Élément moral – Intention coupable.	LESPUGUE Damien a usé de violences à l'encontre de l'armurier dans le but de lui dérober la caisse de son commerce et un pistolet.

Transport et détention d'une arme de catégorie B *Délit*	Élément légal Faits prévus par les articles L. 312-3, L. 312-4 et L. 312-4-3 du Code de la sécurité intérieure et réprimés par les articles L. 317-4 et L. 317-8 du même code	
	Élément matériel – Transport et détention d'une arme.	LESPUGUE Damien transporte dans sa mallette une arme de poing de marque Colt.
	– Arme classée dans la catégorie B. – Absence d'une autorisation administrative de détention et de port d'arme de la catégorie concernée.	Il s'agit d'un pistolet de calibre 9 mm… LESPUGUE Damien qui a dérobé ce pistolet dans une armurerie n'a pas pu le déclarer à l'autorité administrative compétente pour délivrer l'autorisation nécessaire à sa détention et à son transport.
	Élément moral – Intention coupable.	La façon frauduleuse dont LESPUGUE Damien s'est procuré cette arme et le fait qu'il la destine à servir aux attaques à main armée projetées pour les semaines à venir, dans des établissements bancaires, démontre sa volonté de la transporter et de la détenir de manière clandestine.

I. 4 – Infractions susceptibles d'être retenues à l'encontre de CAVALE Pierre

Recel du produit d'un délit *Délit*	<u>Élément légal</u> Infraction prévue par l'art. 321-1, al. 2 du Code pénal et réprimée par les art. 321-1, al. 3, 321-3, 321-4, 321-9 et 321-10 du même code.	
	<u>Élément matériel</u>	
	– Bénéficier par tout moyen d'un produit quelconque.	CAVALE Pierre bénéficie, sous la forme du paiement des frais de son séjour à GENESTIÈRES, des revenus financiers de LESPUGUE Damien et LEPUITS Georges.
	– Ce produit provient d'un délit.	LESPUGUE Damien et LEPUITS Georges tirent leurs revenus financiers de leur activité du moment consistant en l'émission de monnaie contrefaite.
	<u>Élément moral</u>	
	– Intention coupable.	CAVALE Pierre n'ignore pas la provenance frauduleuse des revenus financiers de LESPUGUE Damien et de LEPUITS Georges, dont il profite.

Abus de confiance *Délit*	<u>Élément légal</u> Infraction prévue par l'art. 314-1, al. 1 du Code pénal et réprimée par les art. 314-1, al. 2 et 314-10 du même code.	
	<u>Élément matériel</u>	
	– Commission d'un détournement au préjudice d'autrui.	CAVALE Pierre a détourné au détriment de l'agence de location...
	– D'une chose mobilière.	... le véhicule RENAULT, laguna immatriculé 222 W 51.
	– Remise à l'auteur par la victime.	L'agence de location a remis à CAVALE Pierre cette voiture qu'il a louée...
	– Que cette remise ait été faite et acceptée à charge de restitution.	... pour la période du 2 août 2001 au 2 septembre 2001.
	<u>Élément moral</u>	
	– Intention coupable.	CAVALE Pierre n'ignore pas qu'il lui était fait obligation de restituer le véhicule loué à l'issue du contrat de location. Cependant, il le conserve pour son usage, avec l'intention de le vendre pour son profit à un particulier ou un professionnel peu scrupuleux.

TROISIÈME QUESTION

CADRE JURIDIQUE
TYPE D'ENQUÊTE
Enquête de délit flagrant.
CADRE LÉGAL
Articles 16 à 19 et 53 à 67 du Code de procédure pénale s'agissant d'un délit flagrant.
JUSTIFICATION DU CHOIX DE CADRE JURIDIQUE D'ENQUÊTE
Les faits de transport et de détention d'une arme de catégorie B se commettent actuellement et d'association de malfaiteurs *(C.P.P. art. 53, al. 1).* Faits punis d'une peine d'emprisonnement ce qui autorise le recours au cadre juridique de la flagrance pour la réalisation des actes de l'enquête *(C.P.P. art. 67).* *Nota : À ce stade, tous les faits ne sont pas connus.*
COMPÉTENCE DE L'O.P.J
L'infraction est commise sur la voie publique de la commune de GENESTIERES qui fait partie de la circonscription territoriale où le gendarme ALPHA, officier de police judiciaire exerce ses fonctions habituelles *(C.P.P. art. R. 15-24).* Il agit dans le cadre de sa compétence habituelle *(C.P.P. art. 18-1).*

Procès-verbal d'investigations et d'interpellation de LESPUGUE Damien et de LEPUITS Georges
Le 18 octobre 2001 à 17 heures 30. Voie publique à proximité de l'hôtel des voyageurs, commune de GENESTIERES. Gendarme ALPHA, O.P.J. à la brigade de GENESTIERES.
CADRE LÉGAL
Articles 14, 17 et 18, al. 1 du Code de procédure pénale.
MOTIVATION
Constatation d'une infraction – interpellation des auteurs.
ÉLÉMENTS DE FOND
Surveillance de la proximité de l'hôtel des voyageurs où la présence de trois individus à l'attitude suspecte a été signalée par le propriétaire des lieux.

Le but de cette surveillance est de procéder au contrôle de situation et d'identité *(C.P.P. art. 78-2, al. 3)* de ces personnes.

À la vue des gendarmes, deux des individus signalés s'enfuient.

L'un d'eux perd une mallette qui en tombant s'ouvre laissant s'échapper un pistolet et des liasses de billets de 50 euros.

Leur attitude et la détention et le transport illicite d'une arme, ainsi que la possession suspecte des liasses de billets justifient leur interpellation en flagrant délit notamment pour l'infraction d'association de malfaiteurs *(C.P.P. art. 53 al. 1)*.

Procès-verbal de perquisition dans la mallette de LESPUGUE Damien

Le 18 octobre 2001 à 18 heures à GENESTIERES.

Gendarme ALPHA, O.P.J. à la brigade de GENESTIERES.

CADRE LÉGAL

Articles 18, al. 1 et 56 à 59 du Code de procédure pénale. Présence de LESPUGUE Damien.

Information de son avocat.

MOTIVATION

La perquisition a pour but de rechercher les objets encore contenus dans la mallette de LESPUGUE Damien et de procéder à leur saisie ainsi qu'à celle du pistolet et des liasses de billets de 50 euros qui en sont tombés.

ÉLÉMENTS DE FOND

Cette perquisition permet d'apporter la preuve de la détention et du transport illicite d'une arme de catégorie B par LESPUGUE Damien et de découvrir sa participation à un vol avec violences ayant entraîné une incapacité totale de travail de huit jours et la commission de l'infraction de détention, transport, émission de monnaie contrefaite ayant cours légal en France).

Les objets retrouvés sont saisis et placés sous scellés.

Procès-verbal de notification des droits et d'audition de personne gardée à vue (LESPUGUE Damien).
(Durée 20 h 30)

18 octobre 2001 à 17 heures 30.

Mesure prise à GENESTIERES sur les lieux de l'interpellation et poursuivie à la brigade de GENESTIERES.

Mesure prise et notifiée par le gendarme ALPHA, O.P.J. à la brigade de GENESTIERES.

CADRE LÉGAL

Articles 18, al. 1, 62-2 à 64-1, 706-73 et 706-88 du Code de procédure pénale.

MOTIVATION

Procéder à l'audition de LESPUGUE, Damien auteur des infractions d'association de malfaiteurs, de détention, transport, émission de monnaie contrefaite ayant cours légal en France, transport et de détention d'une arme de catégorie B, vol avec violences qui lui sont reprochés.

NOTIFICATION DES DROITS

■ Article 63-1 C.P.P. : de la qualification, de la date et du lieu présumés des infractions sur laquelle porte l'enquête (Délits de détention et transport illicite d'une arme de catégorie B et d'association de malfaiteurs) – *Lors de son interpellation ce sont les seuls faits connus* –

Droit, après avoir décliné son identité de faire des déclarations, de répondre aux questions qui lui sont posées ou de se taire.

Droit de consulter le PV de la notification de GAV, le certificat médical et de son audition.

Droit de présenter des observations au PR ou au JLD en cas d'éventuelle prolongation de la GAV.

■ Article 63-2 C.P.P. : droit de faire prévenir une personne avec laquelle il vit habituellement ou l'un de ses parents en ligne directe, l'un de ses frères et sœurs ou son employeur de la mesure dont il est l'objet et de s'entretenir avec la personne désignée.

■ Article 63-3 C.P.P. : droit à une visite médicale.

■ Articles 63-4 et 706-73 C.P.P: droit à s'entretenir avec un avocat *(à la 48e heure)*

Mesure prise pour un délai de 24 heures.

→ Remise d'un document énonçant ces droits.

ÉLÉMENTS DE FOND

LESPUGUE Damien précise les raisons de son attitude et les circonstances de la commission des faits.

Il écoule avec son compère LEPUIS Georges, dans les différents commerces de la région les billets de banque contrefaits, qu'ils détiennent.

Ils relèvent au cours de leurs tournées, les adresses et les caractéristiques des établissements bancaires de la région ce qui correspond aux notes manuscrites trouvées sur eux.

Il reconnaît en outre être l'auteur du vol avec violences commis à GRANDPORT au cours duquel il a dérobé le pistolet trouvé dans sa mallette.

Cette arme devait servir à commettre des vols à main armée qu'il prépare avec LEPUITS Georges et CAVALE Pierre.

Il déclare avoir déjà écoulé plusieurs des fausses coupures de 50 euros trouvées dans sa mallette et dont il ignore la provenance.

Procès-verbal de saisie des notes manuscrites trouvées lors de la fouille sûreté de palpation de LESPUGUE Damien

Le 18 octobre 2001 à 18 heures à GENESTIERES.

Gendarme ALPHA, O.P.J. à la brigade de GENESTIERES.

CADRE LÉGAL

Articles 18, al. 1 et 56 du Code de procédure pénale.

MOTIVATION

La saisie a pour but de mettre à la disposition de la justice pour servir de preuve les documents découverts en possession de LESPUGUE Damien et qui sont de nature à prouver sa participation à l'infraction d'association de malfaiteurs.

ÉLÉMENTS DE FOND

Les documents trouvés sont saisis et placés sous scellés.

Procès-verbal de notification des droits et d'audition de personne gardée à vue (LEPUITS Georges)

(Durée 20 h 30)

18 octobre 2001 à 17 heures 30.

Mesure prise à GENESTIERES sur les lieux de l'interpellation et poursuivie à la brigade de GENESTIERES.

Mesure prise et notifiée par le gendarme ALPHA, O.P.J. à la brigade de GENESTIERES.

CADRE LÉGAL

Articles 18, al. 1, 62-2 à 64-1, 706-73 et 706-88 du Code de procédure pénale.

MOTIVATION

Procéder à l'audition de LEPUITS, Georges, auteur des infractions d'association de malfaiteurs, de détention, transport, émission de monnaie contrefaite ayant cours légal en France, qui lui sont reprochés.

NOTIFICATION DES DROITS

■ <u>Article 63-1 C.P.P. :</u> de la qualification, de la date et du lieu présumés des infractions sur laquelle porte l'enquête (Délits de détention et transport illicite d'une arme de catégorie B et d'association de malfaiteurs) – *Lors de son interpellation ce sont les seuls faits connus* –

Droit, après avoir décliné son identité de faire des déclarations, de répondre aux questions qui lui sont posées ou de se taire.

Droit de consulter le PV de la notification de GAV, le certificat médical et de son audition.

Droit de présenter des observations au PR ou au JLD en cas d'éventuelle prolongation de la GAV.

■ <u>Article 63-2 C.P.P. :</u> droit de faire prévenir une personne avec laquelle il vit habituellement ou l'un de ses parents en ligne directe, l'un de ses frères et sœurs ou son employeur de la mesure dont il est l'objet et de s'entretenir avec la personne désignée.

■ <u>Article 63-3 C.P.P. :</u> droit à une visite médicale.

■ <u>Article 63-4 et 706-73 C.P.P. :</u> droit à s'entretenir avec un avocat *(à la 48e heure).*

Mesure prise pour un délai de 24 heures.

→ Remise d'un document énonçant ces droits.

ÉLÉMENTS DE FOND

LEPUITS Georges précise les raisons de son attitude et les circonstances de la commission des faits.

Il écoule avec son compère LEPUIS Georges, dans les différents commerces de la région les billets de banque contrefaits, qu'ils détiennent et dont il refuse d'indiquer la provenance.

Ils relèvent au cours de leurs tournées, les adresses et les caractéristiques des établissements bancaires de la région.

Le soir, ils les communiquent à CAVALE Pierre. Celui-ci le jour suivant les photographie, les observe et en dresse les plans.

Ils se concertent ensuite pour déterminer les banques les moins bien protégées dans le but d'attaquer certaines d'entre elles, au cours des semaines à venir.

Procès-verbal d'investigations et d'interpellation de CAVALE Pierre

Le 18 octobre 2001 à 18 heures 00.

Voie publique à proximité de l'hôtel des voyageurs, commune de GENESTIERES.

Gendarme X. O.P.J. à la brigade de GENESTIERES.

CADRE LÉGAL

Articles 14, 17 et 18, al. 1 du Code de procédure pénale.

MOTIVATION

Constatation d'une infraction – Interpellation de l'auteur.

ÉLÉMENTS DE FOND

Surveillance de la proximité de l'hôtel des voyageurs dans l'attente de l'arrivée du troisième individu dont l'attitude suspecte a été signalée par le propriétaire des lieux.

Le but de cette surveillance est de procéder à son interpellation.

Il est interpellé sur la voie publique alors qu'il regagne l'hôtel à pied, muni d'un appareil photographique.

Son interpellation est justifiée par son attitude et les infractions commises par ses compères *(notamment celle d'association de malfaiteurs).*

Procès-verbal de notification des droits et d'audition de personne gardée à vue (CAVALE Pierre)

(Durée 20h)

18 octobre 2001 à 17 heures 30.

Mesure prise à GENESTIERES sur les lieux de l'interpellation et poursuivie à la brigade de GENESTIERES.

Mesure prise et notifiée par le gendarme X, O.P.J. à la brigade de GENESTIERES.

CADRE LÉGAL

Articles 18, al. 1, 62-2 à 64-1, 706-73 et 706-88 du Code de procédure pénale.

MOTIVATION

Procéder à l'audition de CAVALE, Pierre, auteur des infractions d'association de malfaiteurs, de recel, d'abus de confiance, qui lui sont reprochés.

NOTIFICATION DES DROITS

■ Article 63-1 C.P.P. : de la qualification, de la date et du lieu présumés des infractions sur laquelle porte l'enquête (Délits de détention et transport illicite d'une arme de catégorie B et d'association de malfaiteurs) – *Lors de son interpellation ce sont les seuls faits connus* –

Droit, après avoir décliné son identité de faire des déclarations, de répondre aux questions qui lui sont posées ou de se taire.

Droit de consulter le PV de la notification de GAV, le certificat médical et de son audition.

Droit de présenter des observations au PR ou au JLD en cas d'éventuelle prolongation de la GAV.

■ Article 63-2 C.P.P. : droit de faire prévenir une personne avec laquelle il vit habituellement ou l'un de ses parents en ligne directe, l'un de ses frères et sœurs ou son employeur de la mesure dont il est l'objet et de s'entretenir avec la personne désignée.

■ Article 63-3 C.P.P. : droit à une visite médicale *(préciser si la personne y fait droit ou non).*

■ Article 63-4 et 706-73 C.P.P. : droit à s'entretenir avec un avocat *(à la 48e heure).*

Mesure prise pour un délai de 24 heures.

→ Remise d'un document énonçant ces droits.

ÉLÉMENTS DE FOND

CAVALE Pierre dénonce LESPUGUE et LEPUITS comme étant ceux qui écoulent les faux billets de 50 euros dans les commerces des environs en y effectuant des achats ou des échanges de monnaie.

Les revenus ainsi dégagées par ses acolytes payent la totalité des frais de leur et de son séjour.

Il affirme n'avoir jamais exercé cette activité.

Il ne nie pas être l'auteur des photographies et des notes d'observation des établissements bancaires de la région ainsi que les indications portées sur la carte routière découvertes dans sa chambre.

Il reconnaît que ces notes sont destinées à faciliter l'attaque de certaines de ses banques. Il avoue avoir conservé à sa disposition le véhicule avec lequel il circule après la fin du contrat de location, avec l'intention de la vendre à un particulier ou à un professionnel peu scrupuleux.

Procès-verbal de perquisition dans la chambre de LESPUGUE Damien

Le 18 octobre 2001 à 19 heures à GENESTIERES.

Gendarme ALPHA, O.P.J. à la brigade de GENESTIERES.

CADRE LÉGAL

Articles 18, al. 1 et 56 à 59 du Code de procédure pénale. Présence de LESPUGUE Damien.

Information de son avocat.

MOTIVATION

La perquisition a pour but de rechercher les objets ou documents qui pourraient se trouver dans la chambre de LESPUGUE Damien et qui pourraient être en relation avec les faits afin de procéder à leur saisie.

ÉLÉMENTS DE FOND

Cette perquisition ne permet pas une telle découverte.

Procès-verbal de perquisition dans la chambre de LEPUITS Georges

Le 18 octobre 2001 à 20 heures à GENESTIERES.

Gendarme ALPHA, O.P.J. à la brigade de GENESTIERES.

CADRE LÉGAL

Articles 18, al. 1 et 56 à 59 du Code de procédure pénale. Présence de LEPUITS, Georges.

Information de son avocat.

MOTIVATION

La perquisition a pour but de rechercher les objets ou documents qui pourraient se trouver dans la chambre de LEPUITS, Georges et qui pourraient être en relation avec les faits afin de procéder à leur saisie.

ÉLÉMENTS DE FOND

Cette perquisition ne permet pas une telle découverte.

Procès-verbal de perquisition dans la chambre de CAVALE Pierre

Le 18 octobre 2001 à 20 heures à GENESTIERES.

Gendarme X, O.P.J. à la brigade de GENESTIERES.

CADRE LÉGAL

Articles 18, al. 1 et 56 à 59 du Code de procédure pénale. Présence de CAVALE, Pierre.

Information de son avocat.

MOTIVATION

La perquisition a pour but de rechercher les objets ou documents qui pourraient se trouver dans la chambre de CAVALE Pierre et qui pourraient être en relation avec les faits afin de procéder à leur saisie.

ÉLÉMENTS DE FOND

Cette perquisition permet la découverte de photographies, de notes d'observation, des plans d'établissements bancaires et une carte routière indiquant les meilleures directions de fuite ainsi que le certificat d'immatriculation d'un véhicule RENAULT Laguna de location avec lequel il circule ordinairement et qu'il a stationné dans une rue discrète à proximité de l'hôtel.

SUJET DE PROCÉDURE PÉNALE

TRAVAIL À EFFECTUER

PREMIÈRE QUESTION

Indiquez la qualification pénale, les éléments constitutifs et les éléments de preuve se rapportant à chacun des éléments constitutifs des infractions susceptibles d'être retenues à l'encontre des personnes impliquées.

La réponse sera présentée sous la forme du tableau suivant.

INFRACTIONS Qualification	ÉLÉMENTS CONSTITUTIFS – élément légal ; – élément matériel ; – élément moral.	ÉLÉMENTS DE PREUVE se rapportant à chacun des éléments constitutifs

DEUXIÈME QUESTION

Rédigez le procès-verbal de saisie des pièces de monnaie et des bijoux découverts au domicile de LAGRILLE, Roger.

Nota :

Cette question 2 dans l'examen OPJ de 2002 n'est pas d'actualité.

TROISIÈME QUESTION :

Exposez les raisons qui justifient la saisie au domicile de LAGRILLE Roger.

Nota :

Cette question ne figurait pas à l'épreuve de l'examen de 2002, elle a été ajoutée pour répondre aux exigences de la nouvelle formule de l'épreuve de procédure pénale pratique et aider les candidats en leur proposant des éléments de réponse et un exemple de rédaction.

NOTES PERSONNELLES

Sujet

Gendarme, officier de police judiciaire, vous êtes affecté à la brigade de BEAUBOURG (1) et participez avec la brigade de recherche de la compagnie et la section de recherches de la région à l'enquête concernant les faits suivants.

Le 30 septembre 2002 à 21 heures, madame GILOU, Jocelyne, 26 ans, mère d'une enfant de 3 ans est tuée sur le pas de la porte de son appartement, d'une balle d'arme de poing tirée dans la tête.

L'enquête initiale avait permis, grâce aux témoignages des voisins et de l'entourage de la victime :

– de déterminer que :
- Ce méfait était l'œuvre d'un homme ganté, cagoulé, de corpulence athlétique qui est arrivé devant l'immeuble de la victime à bord d'une B.M.W. gris anthracite, quelques minutes avant les faits,
- le malfaiteur boite légèrement de la jambe droite,
- l'individu a sonné à la porte de madame GILOU, Jocelyne, laquelle lui a ouvert sans méfiance avant d'être abattue sans mot dire,
- l'auteur a quitté les lieux sans réelle précipitation ;

– d'apprendre que :
- madame GILOU, Jocelyne qui est séparée depuis six mois d'avec LAGRILLE, Roger, son concubin, s'opposait à ce que celui-ci puisse voir ou recevoir sa fille au prétexte qu'il ne l'avait pas reconnue à la naissance et elle refusait de lui restituer l'argent que celui-ci avait placé sur un compte bancaire ouvert à son nom à elle,
- LAGRILLE, Roger qui possède une petite entreprise de fabrication et de réparation de jeux qui sont placés dans les bars de la région par des représentants, est connu de la justice pour divers méfaits. Il s'est plaint à plusieurs reprises de ne pas pouvoir voir sa fille et de l'attitude

(1) Compagnie, groupement et T.G.I. de VALON.

de GILOU, Jocelyne à son égard. Il a, en début d'année, après avoir une fois de plus tenté en vain d'obtenir un accord avec elle, menacé, devant les témoins qui rapportent les faits, son ex-concubine de lui faire la peau si elle ne revenait pas sur sa décision.

• qu'un véhicule BMW immatriculé 444 PP 75, gris anthracite appartenant à un gérant d'hôtel de la ville, volé à PARSAC SUR SEINE(2) sur le parking de son établissement, dans la nuit du 28 au 29 septembre 2002, a été retrouvé incendié le 1er octobre 2002 dans une allée du bois de Vaclennes à l'entrée de cette ville.

Les investigations conduites dans le cadre de l'enquête de flagrance n'ayant pas abouti, notamment parce que LAGRILLE, Roger est en vacances à l'étranger, le procureur de la République de VALON(1) a requis l'ouverture d'une information.

Le 7 octobre 2002, madame LALOI, Odile juge d'instruction à VALON (1) a prescrit par commission rogatoire la poursuite de l'enquête.

L'enquête conduite dans le cadre de cette procédure permettent de recueillir les informations suivantes :

– LAGRILLE, Roger doit rentrer de vacances dans l'après-midi du 15 octobre 2002 ;
– un nommé PORTAIL, André, connu des services de police et de gendarmerie pour des faits d'agressions fait partie des fréquentations de LAGRILLE, Roger avec lequel il a d'ailleurs été incarcéré quelques années plus tôt. Cet homme boitille à la suite d'un accident de la circulation au cours duquel il s'est fracturé la jambe et le genou droit ;
– les investigations conduites sur les comptes bancaires de LAGRILLE, Roger et PORTAIL, André ainsi qu'au-

(1) Compagnie, groupement et T.G.I. de VALON.
(2) Compagnie, groupement et T.G.I. de PARSAC SUR SEINE, non limitrophe avec celui de VALON.

près des organismes de crédit ne font apparaître aucun mouvement entre les deux comptes par contre l'une des sociétés de crédit vous fait savoir que LAGRILLE, Roger a bénéficié le mois dernier d'un crédit personnel de 30 000 euros transférés sur un compte bancaire discret.

Vous avez reçu mission de procéder à l'interpellation de LAGRILLE, Roger lors de son arrivée à son domicile, et de prévenir le directeur d'enquête pour permettre dans le même moment l'arrestation de PORTAIL, André, lequel fait l'objet d'une surveillance constante de la part des personnels du groupe d'observation et de surveillance de la section de recherche.

Le 15 octobre 2002 à 17 heures, les interpellations des deux suspects sont effectuées conformément aux orientations d'enquête décidées quelques jours plus tôt.

Lors de la perquisition que vous effectuez dans l'appartement de LAGRILLE, Roger, au 45 rue de la vallée à VILLENEUVE(1) vous trouvez dans le bas du bahut du séjour aménagé en double fond, quinze Louis d'or et dix Napoléons, chacune de ces pièces de monnaie est enveloppée dans du papier de soie, deux gourmettes femmes en or, une bague ornée de pierres précieuses, un bracelet et un collier de perles d'ivoire.

Vous identifiez, dès leur découverte la provenance de ces pièces de valeur et bijoux. Ils ont été dérobés dans la nuit du 14 au 15 août 2002, à HAMEVILLE(1), par effraction au domicile et au préjudice de madame LAPIERRE, Marie qui, infirme et âgée de 82 ans, ne quitte pratiquement pas son lit. Vous aviez à l'époque été chargé de l'enquête et bien que les investigations conduites dans le temps de flagrance n'avait pas permis l'identification de l'auteur des faits aucune information n'a été ouverte pour la poursuite des investigations.

(1) Commune de votre circonscription.

Sur place, répondant à la votre demande d'explications quant à la présence de ces objets dissimulés chez lui, LAGRILLE, Roger visiblement déconcerté par votre découverte, déclare être l'auteur du cambriolage commis chez madame LAPIERRE, Marie qu'il connaît bien parce qu'elle était une amie de ses parents et qu'à ce titre il est allé à plusieurs reprises chez elle.

Interrogés dans le cadre de l'exécution de la commission rogatoire :

– LAGRILLE, Roger :

- Explique les raisons pour lesquelles GILOU, Jocelyne sa concubine a rompu leur relation et s'opposait à ce qu'il revoit sa fille,
- reconnaît avoir eu plusieurs altercations avec son ex-concubine à ce sujet et notamment l'avoir, en début d'année, menacée de mort, comme l'ont rapporté les témoins,
- avoue avoir commandité le meurtre de son ex-concubine, et pour ce faire avoir engagé PORTAIL, André pour l'exécution de ce contrat,
- Indique avoir cru qu'en agissant par le biais d'un organisme de crédit, il brouillerait suffisamment les pistes pour éviter toute identification de la somme destinée à être payée à PORTAIL, André pour ses services,
- précise que GILOU, Jocelyne faisait courir la rumeur qu'elle s'apprêtait à partir travailler à l'étranger. Craignant de ce fait ne plus avoir de nouvelles de sa fille, il a décidé faire tuer son ex-concubine dans le but de faire reconnaître ses droits paternels et obtenir la garde exclusive de sa fille,
- déclare être parti en vacances en Afrique durant la période programmée pour le meurtre de GILOU, Jocelyne afin de se constituer un alibi.

– PORTAIL, André :

- Qui refuse dans un premier temps de répondre aux questions des enquêteurs, confondu par les aveux de LAGRILLE, Roger reconnaît avoir reçu mandat par celui-ci de tuer GILOU, Jocelyne,
- précise avoir reçu de LAGRILLE, Roger toutes les indications utiles quant à la motivation de ses intentions, à l'adresse et les habitudes de vie de la victime pour exécuter le contrat durant la préparation duquel il a reçu un chèque de garanti de 15 000 euros la somme totale devant être versée en liquide un mois après l'exécution de GILOU, Jocelyne ;
- déclare avoir volé pour la circonstance la B.M.W. immatriculée 444 PP 75 sur le parking d'un hôtel à PARSAC SUR SEINE. Forcer les fermetures et la sécurité de démarrage de ce véhicule n'a pas été d'une grande difficulté pour lui spécialiste du vol de ce type de voitures. Il s'est rendu eu domicile de GILOU, Jocelyne et l'a tuée avec l'un des pistolets 9 mm qu'il détient légalement étant affilié à un club de tir. Ensuite il s'est enfui en direction de PARSAC SUR SEINE et dans une allée forestière très discrète du bois de Vaclennes qu'il connaît bien il a incendié la B.M.W. afin de détruire les traces et indices qui auraient pu permettre son identification.

Le juge d'instruction constamment informé des investigations entreprises et de la teneur des auditions des suspects, prescrit leur présentation à son cabinet le 17 octobre 2002 à 16 heures.

Solution

Infractions susceptibles d'être retenues à l'encontre de PORTAIL, André.

INFRACTIONS	ÉLÉMENTS CONSTITUTIFS	ÉLEMENTS DE PREUVE
Qualification	**– élément légal ;** **– élément matériel ;**	**se rapportant à chacun des éléments constitutifs**
Vol d'un véhicule automobile précédé d'un acte de dégradation et suivi d'un acte de destruction *Délit*	<u>Élément légal</u> Infraction prévue par les art. 311-1 et 311-4, al. 1, 8° du Code pénal et réprimée par les art. 311-4, al. 2, 311-14, 1° à 4° du même code. <u>Élément matériel</u> **Il faut :**	
	– La soustraction frauduleuse.	PORTAIL, André vole sur le parking d'un hôtel à PARSAC SUR SEINE,
	– D'un bien mobilier.	une automobile B.M.W. immatriculée 444 PP 75,
	– Appartenant à autrui.	qui appartient au gérant de l'hôtel.
	<u>Circonstance aggravante</u> – précédé, accompagné, ou suivi d'un acte de destruction,	PORTAIL, André a forcé les fermeture et la sécurité au démarrage

	dégradation ou détérioration. <u>Élément moral</u>	de la voiture, puis après l'avoir utilisée il la détruit en l'incendiant.
	Intention coupable	Elle réside dans l'ensemble des moyens mis en œuvre par PORTAIL André pour dérober la voiture, afin de réaliser le but qu'il poursuit et son intention de détruire le véhicule pour éviter d'être identifié.
Transport et port d'une arme de catégorie B *Délit*	<u>Élément légal</u> Fait: – prévu par les articles L. 312-3, L. 312-4 et L. 312-4-3 du Code de la sécurité intérieure et – réprimé par l'article L. 317-8 du même code(1) <u>Élément matériel</u>	
	– Transport d'une arme.	Un pistolet de 9mm.
	– Arme classée dans la catégorie B.	Arme classée dans la catégorie B.
	– Absence d'une autorisation administrative de	PORTAIL André porte cette arme qu'il détient

(1) Certains candidats peuvent à la lecture du thème estimer que PORTAIL André a déjà été condamné à une peine d'un an de prison ferme ou plus et en conséquence retenir pour bonne la réponse qui requiert l'application de l'article L. 317-4 du Code de la sécurité intérieure.

	port d'arme de la catégorie concernée. Élément moral Intention coupable.	légalement, hors de son domicile pour assassiner madame GILOU Jocelyne. Elle est concrétisée par le fait que PORTAIL André, titulaire d'une autorisation de détention d'arme et d'une licence de tir a été dûment informé des obligations et interdictions à propos de la détention de son pistolet ainsi que par son attention de porter sur lui cette arme afin de s'en servir pour assassiner Mme GILOU Jocelyne.
Assassinat *Crime*	Élément légal Infraction prévue par les art. 221-1, 221-3, al. 1 et 132-72 du Code pénal et réprimée par les art. 221-3, al. 1 et 2, 221-8 et 221-9 du même code. Élément matériel Il faut :	

	– Une personne humaine victime.	GILOU, Jocelyne est tuée sur le pas de la porte de son appartement, d'une balle d'arme de poing tirée dans la tête.
	– Un acte ayant causé la mort de la personne.	PORTAIL, André a tiré une balle de 9 mm dans la tête de GILOU, Jocelyne qui lui a ouvert la porte.
	<u>Circonstance aggravante</u> – Un acte de préméditation.	Le meurtre de GILOU, Jocelyne a été commandité par son ex-concubin et pour l'exécuter, PORTAIL, André s'est livré à des actes préparatoires particuliers tels que se renseigner sur l'adresse et les habitudes de vie de la victime et le vol d'une voiture.
	<u>Élément moral</u>	
	Intention coupable	Elle est démontrée par la réalisation d'un contrat moral entre PORTAIL, André et LAGRILLE, Roger pour tuer GILOU, Jocelyne, ainsi que par les actes préparatoires effectués par PORTAIL, André en vue d'exécuter la victime et par le fait que celui-ci était rémunéré pour accomplir ce meurtre.

Infractions susceptibles d'être retenues à l'encontre de LAGRILLE, Roger

INFRACTIONS	ÉLÉMENTS CONSTITUTIFS	ÉLEMENTS DE PREUVE
Qualification	**- élément légal ; - élément matériel ; - élément moral.**	**se rapportant à chacun des éléments constitutifs**
Vol commis par effraction dans un local d'habitation et facilité par l'état d'une personne dont la particulière vulnérabilité due à son âge et à une infirmité est connue de l'auteur *Délit*	**Élément légal** Infraction prévue par les art. 311-1 et 311-5, al. 1, 2° et 3° du Code pénal, réprimée par les art. 311-4, al. 2, 311-14,1° à 4° du même code. **Élément matériel** Il faut : – La soustraction frauduleuse.	 LAGRILLE, Roger a dérobé, dans la nuit du 14 au 15 août 2002,
	– D'un bien mobilier.	des Louis d'or, des Napoléons et des bijoux,
	– Appartenant à autrui.	qui appartiennent à madame LAPIERRE, Marie,
	<u>Circonstances aggravantes</u> – À l'aide d'effraction dans un local d'habitation.	en pénétrant par effraction dans le domicile de la victime,
	– Soustraction frauduleuse facilitée l'état	qui connue de LAGRILLE, Roger

	d'une personne dont la particulière vulnérabilité due à son âge et à une infirmité est connue de l'auteur	est âgée de 82 ans, et infirme ne quitte pratiquement pas son lit.
	Élément moral	
	Intention coupable	Les modalités de la préhension par LAGRILLE, Roger des valeurs et des bijoux appartenant à LAPIERRE, Marie démontrent son intention de commettre un vol.
Menaces de mort sous condition *Délit*	**Élément légal**	
	Infraction prévue par l'art. 222-18 du Code pénal et réprimée par les art. 222-18, al. 2, 222-44 et 222-45 du même code.	
	Élément matériel	
	Il faut :	
	– proférer une menace de mort	LAGRILLE, Roger a déclaré qu'il lui ferait la peau,
	– envers une personne	à GILOU, Jocelyne son ex-concubine
	– avec ordre de remplir une condition	si elle ne revenait pas sur sa décision de ne pas lui laisser voir sa fille et de refuser de lui restituer son argent.

	Élément moral Intention coupable	 LAGRILLE, Roger profère sa menace de mort envers son ex-concubine dans le but de l'influencer pour qu'elle revienne sur une décision défavorable à son égard.
Complicité d'assassinat *Crime*	**Élément légal** Infraction prévue par les art. 121-7, 221-1, 221-3, al. 1 et 132-72 du Code pénal et réprimée par les art. 121-6, 221-3, al. 1 et 2, 221-8 et 221-9 du même code. **Élément matériel** Il faut : – Une personne humaine victime. – Un acte ayant causé la mort de la personne. Circonstance aggravante – Un acte de prémédi-tation.	GILOU, Jocelyne est tuée sur le pas de la porte de son appartement, d'une balle d'arme de poing tirée dans la tête. PORTAIL, André a tiré une balle de 9 mm dans la tête de GILOU, Jocelyne qui lui a ouvert la porte. LAGRILLE, Roger a préparé le meurtre

		de GILOU, Jocelyne avec PORTAIL, André en lui donnant toutes indications utiles quant à l'adresse et les habitudes de vie de la victime.
	– Un acte de complicité.	LAGRILLE, Roger a commandité le meurtre de son ex-concubine en établissant un contrat avec PORTAIL André, qu'il allait payer pour exécuter GILOU, Jocelyne. De plus LAGRILLE, Roger a fourni toutes les indications utiles à PORTAIL, André pour qu'il assassine GILOU, Jocelyne.
	Élément moral	
	Intention coupable	Elle est démontrée d'une part par l'exécution du contrat moral qui a été établi entre LAGRILLE, Roger et PORTAIL, André pour tuer GILOU, Jocelyne, et d'autre part par la nature des indications que le premier a fourni au second pour lui faciliter la commission de son forfait.

TROISIÈME QUESTION

Exposez les raisons qui justifient la saisie au domicile de LAGRILLE Roger.

La perquisition se déroule dans le cadre de l'exécution d'une commission rogatoire pour assassinat *(art. 151 à 155 et 94 du C.P.P.)*.

Cet acte d'enquête vise à rechercher des éléments de preuve et à en effectuer la saisie qu'il s'agisse de papiers, documents, données informatiques ou objets relatifs aux faits incriminés afin de les mettre à la disposition de la justice.

Dans le cadre de l'enquête en cours qu'il diligente, le gendarme ALPHA, officier de police judiciaire à la brigade de BEAUBOURG agit dans sa circonscription territoriale dans laquelle il exerce ses fonctions habituelles *(art. 18 al. 1 et R. 15-24 du C.P.P.)*.

Il se transporte au domicile de LAGRILLE Roger pour y rechercher, en sa présence, des éléments de preuve de son implication dans les faits incriminés. Les recherches sont vaines dans le cadre des investigations conduites à cet effet.

Les pièces de valeur et les bijoux découverts proviennent selon les aveux spontanés de LAGRILLE Roger d'un cambriolage qu'il a commis par effraction dans la nuit du 14 au 15 août 2002 au préjudice de madame LAPIERRE demeurant à HAMEVILLE, commune de la circonscription territoriale du gendarme ALPHA

Ces faits n'étant pas récents, ils ne peuvent faire l'objet d'une enquête de flagrance et aucune information étant en cours a leur propos, le gendarme ALPHA effectue une saisie incidente dans le cadre d'une enquête préliminaire *(art. 75 et 76 du C.P.P.)*.

Pour ce faire le gendarme ALPHA :

- Utilise les références de la commission rogatoire pour justifier sa présence dans le domicile de LAGRILLE, Roger et les opérations de perquisition.
- Indique les circonstances de temps, de lieu et de déroulement de la perquisition.
- Précise les modalités de la découverte des pièces de valeur et bijoux.
- Décrit les pièces de valeurs et les bijoux *(mention des photographies effectuées).*
- Présente à LAGRILLE Roger les pièces de valeurs et bijoux découverts à son domicile.
- Recueille succinctement les aveux spontanés de LAGRILLE Roger.
- Obtient l'assentiment express écrit de la main de LAGRILLE, Roger autorisant la saisie des pièces de valeur et bijoux découverts à son domicile.

Le gendarme ALPHA, officier de police judiciaire rédige procès-verbal de ces opérations signé par lui et par LAGRILLE Roger.

Il en avise aussi le procureur de la République de VALON *(art. 75-2 du C.P.P.).*

Notes Personnelles

SUJET DE PROCÉDURE PÉNALE

TRAVAIL À EFFECTUER

PREMIÈRE QUESTION

Indiquez la qualification pénale, les éléments constitutifs et les éléments de preuve se rapportant à chacune des infractions susceptibles d'être retenues à l'encontre des personnes impliquées.

DEUXIÈME QUESTION

Rédigez le procès-verbal d'audition de BALTE, Alain.

Nota :

Cette question 2 dans l'examen OPJ de 2003 n'est plus d'actualité.

TROISIÈME QUESTION

Exposez les raisons qui justifient les auditions de Messieurs LAIRE Jean et BRAVE Henri.

Nota :

Cette question ne figurait pas à l'épreuve de l'examen de 2003, elle a été ajoutée pour répondre aux exigences de la nouvelle formule de l'épreuve de procédure pénale pratique et aider les candidats en leur proposant des éléments de réponse et un exemple de rédaction.

Notes Personnelles

Sujet

Gendarme, officier de police judiciaire, vous êtes affecté à la brigade de BEAUBOURG. (1)

Le 15 octobre 2003 à 10 heures, monsieur LAIRE, Jean, proviseur du lycée Georges Brassens à BEAUBOURG(1) demande l'intervention de la gendarmerie à la suite de la commission d'actes d'incivilité dans l'établissement.

Vous recevez l'ordre de vous transporter sur les lieux avec le gendarme agent de police judiciaire BLUET, Aline et le gendarme adjoint TYPE, Fabien.

À votre arrivée, vous êtes reçu par monsieur LAIRE, Jean qui vous informe des faits suivants :

– Pendant la récréation de 10 heures, l'un des surveillants de l'établissement, monsieur BRAVE, Henri, intervient pour calmer une dispute entre deux élèves qui allaient en venir aux mains. COSTO, Gilles, âgé de 16 ans, accuse un camarade de son âge, BOULE, Bertrand d'avoir, en début de matinée, fracturé la serrure de son casier et de lui avoir volé son téléphone portable, ce que l'intéressé ne nie pas particulièrement. Devant cet état de fait, monsieur BRAVE, Henri somme BOULE, Bertrand de rendre le téléphone à son camarade ;
– Celui refuse prétextant n'avoir rien à voir dans cette histoire. Monsieur BRAVE, Henri qui met en doute sa parole et qui insiste en l'invitant à le suivre dans le bureau du proviseur est pris à partie par BOULE, Bertrand qui lui dit avec insolence et agressivité : « Toi, joues pas aux "keufs" ! Si tu ne te mêles pas de tes affaires et te casses pas immédiatement, fais gaffe à ta "caisse", à la place tu pourrais bien trouver une épave ce soir ! ». Ne se laissant pas intimider, monsieur BRAVE, Henri insiste mais BOULE, Bertrand tourne les talons et quitte la cour en disant à l'adresse du surveillant : « tant pis pour toi "man", je t'aurais prévenu ! Tu l'auras voulu ! » ;

(1) Compagnie, groupement et T.G.I de VALENS.

– En traversant le hall qui conduit à la porte d'entrée du lycée, BOULE, Bertrand donne de violents coups de pied dans les portes et les vitres qu'il détériore ou brise avant d'escalader le portail fermé à clé et de quitter le lycée.

Vous recueillez la déposition de messieurs LAIRE, Jean et BRAVE, Henri qui relatent tous les deux l'incident et déposent plainte contre l'élève en cause, ainsi que les déclarations des autres enseignants témoins des faits.

Vous procédez à l'audition et au recueil de la plainte de COSTO, Gilles qui maintient ses soupçons contre BOULE, Bertrand parce que, dit-il, un autre élève l'a vu cacher un téléphone dans la poche intérieure de sa veste, lorsqu'il est revenu en classe à l'issue du cours durant lequel il s'était absenté. Il précise que lorsqu'il a interpellé seul à seul BOULE, Bertrand dans un coin de la cour pour lui demander, sans témoin, des explications, celui-ci lui a dit « enlèves tes sales pattes de "fuej(2)" de mon blouson, tu pollues ! » puis il est allé retrouver ses amis, organisant ainsi le rassemblement qui a motivé l'intervention du surveillant.

Vous effectuez les constatations habituelles sur le casier attribué à COSTO, Gilles, puis regagnez l'unité.

À 11 heures 50, monsieur GARDE, Pierre, concierge au lycée Georges Brassens à BEAUBOURG (1), demande de nouveau l'intervention de la gendarmerie en raison de l'intrusion dans l'établissement d'un individu qui a molesté et blessé le proviseur ainsi que monsieur BRAVE, Henri.

Vous intervenez avec le renfort de six militaires de l'unité.

Lorsque vous arrivez au lycée, l'agresseur est parti et l'équipe médicale de l'établissement s'occupe de monsieur LAIRE, Jean qui paraît choqué et de monsieur BRAVE, Henri qui, grièvement blessé à la tête, est inconscient.

L'audition de monsieur GARDE, Pierre, seul témoin de la scène, vous apprend que vers 11 heures 45, monsieur

(1) Compagnie, groupement et T.G.I de VALENS.
(2) Juif en verlan - COSTO, Gilles est de confession israélite.

LAIRE, Jean et lui quittent la conciergerie, l'un pour rejoindre son bureau, l'autre pour ouvrir les portails avant la sortie des élèves et des professeurs. En empruntant le hall qui relie la cour à la sortie de l'établissement, ils remarquent une silhouette qui, leur semble-t-il, se dissimule dans l'embrasure d'une porte. Monsieur LAIRE, Jean s'avance tout en l'interpellant. Puis, se rendant compte qu'il s'agit d'un jeune homme masqué, il l'interroge sur son identité et sa présence en ce lieu. Il reçoit, pour toute réponse, des coups de poing au visage et de coups de pied dans le ventre. C'est en entendant les éclats de voix et les cris de monsieur LAIRE, Jean que monsieur GARDE, Pierre, se précipite au secours du proviseur mettant en fuite le jeune homme. L'agresseur laisse alors sa victime et court en direction de la sortie du lycée. Se faisant, il bouscule violemment monsieur BRAVE, Henri qui arrive aussi sur les lieux, le faisant chuter lourdement dans les escaliers.

Monsieur GARDE, Pierre pense avoir reconnu la silhouette et la démarche d'un ancien élève. Il vous demande de l'accompagner dans le bureau des archives du lycée et après avoir effectué quelques recherches avec l'aide de l'archiviste, il vous indique qu'il s'agit vraisemblablement du nommé BALTE, Alain lequel a été renvoyé du lycée il y a trois ans. Il demeurait alors dans la cité du Sérail, au 58 rue Matisse, appartement numéro 315, à LISEVILLE (1).

Après avoir terminé vos investigations dans le lycée vous rentrez à l'unité et rendez compte à votre commandant de brigade qui vous adjoint une équipe d'enquêteurs. Votre supérieur hiérarchique avise le commandant de compagnie et informe le parquet qui prescrit la poursuite de l'enquête sans désemparer pour éviter que le désordre s'installe dans cet l'établissement jugé sensible.

(1) Compagnie de LISEVILLE, groupement et T.G.I de TALENSAC, limitrophe au T.G.I. de VALENS.

Dès le début de l'après-midi vous faites rechercher BOULE, Bertrand.

BALTE, Alain est bien connu de la brigade et vous savez ne pas le trouver à son domicile à cette heure-ci de la journée. Vous demandez le concours de la brigade de recherches de la compagnie pour effectuer une surveillance en véhicule banalisé et tenue civile, des endroits qu'il fréquente et des autres lieux de rassemblement des jeunes des cités de BEAUBOURG (1) et de LISEVILLE (2).

La mère de BOULE, Bertrand paraît surprise d'apprendre que son fils s'est enfui du lycée après s'être disputé avec un camarade et un surveillant. Elle dit que son fils qui est rentré à la maison à 12 heures 30 lui a affirmé ne pas avoir cours durant l'après-midi en raison de l'absence de certains professeurs. Elle vous indique qu'il est parti passer l'après-midi chez un camarade où vous l'interpellez à 15 heures.

Placé en garde à vue et conduit à votre unité, il est interrogé. Il se montre arrogant voire agressif, et nie farouchement les faits qui lui sont reprochés, avant de reconnaître :

- la nature et l'ensemble des propos qu'il a tenus à monsieur BRAVE, Henri, ainsi qu'à COSTO, Gilles. Le sachant israélite et très réactif à tous mauvais propos concernant ses origines et sa religion, il a voulu le vexer pour provoquer de sa part une réaction lui permettant d'y répondre par la violence pour se soustraire à ses soupçons concernant le vol de son téléphone ;

- avoir, en début de matinée, prétexté la nécessité d'aller aux toilettes pour arriver en retard en cours. Profitant d'être seul dans les couloirs il a forcé la serrure du casier de COSTO, Gilles à l'intérieur duquel il s'est emparé

(1) Compagnie, groupement et T.G.I de VALENS.
(2) Compagnie de LISEVILLE, groupement et T.G.I de TALENSAC, limitrophe au T.G.I. de VALENS.

du téléphone portable dernier modèle qu'il s'est acheté durant le week-end et avec lequel il n'a pas cessé de frimer dans la cour. Il ne sait pas pourquoi COSTO, Gilles l'a soupçonné de suite. Il affirme qu'il ne voulait pas garder cet appareil dernier cri pour lui, mais qu'il avait l'intention de le vendre un bon prix dans sa cité.

- avoir, après s'être enfui du lycée, rencontré BALTE, Alain qu'il fréquente depuis quelques mois et lui avoir raconté son altercation avec COSTO, Gilles ainsi que l'intervention de monsieur BRAVE, Henri. D'initiative, BALTE, Alain lui a dit qu'il avait lui-même de bonnes raisons d'en vouloir au proviseur et à ce surveillant qui, à son goût, se prend trop pour un flic, et qu'il allait s'occuper de lui.

Le téléphone dérobé à COSTO, Gilles est retrouvé, sur les indications de BOULE, Bertrand, dans une gaine technique de la cage d'escalier de l'étage où se trouve son appartement.

À 15 heures vous êtes informé que monsieur BRAVE, Henri qui avait été hospitalisé dans un état comateux vient de décéder à l'hôpital de la ville des suites d'une hémorragie cérébrale consécutive à sa chute dans les escaliers.

À 16 heures, le militaire que vous aviez chargé de cette mission recueille la plainte de monsieur LAIRE, Jean. Celui-ci sorti de l'hôpital à 15 heures 30, confirme la déposition du concierge quant aux circonstances et la nature de son agression. Il lui remet un certificat médical décrivant ses contusions et blessures et lui prescrivant une incapacité totale de travail de dix jours.

À 17 heures, BALTE, Alain, 19 ans, est interpellé à la sortie d'un café de LISEVILLE [1]. Placé en garde à vue, il est conduit à votre unité où :

(1) Compagnie de LISEVILLE, groupement et T.G.I de TALENSAC, limitrophe au T.G.I. de VALENS.

– Après avoir parlé de ses trois années de scolarité au lycée Georges Brassens à BEAUBOURG (2) au cours desquelles il a plusieurs fois été sanctionné, il expose les motifs de son renvoi définitif de cet établissement l'année de son bac, en janvier 2000, à la suite d'un grave incident avec des élèves et monsieur BRAVE, Henri. C'est pour cela qu'il en veut toujours au proviseur et à ce surveillant.

– Il confirme avoir rencontré fortuitement dans la matinée BOULE, Bertrand qui lui a raconté sa dispute avec COSTO, Gilles qu'il connaît, ainsi que l'intervention de monsieur BRAVE, Henri.

– Il a trouvé inopportune l'intervention du surveillant. Il pense qu'il se mêle trop des affaires des élèves. Il est persuadé qu'il n'agit que dans le but de les conduire devant le proviseur pour les faire renvoyer. Cette affaire avec son camarade a réveillé en lui la haine qu'il voue à monsieur BRAVE, Henri.

– Il indique que, cédant à un désir de vengeance, il s'est dirigé vers le lycée. Il n'y avait personne dans la rue lorsqu'il a escaladé le portillon. Ensuite il a, comme il le faisait lorsqu'il arrivait en retard au lycée, évité le contrôle du concierge, puis il s'est en partie masqué le visage en relevant les cols de son pull-over et de son blouson et a tenté de se cacher dans le hall qui conduit du bureau des surveillants vers la cour. Il sait que monsieur BRAVE, Henri va toujours dans la cour un peu avant midi pour surveiller la sortie des élèves.

– Il précise qu'il avait l'intention de le surprendre et lui donner une bonne correction.

– Il déclare que, découvert par le proviseur, il a déchargé

(2) Compagnie, groupement et T.G.I de VALENS.

toute sa colère sur lui en le frappant jusqu'à l'intervention du concierge.

– En s'enfuyant il a rencontré monsieur BRAVE, Henri. L'ayant reconnu, il a délibérément foncé sur lui pour le frapper. Ce faisant, il l'a violemment poussé et fait tomber dans les escaliers. Il a agi ainsi dans le but de l'agresser. Informé du décès du surveillant, il répond simplement qu'il ne l'a pas voulu.

Constamment tenu informé de vos investigations et du résultat de votre enquête, le procureur de la République de VALENS vous prescrit de remettre BOULE, Bertrand en liberté à l'issue de son audition, et de lui présenter BALTE, Alain le 16 octobre 2003 à 15 heures.

Solution

I. Première question

I. 1 – Infractions susceptibles d'être retenues à l'encontre de M. BOULE, Bertrand

INFRACTIONS	ÉLÉMENTS CONSTITUTIFS	ÉLEMENTS DE PREUVE
Qualification	**– élément légal ; – élément matériel ; – élément moral.**	**se rapportant à chacun des éléments constitutifs**
Menaces de commettre une destruction, une dégradation ou une détérioration faites avec ordre de remplir une condition *Délit*	Élément légal Infraction prévue et réprimée par l'art. 322-13, al. 1 du Code pénal.	
	Élément matériel Il faut : – La formulation de menaces par quelque moyen que ce soit.	BOULE, Bertrand tient des propos menaçants à l'égard de monsieur BRAVE, Henri.
	– Les menaces concernent la commission de destruction, dégradation ou détérioration.	Les menaces proférées : « fais gaffe à ta "caisse", à la place tu pourrais bien trouver une épave ce soir ! » concernent la commission d'actes de destruction, de dégradation ou détérioration sur la voiture de monsieur BRAVE, Henri.
	– Les menaces sont faites avec ordre de remplir une condition.	BOULE, Bertrand menace d'endommager la voiture de monsieur

		BRAVE, Henri si celui-ci « ne se mêle pas de ses affaires et ne se casse pas immédiatement ».
	Élément moral Intention coupable	 BOULE, Bertrand agit de la sorte et menace monsieur BRAVE, Henri pour l'intimider, faire cesser son intervention et éviter d'être sanctionné.
Destructions, dégradations, détériorations commises à l'encontre d'un établissement scolaire *Délit*	Élément légal Infraction prévue par les art. 322-1, al. 1 et 322-3 al. 10 et réprimée par l'art. 322-3 al. 10 du même code. Élément matériel Il faut : – la commission d'actes de destruction, dégradation, détérioration. – actes commis contre un bien appartenant à autrui.	En traversant le hall qui conduit à la porte du lycée, BOULE, Bertrand donne de violents coups de pied dans les portes et les vitres qu'il détériore ou brise. BOULE, Bertrand n'est pas propriétaire des lieux qu'il dégrade.

	<u>Circonstance aggravante</u> – Les lieux contre lesquels sont commis les actes de destruction, dégradation, détérioration constituent un établissement scolaire. <u>Élément moral</u> Intention coupable	Les portes et les vitres que BOULE, Bertrand dégrade ou brise sont situées dans le hall du lycée Georges-Brassens de BEAUBOURG. Les actes commis par BOULE, Bertrand n'étant pas : – d'origine accidentelle ; – involontaire ; – la conséquence d'une imprudence ou d'une maladresse ; ils démontrent sa volonté de dégrader les lieux.
Injure non publique commise envers une personne en raison de son origine et de son appartenance vraie à une religion *Contravention de quatrième classe*	<u>Élément légal</u> Infraction prévue par l'art. R. 624-4, et réprimée par l'art. R. 624-4, du même code. <u>Élément matériel</u> Il faut : – Proférer de façon non publique des propos injurieux – envers une personne	Alors qu'ils sont seuls, BOULE, Bertrand dit « enlèves tes sales pattes de "fuej" de mon blouson, tu pollues ! » à l'adresse de COSTO, Gilles.

	– en raison de son origine, de son appartenance vraie ou supposée à une religion. <u>Élément moral</u> Intention coupable	COSTO, Gilles est de confession israélite. Les paroles prononcées par BOULE, Bertrand qui sait que COSTO, Gilles est de confession israélite et réagit vivement à tous mauvais propos à ce sujet, expriment sa volonté de le vexer dans le but d'entraîner de sa part une réaction qui lui permette d'y répondre violemment pour se soustraire à ses questions à propos du vol de son téléphone.
Vol précédé d'un acte de destruction, de dégradation ou de détérioration *Délit*	<u>Élément légal</u> Infraction prévue par les art. 311-1, 311-4, al. 9 du Code pénal et réprimée par l'art. 311-4, al. 1 du même code. <u>Élément matériel</u> Il faut : – la soustraction frauduleuse. – d'un bien mobilier.	BOULE, Bertrand s'empare dans le casier de COSTO, Gilles, d'un téléphone portable,

	– appartenant à autrui. <u>Circonstance aggravante</u> – faits précédés d'un acte de destruction, dégradation ou de détérioration. <u>Élément moral</u> Intention coupable.	appartenant à ce dernier. BOULE, Bertrand a forcé la serrure du casier de COSTO, Gilles pour l'ouvrir afin de commettre son larcin. Elle est démontrée par les moyens et les ruses employés par BOULE, Bertrand dans le but de s'emparer du téléphone portable de COSTO, Gilles qu'il convoitait.

1.2 – Infractions susceptibles d'être retenues à l'encontre de BALTE, Alain.

INFRACTIONS	ÉLÉMENTS CONSTITUTIFS	ÉLÉMENTS DE PREUVE
Qualification	**– élément légal ; – élément matériel ; – élément moral.**	**se rapportant à chacun des éléments constitutifs**
Intrusion dans un établissement scolaire *Contravention de cinquième classe*	<u>Élément légal</u> Infraction prévue et réprimée par l'art. R. 645-12, al. 1 du Code pénal.	

	<u>Élément matériel</u> Il faut : – pénétrer dans un établissement scolaire. – ne pas y être habilité en vertu de dispositions législatives ou réglementaires ou y avoir été autorisé par les autorités compétentes. <u>Élément moral</u> Intention coupable	 BALTE, Alain, pénètre dans le collège Georges-Brassens. BALTE, Alain qui n'est pas habilité ou autorisé à pénétrer dans le lycée escalade le portillon de l'entrée et se cache du concierge. Bien que n'étant pas requise s'agissant d'une contravention, l'intention coupable est démontrée par le fait que BALTE, Alain pénètre dans le lycée afin d'aller agresser monsieur BRAVE, Henri.
Violences ayant entraîné pour autrui une incapacité totale de travail de plus de huit jours commises avec préméditation sur une personne	<u>Élément légal</u> Infraction prévue par les art. 222-11 et 222-12, al. 1, 4° *bis*, 9° et 11° du Code pénal et réprimée par l'art. 222-12, al. 20 et 21, du même code. <u>Élément matériel</u> Il faut :	

chargée d'une mission de service public, dans l'exercice de ses fonctions, à l'intérieur d'un établissement scolaire *Délit*	– La commission d'actes de violence sur autrui.	BALTE, Alain assène des coups de poing au visage et de pied dans le ventre de monsieur LAIRE, Jean.
	– Ces violences ont entraîné une incapacité totale de travail supérieure à huit jours.	Monsieur LAIRE, Jean remet aux enquêteurs un certificat médical décrivant ses contusions et blessures et lui prescrivant une incapacité totale de travail de dix jours.
	<u>Circonstances aggravantes</u> – Les faits sont commis sur une personne chargée d'une mission de service public, dans l'exercice de ses fonctions	Monsieur LAIRE, Jean est le proviseur du lycée. Il intervient dans le cadre de son travail.
	– Les faits sont prémédités.	Cédant à un désir de vengeance il s'est dirigé vers le lycée pour agresser monsieur BRAVE, Henri qu'il dit haïr
	– La qualité de la victime est connue de l'auteur.	BALTE, Alain qui a été scolarisé dans cet établissement connaît le proviseur.
	– Les faits sont commis à l'intérieur d'un établissement scolaire.	BALTE, Alain agresse monsieur LAIRE, Jean à l'intérieur du lycée dont il est le proviseur.
	<u>Élément moral</u>	
	Intention coupable.	Elle résulte de :

		l'intention de BALTE, Alain qui désire se venger du surveillant du lycée ; – l'attitude de l'intéressé qui tend un guet-apens pour surprendre le surveillant ; – du nombre, de la nature et de la violence des coups portés au proviseur bien qu'il le reconnaisse et que ce ne soit pas lui, qu'il désirait agresser.
Violences volontaires commises avec préméditation sur une personne chargée d'une mission de service public, ayant entraîné la mort sans intention de la donner *Crime*	<u>Élément légal</u> Infraction prévue par les art. 222-7 et 222-8, 4° *bis* et 9° du Code pénal et réprimée par l'art. 222-8 al. 1 et 17 du même code. <u>Élément matériel</u> Il faut : – La commission d'actes de violence sur autrui	 BALTE, Alain bouscule frappe et bouscule violemment monsieur BRAVE, Henri qui chute dans les escaliers.
	– Ces actes de violence ont entraîné la mort de la personne qui en a été victime.	Monsieur BRAVE, Henri blessé à la tête à la suite des violences causées par BALTE,

		Alain décède d'une hémorragie cérébrale.
	<u>Circonstances aggravantes</u> – Ces actes de violence sont commis avec préméditation.	BALTE, Alain entré dans le lycée s'est dissimulé dans le couloir dans le but d'agresser monsieur BRAVE, Henri qu'il dit haïr.
	– Ces actes de violence sont commis sur une personne chargée d'une mission de service public, qualité connue de l'auteur.	Monsieur BRAVE, Henri est employé de l'éducation nationale en qualité de surveillant de lycée. Cette qualité est connue de BALTE, Alain qui a eu affaire avec la victime lorsqu'il était scolarisé dans cet établissement.
	<u>Élément moral</u> Intention coupable.	Les coups et les violences portés par BALTE, Alain, à la victime sont volontaires. Cependant, il n'a jamais eu l'intention de la tuer.

Troisième question

Exposez les raisons qui justifient les auditions de Messieurs LAIRE Jean et BRAVE Henri.

Le gendarme ALPHA officier de police judiciaire à la brigade de BEAUBOURG agit dans le cadre de ses fonctions ayant reçu l'ordre de son supérieur hiérarchique de se transporter au lycée Georges Brassens à BEAUBOURG. Il s'agit de répondre à la demande d'intervention du proviseur de cet établissement pour faire suite à des actes d'incivilité *(art. 54 du C.P.P.)*.

Le gendarme ALPHA agit dans la circonscription territoriale dans laquelle il exerce habituellement ses fonctions *(art. 18, al. 1 et R. 15-24 du C.P.P.)*.

A son arrivée sur les lieux il est succinctement informé par LAIRE Jean, le proviseur, des faits de vol aggravé, de menaces de commettre une destruction, une dégradation ou une détérioration faite avec ordre de remplir une condition, de destruction, dégradations, détériorations commises à l'encontre d'un établissement scolaire commis par BOULE Bertrand un élève du lycée. Il lui indique en outre que le principal témoin des faits et victime des menaces est le surveillant BRAVE, Henri.

Les faits dénoncés venant de se commettre et constituant des délits punis de peines d'emprisonnement le gendarme ALPHA ouvre une enquête dans le cadre de la flagrance *(art. 14, 53 al. 1 et 67 du C.P.P.)*.

LAIRE, Jean en sa qualité de proviseur de l'établissement dans lequel les destructions, dégradations, détériorations ont été commises par BOULE Bertrand est habilité à dénoncer les faits et déposer plainte contre celui-ci. Il est en droit, en sa qualité de supérieur hiérarchique de BRAVE Henri de relater les faits qu'il lui a rapportés.

C'est en qualité de témoin et de victime que LAIRE Jean est entendu par le gendarme ALPHA qui recueille aussi sa plainte pour les faits de destructions, dégradations, détériorations commis dans l'établissement *(art. 15-3 al. 1, 17 et 62 du C.P.P.)*. Il lui remet un récépissé de dépôt de plainte (art. 15-3, al. 2 du C.P.P.) et l'informe des droits dont il dispose en sa qualité de victime *(C.P.P. art. 53-1)*.

BRAVE Henri surveillant dans le lycée est intervenu dans la matinée pour calmer une dispute entre deux élèves qui allaient en venir aux mains. COSTO, Gilles accuse BOULE Bertrand de lui avoir volé son téléphone portable après avoir fracturé la serrure de son casier. BOULE Bertrand qui ne nie pas les faits a refusé de rendre le téléphone à son camarade. Invité à venir s'expliquer dans le bureau du proviseur BOULE Bertrand menace BRAVE Henri de commettre des dégâts sur sa voiture s'il continue à se mêler de cette affaire et il quitte le lycée non sans avoir, au passage, détérioré à coups de pied les portes et brisé les vitres du hall.

C'est en qualité de témoin et de victime que BRAVE Henri est entendu par le gendarme ALPHA qui recueille sa plainte pour les faits de menaces sous conditions dont il été victime *(art. 15-3, al. 1, 17 et 62 du C.P.P.)*). Il lui remet un récépissé de dépôt de plainte *(art. 15-3, al. 2 du C.P.P.)* et l'informe des droits dont il dispose en sa qualité de victime *(art. 53-1 du C.P.P.)*.

A l'issue de ces auditions qui ont permis de préciser les faits et de déterminer les infractions commises par BOULE Bertrand le gendarme ALPHA informe le procureur de la République à VALENS.

SUJET DE PROCÉDURE PÉNALE

TRAVAIL À EFFECTUER

PREMIÈRE QUESTION

Indiquez la qualification pénale, les éléments constitutifs, les éléments de preuve se rapportant à chacune des infractions susceptibles d'être retenues à l'encontre des personnes impliquées.

La réponse sera présentée sous la forme du tableau habituel.

DEUXIÈME QUESTION

Rédigez le procès-verbal d'audition de madame DESBOIS Yolande.

Nota :

Cette question 2 dans l'examen OPJ de 2004 n'est plus d'actualité.

TROISIÈME QUESTION

Présentez littéralement le compte rendu initial au procureur de la République.

Nota :

Cette question ne figurait pas à l'épreuve de l'examen de 2004, elle a été ajoutée pour répondre aux exigences de la nouvelle formule de l'épreuve de procédure pénale pratique et aider les candidats en leur proposant des éléments de réponse et un exemple de rédaction.

Notes Personnelles

Sujet

Gendarme, officier de police judiciaire, vous exercez vos fonctions à la brigade autonome de BIENVILLE[(1)].

Le lundi 15 mars 2004, à 9 heures 30, madame VIBICE Berthe, âgée de 86 ans demeurant à BIENVILLE[(1)], se présente au bureau de votre unité.

Paraissant très affectée et inquiète, cette femme signale la disparition inexpliquée de son fils, monsieur VIBICE Virgile. Jusqu'au 12 mars 2004, il lui rendait quotidiennement visite. Depuis cette date, elle n'a eu aucun contact avec lui et selon sa belle-fille, il n'est pas rentré chez lui.

Accompagné d'un gendarme, agent de police judiciaire, vous vous rendez à 11 heures au 11 quai des Brumes à BIENVILLE[(1)], domicile des époux VIBICE. Madame VIBICE Léontine, née PITOUT confirme la déclaration de sa belle-mère. Elle indique que la disparition inexpliquée de son mari commence à l'inquiéter. Elle précise que son époux âgé de 47 ans, exerçant la profession de manœuvre, de santé physique et mentale fragile, a quitté le domicile conjugal, le vendredi 12 mars 2004, vers 18 heures. Comme à chaque fin de semaine, il est allé à pied faire des courses du ménage au magasin TARTAC, situé dans leur quartier. Il n'est pas réapparu depuis et personne ne semble l'avoir vu.

Informé, le commandant de brigade rend compte de cette disparition au commandant de compagnie et avise monsieur le procureur de la République à GANPRE[(1)].

Vous recueillez tous les renseignements d'identité et de signalement de monsieur VIBICE Virgile, ainsi que ceux concernant sa famille, ses relations, ses habitudes et les circonstances liées à sa disparition et vous :

(1) Groupement de GRANBOURG, compagnie de PETICHANT et T.G.I. de GANPRE

– Diffusez les messages de signalement et de recherches habituels ;
– procédez aux vérifications :
  • au domicile des époux VIBICE,
  • auprès des connaissances et amis du couple,
  • près de l'employeur et des collègues du disparu,
  • dans les lieux où monsieur VIBICE avait l'habitude de se rendre ou qu'il fréquentait.

Vos investigations vous permettent :
– De constater au domicile des époux VIBICE :
  • que la garde-robe de monsieur VIBICE est complète,
  • qu'il n'y a aucun document officiel au nom de cet homme,
  • que son véhicule de marque Renault, type clio, est stationné dans le garage ;
– d'apprendre, auprès des voisins, que monsieur VIBICE est connu pour être un homme calme, effacé et discret ;
– de confirmer, auprès des rares amis du couple, qu'il s'agit d'un homme pondéré qu'ils apprécient ;
– de noter que son employeur le considère comme étant un ouvrier ponctuel, courageux et irréprochable dans le travail ;
– de savoir qu'il jouit d'une excellente réputation auprès de l'ensemble de ses collègues.

Les recherches conduites après des services de police et de secours, des hôpitaux, des services de transports et des taxis de votre département, restent vaines.

Avec l'autorisation du monsieur le procureur de la République, vous faites inscrire monsieur VIBICE, Virgile au fichier des personnes recherchées.

Le 5 juillet 2004, à 9 heures 30, madame VIBICE Léontine se présente à votre unité, accompagnée de sa belle-mère, madame VIBICE Berthe. Cette femme indique avoir reçu la veille, vers 20 heures, un appel téléphonique de son fils.

Malgré la mauvaise qualité et la brièveté de la communication, au cours de laquelle il a dit s'être installé en région parisienne et demandé de ne pas s'inquiéter, elle est persuadée d'avoir reconnu sa voix.

Les investigations entreprises auprès de l'opérateur téléphonique permettent de confirmer la réception d'un appel au domicile de madame VIBICE Berthe, aux dates et heures indiquées. Toutefois, en raison d'un problème technique ponctuel, la société n'est pas en mesure d'identifier avec certitude le numéro appelant.

Monsieur le procureur de la République en est informé.

Le 15 août 2004, à 2 heures, lors d'un service de surveillance générale, vous contrôlez sans incident, sur la place de la mairie à TOMBOURG(1), un groupe de jeunes gens et filles bruyants auxquels vous demandez de quitter les lieux.

Alors que vous vous éloignez, le nommé CANTAL Ignace, défavorablement connu de votre unité, lance à la cantonade, avant de monter en voiture et de s'en aller : « C'est facile de s'en prendre à des jeunes ! Feriez mieux de vous occuper de la veuve VIBICE ! Elle n'est pas nette celle-là ! »

Le 6 août 2004, intrigué par les propos du jeune CANTAL Ignace, vous vous présentez, avec un militaire de votre unité à son domicile, 16 quai des Brumes à BIENVILLE(2), dans le but de lui demander ce qu'il voulait dire par « la veuve VIBICE, elle n'est pas nette celle-là ! ». Vous êtes reçus par sa mère. Cette femme, gardienne d'immeuble, rassurée par le fait que votre intervention ne concerne pas directement son fils, se montre bavarde et vous explique que les propos de celui-ci résultent des conversations qu'elle a eues avec lui, au sujet des faits suivants :

(1) Commune de votre circonscription.
(2) Groupement de GRANBOURG, compagnie de PETITCHANT et T.G.I. de GANPRE.

– Concierge depuis deux décennies dans la même résidence, elle connaît parfaitement les gens du quartier et leurs habitudes. Elle est en mesure de dire que madame VIBICE s'affrontait souvent violemment à son mari. Elle affirme que, depuis le début de l'année, elle recevait parfois dans la journée, très discrètement, un homme chez elle ;
– elle sait cela, parce qu'après avoir accompli ses tâches journalières, ne pouvant guère s'absenter de l'immeuble, elle occupe ses journées à observer les allées et venues du voisinage.
En outre, de la fenêtre de sa loge, elle a vue sur le pavillon de la famille VIBICE ;
– depuis la disparition de monsieur VIBICE, elle a observé que :
• madame VIBICE reçoit assez souvent, très discrètement, vers 22 heures le même homme qu'elle voit quitter les lieux, au petit matin, vers 5 heures lorsqu'elle sort les poubelles,
• cet homme, qui paraît être âgé d'une quarantaine d'années et qu'elle ne connaît pas, arrive et repart à pied. Il a une démarche particulière. Il fixe en permanence le sol. De forte corpulence, voire trapu et bedonnant, il mesure 1 m 70 environ. Parfois coiffé d'un chapeau, il est toujours vêtu d'un pantalon de tergal et de chaussures de ville noires ;
– la présence de cet homme dans la vie de madame VIBICE et la personnalité de monsieur VIBICE, lui font douter aujourd'hui de la réalité de la disparition de celui-ci.

La surveillance du domicile de madame VIBICE, effectuée les jours suivants, confirme les dires de madame CANTAL et donne crédit à ses soupçons.

Informé, monsieur le procureur de la République vous prescrit de recueillir le témoignage de madame CANTAL et de clôturer en l'état la procédure en cours. Il vous indique qu'il va requérir l'ouverture d'une information.

Le 1er septembre 2004, monsieur PLAU Jean, juge d'instruction près le tribunal de grande instance de GANPRE, délivre une commission rogatoire(1) au commandant de compagnie. Votre commandant de brigade vous ordonne d'exécuter cette délégation en qualité de directeur d'enquête.

Le 6 septembre 2004, vous procédez à une nouvelle audition de madame CANTAL, laquelle vous précise que madame DESBOIS Yolande, dont la maison est mitoyenne avec celle de la famille VIBICE pourrait vous renseigner.

Entendue le 7 septembre 2004 à 9 heures 30, madame DESBOIS, âgée de 75 ans, veuve, retraitée de l'éducation nationale, déclare :

- S'être absentée de son domicile du 8 mars au 30 août 2004, en raison d'un voyage, suivi d'un séjour en cure thermale et de vacances chez son fils ;
- avoir été très surprise d'apprendre, lors de son retour chez elle, la disparition de son voisin qu'elle juge comme étant un homme poli, discret et faible vis-à-vis de sa femme ;
- qu'avec le temps, elle en est arrivée à douter de la réalité des faits ;
- avoir entendu au travers des murs, les nombreuses scènes de ménage que madame VIBICE faisait subir à son mari. Elle a cru comprendre que ces disputes étaient, en partie, dues à des problèmes financiers. Elle affirme que parfois elle a dû augmenter le volume sonore de son téléviseur pour couvrir les cris et les hurlements de sa voisine ;
- entretenir depuis toujours, des relations distantes avec madame VIBICE qu'elle décrit comme une femme fière, autoritaire, voire méchante ;
- savoir que madame VIBICE avait un fils avant son mariage. Monsieur VIBICE, qui n'est pas le père, n'a jamais voulu adopter cet enfant, ce qui était aussi un motif de reproche de la part son épouse ;
- connaître le nom de l'homme que madame VIBICE reçoit chez elle. Il se nomme MUET Marcel.

(1) Commission rogatoire jointe.

Vous orientez votre enquête, dans le but d'identifier le fils de madame VIBICE, de trouver l'adresse de monsieur MUET Marcel et de vous renseigner sur ces personnes.

Monsieur PITOUT Roland, fils de madame VIBICE, est actuellement demandeur d'emploi et réside dans un immeuble en partie délabré à GENNEVILLE(1).

Monsieur MUET Marcel, qui est né le 2 février 1962 à SAINT-JACQUES, exerce la profession de chauffeur routier et réside 12 allée des Lilas à FAIRONNAT(1), ville située à trente kilomètres de BIENVILLE.

Le 20 octobre 2004, à compter de 6 heures, des perquisitions sont effectuées simultanément aux domiciles de messieurs MUET Marcel, PITOUT Roland et madame VIBICE Léontine.

Les investigations conduites chez madame VIBICE Léontine s'avèrent infructueuses.

Celles réalisées chez son fils, permettent de constater qu'il dispose de la voiture de monsieur VIBICE Virgile.

Chez monsieur MUET Marcel, vous découvrez dans le secrétaire du bureau, archivée dans un classeur, la facture détaillée du mois de juillet 2004 de France Télécoms, concernant sa ligne téléphonique. À la date du 4 juillet 2004, à 20 heures, une communication de quarante-sept secondes vraisemblablement à destination du numéro de madame VIBICE Berthe, est facturée. Vous saisissez ce document.

Ces trois personnes sont interpellées et conduites à votre unité pour y être interrogées.

(1) Groupement de PAIREAU, compagnie de VATRO, brigade autonome de FAIRONAT et T.G.I. de VALBON, non limitrophe à celui de GANPRE, mais situé dans un département limitrophe.

Placé en garde à vue, monsieur MUET Marcel avoue lors de son audition :

– Connaître madame VIBICE Léontine depuis juin 2003 et être son amant depuis janvier 2004 ;
– ne pas connaître monsieur VIBICE Virgile, dont il n'a même jamais vu de photographie ;
– avoir été mis au courant par sa maîtresse, peu de temps après le début de leur liaison, de son intention de séparer de son mari. Le refus de celui-ci de divorcer était, selon elle, la cause de leurs nombreuses et violentes disputes ;
– avoir reçu un appel téléphonique de madame VIBICE Léontine, le samedi 13 mars 2004, vers 22 heures. Affolée, paraissant en proie à une crise de nerfs, elle lui a demandé de l'aider car elle venait de tuer son mari. Il affirme avoir alors pensé qu'il s'agissait d'un accident consécutif à une nouvelle dispute ;
– avoir, à son arrivé sur les lieux, vers 22 heures 45, découvert dans le salon, le cadavre d'un homme étendu sur le canapé. Un marteau était posé près de la tête ensanglantée ;
– que conformément à la demande de sa maîtresse, il a lavé le parquet, brûlé la housse du canapé, nettoyé et rangé le marteau dans le garage. Ensuite, pour la débarrasser du cadavre, il l'a chargé, au milieu de la nuit, dans son véhicule break pour le transporter chez lui. Il l'a enterré dans sa cave ;
– avoir approuvé le scénario mis au point par madame VIBICE Léontine, destiné à accréditer la disparition de son mari ;
– être l'auteur de l'appel téléphonique du 4 juillet 2004 à madame VIBICE Berthe, dans le but de lui faire croire qu'il s'agissait de son fils et ainsi mettre fin aux recherches.

Lors de la nouvelle perquisition effectuée en milieu d'après-midi au domicile de monsieur MUET Marcel et sur ses indications précises, un cadavre est découvert.

Madame VIBICE Léontine qui maintenait ses affirmations quant à la disparition de son mari, déclare, après avoir été informée des aveux de son amant, confortés par la découverte macabre effectuée dans la cave de son domicile :

- avoir vécu de graves difficultés conjugales durant ces quatre dernières années ;
- avoir rencontré monsieur MUET Marcel en juin 2003 et être sa maîtresse depuis le début de l'année ;
- avoir envisagé à plusieurs reprises, de tuer son mari parce que celui-ci refusait le divorce, avant de se résoudre à agir de telle façon qu'elle pourrait faire croire à son suicide ;
- avoir fait part de ses intentions à son fils Roland, lequel, bien que haïssant monsieur VIBICE, lui a refusé son aide ;
- être allée consulter deux médecins. Prétextant souffrir de crises de stress et d'angoisses, elle a obtenu la prescription d'anxiolytiques *(Xanax 200 mg et Lexomil 150 mg)*, dans l'intention de s'en servir pour endormir son mari ;
- que le 13 mars 2004, après avoir réduit en poudre plusieurs comprimés de chacun de ces médicaments, elle les a incorporés dans le dîner qu'elle a servi à 19 heures 30 à son mari. Ceci a eu pour effet de le faire sombrer rapidement dans un profond sommeil sur le canapé du salon.

Puis, voyant que contrairement à son plan, elle ne pouvait se résoudre à étouffer son mari, elle est allée dans le garage chercher un marteau et elle lui en a asséné un coup violent sur le crâne.

Ce n'est qu'après s'être assurée du décès de son conjoint, qu'elle s'est rendue compte qu'elle ne savait plus quoi faire du cadavre qui présentait une plaie suspecte à la tête. Dès lors, elle a tout naturellement sollicité l'aide de son amant, pour qu'il efface les traces et fasse disparaître le corps ;

- que pour justifier l'absence de son mari, tant auprès de sa belle-mère que de son entourage, elle a imaginé un scénario accréditant sa disparition. Pour ce faire, elle a de nouveau sollicité l'aide de son amant.

La perquisition effectuée au domicile de l'intéressée, à la suite de son audition, permet de saisir les duplicata des ordonnances des médecins lui ayant prescrit des anxiolytiques, ainsi qu'une boîte quasiment vide de Xanas 200 mg et un marteau.

Refusant obstinément d'être impliqué dans cette sordide affaire, monsieur PITOUT Roland s'énerve au cours de son interrogatoire. Brusquement, il se lève, se saisit de sa chaise puis la jette sur le bureau brisant l'écran informatique et détériorant l'unité centrale en la projetant au sol.

Fermement invité à se calmer, il s'excuse et consent à répondre aux questions qui lui sont posées.

Il :
- reconnaît que sa mère lui a, à plusieurs reprises, fait part de son intention de tuer monsieur VIBICE Virgile, tout en voulant s'assurer de son aide. Il a refusé de l'aider bien qu'il voue une haine farouche à cet homme, qui a toujours refusé de le considérer comme son fils. Estimant que les décisions et les actes de sa mère ne le regardaient pas, il n'a rien fait pour la dissuader de mettre à exécution son projet ;
- précise n'avoir jamais cru à la disparition de son beau-père ;
- dit avoir toujours été persuadé que sa mère avait mis son plan à exécution ;
- affirme n'en avoir jamais fait allusion avec sa mère qu'il a vue, courant avril, pour lui demander de lui prêter la voiture. En effet, celle-ci ne peut s'en servir, n'étant pas titulaire du permis de conduire. Ce véhicule lui est utile pour faciliter sa recherche d'emploi.

Monsieur PERLE Marc, pharmacien requis à cet effet, indique que les médicaments utilisés par madame VIBICE Léontine sont préconisés dans le traitement de l'anxiété. La prise de ces médicaments nécessite une prescription et un suivi médical. Cependant, leur surdosage ou leur mélange, bien que non mortel, est susceptible d'engendrer de graves séquelles physiques ou psychologiques.

Le 21 octobre 2004, l'autopsie du cadavre est pratiquée à 10 heures par le médecin légiste.

Elle révèle que :

- le décès est consécutif à un enfoncement de l'os pariétal droit, ayant occasionné une hémorragie cérébro-méningée ;
- la plaie est les lésions constatées résultent d'un coup violent porté à l'aide d'un outil contondant ;
- la mort remonte à plus de six mois ;
- le cadavre est identifié comme étant celui de monsieur VIBICE Virgile ;
- divers prélèvements sont effectués, notamment en vue de réaliser des analyses toxicologiques.

Le même jour, à 17 heures, les personnes mises en cause sont présentées au magistrat instructeur.

COUR D'APPEL
DE LOUPAUD

TRIBUNAL
DE GRANDE INSTANCE
DE GANPRE

CABINET
de M PLAU Jean
JUGE D'INSTRUCTION

N° du Parquet : 73/2004
N° de l'instruction : 18/2004

N° 150/3
Transmis par le chef d'escadron, commandant la compagnie de Gendarmerie de PETITCHANT au commandant de la brigade de Gendarmerie de BIENVILLE, pour exécution.
À PETITCHANT, le 5 septembre 2004.

COMMISSION ROGATOIRE

Nous, PLAU Jean, juge d'instruction près le tribunal de grande instance de GANPRE

Vu l'information suivie contre : ...X...

Pour : DISPARITION INQUIÉTANTE D'UNE PERSONNE MAJEURE

Vu les articles 74-1, 81, 151 et suivants du Code de procédure pénale ;

Étant dans l'impossibilité de procéder nous-même aux actes ci-dessous nécessaires ;

Donnons commission rogatoire à Monsieur le commandant de la compagnie de Gendarmerie de PETITCHANT

à l'effet de procéder aux opérations ci-dessous indiquées.

Disons que les procès-verbaux dressés nous seront transmis, avec une copie certifiée, dans les meilleurs délais.

Fait en notre cabinet, le 1er septembre 2004

(1) Le Juge d'instruction.

MISSION

Procéder à une enquête aux fins de recherche des causes de la disparition de monsieur VIBICE Virgile.

À ces fins, je vous prie de bien vouloir procéder à toutes auditions, perquisitions, saisies, réquisitions et à tous actes utiles à la manifestation de la vérité, et ce, sur l'ensemble du territoire national, conformément aux dispositions de l'article 18, alinéa 4, du Code de procédure pénale.

(1) Le magistrat mandant signera également à la fin de l'indication de la mission.

DGGN/SRH/BCE · Examen O.P.J. 2004 · Épreuve de procédure pénale · page 5/10

Notes Personnelles

Solution

Première question

Infractions susceptibles d'être relevées à l'encontre de madame VIBICE Léontine.

INFRACTIONS	ÉLÉMENTS CONSTITUTIFS	ÉLEMENTS DE PREUVE
Qualification	**– élément légal ; – élément matériel ; – élément moral.**	**se rapportant à chacun des éléments constitutifs**
Administration volontaire de substances nuisibles n'ayant entraîné aucune incapacité de travail, commise avec préméditation par un conjoint *Délit*	Élément légal Fait prévu et réprimé par les art. 222-15, al. 1 et 22-13, al. 11 et 14 du Code pénal. Élément matériel – Une administration volontaire de substances nuisibles, – occasionnant une atteinte à l'intégrité physique ou psychique, Circonstances aggravantes -Faits commis avec préméditation, – par un conjoint.	Le 19 mars 2004, madame VIBICE Léontine réduit en poudre plusieurs comprimés de Xanax et Lexomil, puis les incorpore dans le dîner consommé par son mari. Monsieur VIBICE Virgile, à la suite de l'ingestion de son repas, sombre dans un profond sommeil. Madame VIBICE agit conformément au plan qu'elle a conçu pour tuer son mari.

	Élément moral Intention coupable	Elle résulte du fait que madame VIBICE Léontine agit selon un plan mûri et conçu depuis longue date.
Assassinat (ou meurtre commis avec préméditation) *Crime*	Élément légal Fait prévu et réprimé par les art. 221-1 et 221-3, al. 1 du Code pénal. Élément matériel – Une victime, – un acte de nature à entraîner la mort, Circonstance aggravante – un acte de préméditation. Élément moral Intention coupable.	Monsieur VIBICE Virgile est décédé. Après avoir endormi son mari, madame VIBICE Léontine lui porte un violent coup de marteau sur la tête. Madame VIBICE Léontine a conçu et préparé son acte criminel depuis un certain temps, notamment en sollicitant l'aide de son fils et en se faisant prescrire, dans ce but, des médicaments anxiolytiques. Elle est concrétisée par : – les différents projets de meurtre de son mari qu'elle a échafaudés, – les actes préparatoires à la réalisation du crime, – l'acharnement avec lequel elle l'a commis.

Infractions susceptibles d'être relevées à l'encontre de monsieur MUET Marcel

INFRACTIONS	ÉLÉMENTS CONSTITUTIFS	ÉLEMENTS DE PREUVE
Qualification	**– élément légal ; – élément matériel ; – élément moral.**	**se rapportant à chacun des éléments constitutifs**
Recel de cadavre *Délit*	Élément légal Fait prévu et réprimé par l'art. 434-7 du Code pénal.	
	Élément matériel – Un acte de recel,	Monsieur MUET Marcel a transporté la dépouille mortelle de monsieur VIBICE Virgile à son domicile où il l'a enterré dans sa cave.
	– portant sur le cadavre d'une personne victime d'un homicide ou décédée des suites de violences.	Monsieur VIBICE Virgile a été victime d'un assassinat.
	Élément moral Intention coupable	Elle résulte de l'attitude de monsieur MUET Marcel, qui ayant conscience que le décès de monsieur VIBCE Virgile est consécutif à un homicide commis par sa maîtresse sur son époux. Il sait qu'il ne doit pas agir de cette façon et il dissimule malgré tout le cadavre de cet homme.

Obstacle à la manifestation de la vérité *Délit*	Élément légal Fait prévu et réprimé par l'art. 434-4, al. 1 et 2 du Code pénal. Élément matériel – Un acte destiné à faire obstacle à la manifestation de la vérité, – L'acte commis modifie les lieux d'un crime par altération, effacement de traces ou d'indices, ou déplacement d'objets. Élément moral Intention coupable	Répondant à la demande d'aide de madame VIBICE Léontine, monsieur MUET Marcel, efface les traces du crime qu'elle a commis dans le but de cacher les faits. Monsieur MUET Marcel a lavé le parquet, brûlé la housse du canapé, effaçant ainsi les traces de sang. Il a nettoyé et rangé le marteau qui a servi à commettre le meurtre. Il a fait disparaître le cadavre. Elle résulte des actes de modification des lieux du crime par l'intéressé, de son intention de faire en sorte que l'homicide commis ne puisse être découvert, de sa volonté de soustraire sa maîtresse à l'action de la justice.

Infractions susceptibles d'être relevées à l'encontre de monsieur PITOUT Roland

INFRACTIONS	**ÉLÉMENTS CONSTITUTIFS**	**ÉLEMENTS DE PREUVE**
Qualification	**– élément légal ;** **– élément matériel ;** **– élément moral.**	**se rapportant à chacun des éléments constitutifs**
Destruction, détérioration volontaires d'un bien mobilier appartenant à une personne publique *Délit*	Élément légal Fait prévu et réprimé par les art. 322-1, al. 1 et 322-2, al. 1 et 2 du Code pénal.	
	Élément matériel – une destruction, dégradation, détérioration,	Monsieur PITOUT Roland détruit et détériore, en jetant brusquement sa chaise sur le bureau,
	– d'un bien mobilier,	L'écran informatique et l'unité centrale.
	Circonstance aggravante – Les actes de destruction et de détérioration sont commis sur un bien appartenant à une personne publique.	Le matériel informatique détruit et détérioré est la propriété de la Gendarmerie nationale, personne morale publique.
	Élément moral Intention coupable.	Monsieur PITOUT Roland, malgré son état d'énervement, a la volonté de briser le matériel qui est sur le bureau.

TROISIÈME QUESTION

Compte rendu téléphonique

Gendarme ALPHA, Officier de police judicaire à la Brigade autonome de BIENVILLE.

a - Objet

Je vous avise de la disparition inquiétante d'un homme, VIBICE Virgile, 47 ans, qui n'est pas rentré chez lui 11 quai des brumes à BIENVILLE et n'a pas donné de nouvelles depuis le 12 mars 2004 vers 18 heures, date à laquelle il est parti faire des courses au magasin de son quartier.

b - Faits

Madame VIBICE Berthe, 86 ans demeurant à BIENVILLE, s'est présentée ce jour à 9 heures 30 au bureau de notre unité. Elle se dit inquiète suite à la disparition inexpliquée de son fils VIBICE Virgile. Celui-ci, jusqu'au 12 mars 2004 lui rendait quotidiennement visite, mais depuis cette date elle n'a eu aucun contact avec lui et selon sa belle-fille, madame VIBICE Léontine, il n'est pas rentré chez lui. Elle affirme qu'il n'avait aucune raison de quitter sa famille et surtout de ne plus venir la voir et de la laisser sans nouvelles.

c - Actes d'enquête

J'ai l'intention d'agir dans le cadre d'une enquête de disparition d'un majeur présentant un caractère inquiétant eu égard aux circonstances.

J'envisage dans un premier temps :
- De rencontrer madame VIBICE, Léontine dans le but de préciser les circonstances de la disparition de son époux, déterminer sa personnalité, savoir s'il avait des raisons pour agir ainsi, recueillir les adresses de leurs fréquentations et connaissances et obtenir un signalement précis de son époux et de son habillement lors de sa disparition.

- De diffuser un message de signalement et de recherches auprès des unités de police et de gendarmerie.
- De procéder à des vérifications et recherches de renseignements :

* Au domicile de l'intéressé, avec l'accord de son épouse ;

* Auprès des connaissances du couple VIBICE et de monsieur VIBICE ;

* Auprès de l'employeur et des collègues de monsieur VIBICE ;

* Dans les lieux où monsieur VIBICE avait l'habitude de se rendre et qu'il fréquentait, notamment dans son quartier et au magasin où il devait se rendre.

Je vous tiendrai informé des renseignements obtenus à la suite de ces investigations.

SUJET DE PROCÉDURE PÉNALE

TRAVAIL À EFFECTUER

PREMIÈRE QUESTION

Indiquez la qualification pénale, les éléments constitutifs et les éléments de preuve se rapportant à chacune des infractions susceptibles d'être retenues à l'encontre des personnes impliquées.

DEUXIÈME QUESTION

Rédiger le procès-verbal d'audition de Madame FLEGMONT, Ginette.

Nota :

Cette question 2 dans l'examen OPJ de 2005 n'est plus d'actualité.

TROISIÈME QUESTION

Expliquez selon quel fondement légal et selon quelles formalités vous procédez à l'audition de Madame FLEGMONT Ginette.

Nota :

Cette question ne figurait pas à l'épreuve de l'examen de 2005, elle a été ajoutée pour répondre aux exigences de la nouvelle formule de l'épreuve de procédure pénale pratique et aider les candidats en leur proposant des éléments de réponse et un exemple de rédaction.

Notes Personnelles

Sujet

Gendarme, officier de police judiciaire, vous exercez vos fonctions à la brigade autonome de CHALARD (1).

Le jeudi 13 octobre 2005 à 10 h 00, vous êtes avisé téléphoniquement par madame PACOME Diane, directrice de l'école élémentaire Jules-Ferry à CHALARD, que la jeune FLEGMONT Ariette, élève en classe de cours moyen deuxième année, a été victime d'un malaise à 9 h 30.

Transportée à l'infirmerie du groupe scolaire Jules-Ferry, l'infirmière a constaté qu'elle présentait une maigreur extrême et de multiples hématomes sur le corps. La petite fille s'est mise à pleurer, s'est recroquevillée et a répété à plusieurs reprises : « C'est papa qui me fait mal là, le soir dans le bain », en désignant son pubis.

Vous rendez compte à votre commandant de brigade qui informe le commandant de compagnie et avise le procureur de la République. En votre qualité de correspondant « Gendarmerie - sécurité de l'école » de votre unité, il vous ordonne de vous transporter aussitôt au sein de l'établissement scolaire. Le gendarme MEZE Cathy, agent de police judiciaire, est désignée pour vous seconder.

À votre arrivée, vous êtes reçus par madame PACOME Diane. Elle vous précise que :

- FLEGMONT Ariette, née le 3 mai 1995, domicilié chez ses parents, 2 rue des Roses à CHALARD, est scolarisée dans l'école depuis le cours préparatoire ;
- sans avoir fait d'effort physique, alors qu'elle était assise à écouter la leçon, la petite s'est évanouie ;
- depuis la rentrée de septembre 2005, l'enfant est dans sa classe. Elle a remarqué une brusque chute des résultats scolaires de cette élève et un refus d'apprentissage grandissant. Ces constatations contredisent les appréciations écrites des instituteurs les années précédentes, dans le dossier scolaire de la petite FLEGMONT ;

(1) Compagnie de GUIZOT, groupement et T.G.I. de SAPHENE.

– les parents de l'élève ne se sont jamais présentés à l'école et ils n'ont assisté à aucune réunion d'information ;
– la petite fille est très introvertie, voire craintive vis-à-vis de ses camarades et semble être de plus en plus triste ;
– sa tenue vestimentaire varie peu : elle porte toujours les mêmes « tennis », le même pantalon et alterne entre un pull-over bleu et un autre, rouge.

En compagnie de madame PACOME Diane, vous vous dirigez à l'infirmerie. L'infirmière et le médecin scolaire, présents dans l'établissement, confirment les dires de la directrice.

Sur avis médical, la jeune FLEGMONT Ariette est conduite à l'unité de consultation médico-judiciaire du centre hospitalier de GUIZOT(1).

Visitée par un pédiatre requis par vos soins, un certificat médical détaillé de l'état de santé de l'enfant vous est remis. Ce document atteste :
– d'un état de malnutrition et de déshydratation ;
– de la présence d'hématomes récents et anciens, sur les bras, le dos et les jambes;
– de l'existence d'antécédents de fêlures de côtes, côté gauche ;
– de l'absence de toute trace physique de violence sexuelle ;
– de la virginité de l'enfant.

Une interruption totale de travail de six jours est mentionnée sur ce certificat médical.

Le médecin précise que, malgré une attitude craintive de la jeune FLEGMONT Ariette tout au long de l'examen médical, et bien qu'hospitalisée, la mineure peut être entendue dans le cadre de l'enquête.

Vous procédez à l'audition de FLEGMONT Ariette, qui vous déclare :
– habiter depuis sa naissance avec ses parents, à la même adresse. Elle est enfant unique;
– savoir que son père est au chômage depuis le mois de juin 2005. Il était soudeur. Depuis la perte de son travail, il boit beaucoup plus d'alcool qu'avant. Sa mère

(1) Compagnie de GUIZOT, groupement et T.G.I. de SAPHENE.

ne travaille pas. Quand son père rentre le soir, il est très énervé. Alors, il frappe sa mère ;

- lorsqu'elle crie pour qu'il arrête de battre sa mère, il l'attrape, la secoue et lui fait mal. Une fois, il l'a tellement secouée qu'elle saignait du nez ;
- recevoir presque tous les soirs des coups, notamment dans le dos et sur les jambes, lui causant de grandes douleurs. Malgré ses pleurs, sa mère ne l'a jamais conduite chez le médecin, son père non plus ;
- ne plus avoir envie de manger, même à la cantine.

Questionnée doucement sur la raison de sa perte d'appétit, FLEGMONT Ariette hésite puis vous révèle en chuchotant que :

- au cours du mois de juillet 2005, sa mère a du s'absenter pour aller voir sa grand-mère qui était malade. Alors qu'elle prenait son bain comme tous les soirs, son père l'a rejointe dans la salle de bains. Il s'est agenouillé et a mis ses mains dans l'eau. Sans rien lui dire, il s'est mis à lui caresser le sexe ;
- à chaque fois que sa mère partait, son père la contraignait à prendre un bain et à chaque fois, il recommençait les mêmes gestes. Cela durait longtemps ;
- de peur que son père ne se mette en colère contre elle, elle ne lui a jamais dit qu'elle n'aimait pas ses caresses ;
- son père ne s'est jamais déshabillé. Il ne l'a jamais frappée ou punie dans ces moments-là. Elle n'a jamais eu mal, mais elle n'aime pas du tout ce que son père lui fait. Elle sait que ce n'est pas bien. Elle ne l'a pas dit à sa mère, car son père lui a dit qu'elle ne l'aimerait plus, tellement elle aurait de la peine. Ce que son père lui fait est trop dégoûtant et elle veut que ça cesse.

Vous rendez compte des éléments recueillis à votre commandant de brigade et au procureur de la République. Sur les instructions de ce magistrat, vous établissez une réquisition au pédopsychiatre de l'U.C.M.J.**(2)**, afin d'établir la véracité des dires de l'enfant.

Un certificat médical vous est remis, attestant que les propos de la mineure FLEGMONT Ariette sont crédibles.

(2) Unité de consultation médico-judiciaire du centre hospitalier de GUIZOT.

Au cours de l'après-midi, vous recueillez tous les renseignements utiles sur la famille FLEGMONT. Ces informations vous confirment :

- le chômage, le caractère autoritaire et l'intempérance de monsieur FLEGMONT Albert ;
- les cris et les bruits de disputes entendus quotidiennement par le voisinage;
- la discrétion de l'enfant du couple La petite ne sort jamais et ne joue pas avec les enfants du quartier.

Le 14 octobre 2005 à 6 h 00, vous vous présentez, en compagnie du gendarme MEZE Cathy, au domicile de la famille FLEGMONT. Après avoir longuement insisté monsieur FLEGMONT Albert, très négligé physiquement, vous ouvre. Madame FLEGMONT Ginette, le rejoint. Après les avoir informés du motif de votre visite, vous leur notifiez leur placement en garde à vue.

Monsieur et madame FLEGMONT sont conduits à votre unité.

À 7 h 30, vous procédez à l'audition de madame FLEGMONT Ginette, née le 27 mai 1960. Elle vous déclare :

- avoir été informée du malaise de sa fille par la directrice de l'école. N'ayant pas de véhicule, elle n'a pu se rendre aussitôt à l'hôpital ;
- ne pas s'être inquiétée du manque d'appétit de sa fille, sachant qu'elle déjeune à la cantine. Elle ne s'est pas faite de soucis lorsque la petite fille touchait à peine à ses dîners. Elle pensait qu'elle faisait la difficile. Elle voyait bien que la petite maigrissait mais cet état n'est pas si grave ;
- ne pas pouvoir acheter des vêtements neufs à son enfant. Cela coûte très cher et son mari ne lui donne pas d'argent. Néanmoins, Ariette a effectivement des vêtements anciens mais ils sont propres. Elle n'est pas négligée ;
- ne pas avoir remarqué de changement dans le comportement d'Ariette. Celle-ci n'a jamais été très loquace ou extravertie à la maison ;
- reconnaître que son époux corrige régulièrement, voire tous les soirs, leur fille, car il estime qu'elle est devenue insolente et n'obéit plus. Elle reproche à son père

de trop boire d'alcool. Elle admet que parfois son mari exagère la correction mais c'est pour le bien de l'enfant. Elle avoue avoir vu la petite saigner du nez à plusieurs reprises. D'ailleurs, elle pleurait beaucoup. Il y a un mois environ, il lui a donné un violent coup de poing dans le dos. Ariette a eu le souffle coupé. Elle s'est plainte pendant plusieurs jours d'avoir mal en portant son sac d'école. Elle n'a jamais rien dit, n'est jamais intervenue pour protéger sa fille. Selon elle, une correction n'a jamais fait de mal aux enfants ;

- ignorer ce qui s'est passé entre Ariette et son père, lorsqu'elle était au chevet de sa mère malade. Ariette ne s'est pas confiée. Elle admet que son mari est très porté sur le sexe et aime regarder des films pornographiques, le soir, dans la chambre à coucher, en sa compagnie. Elle admet qu'il a beaucoup changé depuis qu'il a atteint l'âge de quarante ans. Il est de plus en plus attiré par les jeunes femmes ;
- confirmer les gestes de violences quasi-quotidiens de son mari vis-à-vis d'elle. Rentrant ivre et énervé, il l'a frappé à coups de poing sur le visage et au ventre. À son retour de l'hôpital hier soir, il l'a battue. Elle présente des traces de violences dans le dos et sur les bras. Elle dépose plainte à l'encontre de son époux. Ils sont mariés depuis dix-huit ans.

À 9 h 30, vous interrogez monsieur FLEGMONT Albert, né le 3 août 1 949. Peu réticent, il reconnaît rapidement la réalité des faits dénoncés par son épouse et sa fille. Il ne peut vous donner d'explications sur son comportement vis-à-vis de sa fille. Il ne se considère ni pervers, ni malsain. Il affirme qu'il voulait, à sa façon, prouver son amour et sa tendresse à Ariette.

Le médecin requis lors de la garde à vue de madame FLEGMONT Ginette, vous remet un certificat médical descriptif des marques de coups visibles sur le corps de l'intéressée, à qui il prescrit une interruption totale de travail de cinq jours.

Tenu informé du résultat de vos investigations, monsieur le procureur la République près le tribunal de grande instance de SAPHENE, fixe la présentation de monsieur et madame FLEGMONT au parquet, le 15 octobre 2005 à 15 h 00.

Solution

I. Première question

I. 1 – Infractions susceptibles d'être retenues à l'encontre de M. FLEGMONT Albert

INFRACTIONS	ÉLÉMENTS CONSTITUTIFS	ÉLEMENTS DE PREUVE
Qualification	**– élément légal ; – élément matériel ; – élément moral.**	**se rapportant à chacun des éléments constitutifs**
Agression sexuelle sur mineur de 15 ans, commise par un ascendant légitime ayant autorité sur la victime	Élément légal Infraction prévue par les art. 222-27 alinéa 1, 222-29, 1° et 222-30, 2° du Code pénal et réprimée par l'art. 222-30 alinéa 1, du même code.	
Délit	Élément matériel	
	– Un acte physique constituant une atteinte sexuelle.	FLEGMONT Albert a rejoint la fillette dans la salle de bains. Il s'est agenouillé et a mis ses mains dans l'eau. Sans rien lui dire, il s'est mis à lui caresser le sexe.
	– Cet acte est exercé avec violence, contrainte, menace ou surprise.	À chaque fois que sa mère partait, son père la contraignait à prendre un bain et à chaque fois, il recommençait les mêmes gestes.
	– Sur une victime, mineur de 15 ans.	FLEGMONT Ariette, née le 3 mai 1995, est âgée de 10 ans.

…/…

	– Cet auteur est un ascendant légitime ayant autorité sur la victime. Élément moral Intention coupable.	FLEGMONT Albert est le père d'Ariette. Elle se manifeste par la connaissance qu'à l'auteur du très jeune âge de la victime et que les caresses accomplies sont interdites et sanctionnées par la loi. L'auteur sait qu'il commet des actes immoraux et obscènes.
Violences habituelles sur un mineur de 15 ans, n'ayant pas entraîné une I.T.T. pendant plus de huit jours *Délit*	Élément légal Infraction prévue par l'art. 222-14 alinéas 1 et 4° du Code pénal, et réprimée par l'art. 222-14, 4° du même code. Élément matériel – L'existence de violences habituelles exercées sur une victime.	FLEGMONT Ariette reçoit de son père, presque tous les soirs, des coups, notamment dans le dos et sur les jambes, lui causant de grandes douleurs. Une fois, celui-ci l'a tellement secouée qu'elle saignait du nez. Un certificat médical atteste de la présence d'hématomes récents .../...

		et anciens, sur les bras, le dos et les jambes et de l'existence d'antécédents de fêlures des côtes.
	– Une victime, mineur de 15 ans.	FLEGMONT Ariette, née le 3 mai 1995, est âgée de 10 ans.
	– Les violences n'ayant pas entraîné une I.T.T. pendant plus de huit jours.	Une interruption totale de travail de six jours, consécutive aux violences subies, est mentionnée sur le certificat médical.
	<u>Élément moral</u>	
	Intention coupable.	FLEGMONT Albert commet volontairement et habituellement des violences physiques sur sa fille, sachant que les coups portés ne sont pas d'ordre éducatif et qu'ils la blessent physiquement.
Violences par le conjoint ayant entraîné une I.T.T. inférieure ou égale à huit jours *Délit*	<u>Élément légal</u> Infraction prévue par l'art. 222-13 alinéas 1 et 6° du Code pénal, et réprimée par l'article 222-13 alinéa 1 du même code.	

…/…

	Élément matériel	
	– La commission de violences.	FLEGMONT Ginette confirme les violences quasi-quotidiennes de FLEGMONT Albert vis-à-vis d'elle. Rentrant ivre et énervé, il l'a frappe à coups de poing sur le visage et au ventre.
	– Par le conjoint.	Monsieur et madame FLEGMONT sont mariés depuis dix-huit ans.
	– Une I.T.T. inférieure à huit jours.	Le médecin requis lors de la garde à vue de madame FLEGMONT Ginette, vous remet un certificat médical descriptif des marques de coups sur son corps, et prescrit une interruption totale de travail de cinq jours.
	Élément moral	
	Intention coupable.	Elle résulte de la volonté de FLEGMONT Albert de frapper son épouse. Il sait que ces gestes quasi-quotidiens de violences sont illicites.

I. 2 – Infractions susceptibles d'être retenues à l'encontre de Madame FLEGMONT Ginette.

Non-dénonciation de sévices *Délit*	<u>Élément légal</u> Infraction prévue et réprimée par l'art. 434-3 alinéa 1, du Code pénal. <u>Élément matériel</u>	
	– L'existence de mauvais traitements.	FLEGMONT Ginette reconnaît que son époux corrige régulièrement leur fille. Elle admet que parfois son mari exagère la correction. Elle avoue avoir vu saigner du nez, à plusieurs reprises, la petite. Elle pleurait beaucoup. Il y a un mois environ, il lui a donné un violent coup de poing dans le dos. Ariette en a eu le souffle coupé. Elle s'est plainte d'avoir mal en portant son sac d'école.
	– Ces traitements sont infligés à un mineur de 15 ans.	FLEGMONT Ariette, née le 3 mai 1995, est âgée de 10 ans.
	– Celui qui en a connaissance n'informe pas les autorités judiciaires.	Elle n'a jamais rien dit, n'est jamais intervenue. Selon elle, une correction n'a jamais fait de mal aux enfants.

.../...

	Élément moral	
	Intention coupable.	Elle se caractérise par l'attitude passive de madame FLEGMONT Ginette, qui ne protège pas sa fille en ne dénonçant pas les violences que lui fait subir son mari. Elle ne peut pas prétendre ne pas avoir remarqué les blessures qui nuisent à la santé de l'enfant.
Privation d'aliments ou de soins à mineur de 15 ans par un ascendant légitime exerçant autorité parentale sur lui *Délit*	Élément légal Infraction prévue et réprimée par l'art. 227-15 alinéa 1 du Code pénal. Élément matériel	
	– La privation d'aliments ou de soins au point de compromettre la santé.	FLEGMONT Ariette, sans avoir fait d'effort physique, s'est évanouie en classe. L'infirmière scolaire a constaté qu'elle présentait une maigreur extrême. Le pédiatre requis par vos soins atteste d'un état de malnutrition et de déshydratation.
	– Une victime mineur de 15 ans.	FLEGMONT Ariette, née le 3 mai 1995, est âgée de 10 ans.

…/…

	– Par un auteur étant un ascendant légitime exerçant l'autorité parentale.	Monsieur FLEGMONT Albert et madame FLEGMONT Ginette sont les parents de l'enfant.
	<u>Élément moral</u>	
	Intention coupable.	Elle est démontrée par le fait que Monsieur FLEGMONT Albert et madame FLEGMONT Ginette connaissent leurs obligations de parents vis-à-vis de leur fille. Aucun motif légitime ne peut être invoqué pour justifier leur attitude.

TROISIÈME QUESTION

Expliquez selon quel fondement légal et selon quelles formalités vous procédez à l'audition de madame FLEGMONT Ginette.

L'enquête effectuée tend à faire apparaître qu'il existe une ou plusieurs raisons plausibles de soupçonner que Madame FLEGMONT Ginette a une part de responsabilité dans le fait que sa fille Ariette présente un comportement anormal et une santé fragile à l'origine du malaise survenu à l'école le 13 mai 2005.

L'examen médical qui s'en est suivi a démontré que cette enfant est victime de malnutrition et de déshydratation, de violences physiques graves. Après avoir informé des faits le procureur de la République à SAPHENE, le gendarme ALPHA, officier de police judiciaire à la brigade autonome de CHALARD ouvre une enquête de flagrance. Les faits constatés viennent de se commettre et constituent des infractions qualifiées délit punis d'une peine d'emprisonnement *(art. 53, al. 1 et 67 du C.P.P.)*

De ce fait, le gendarme ALPHA, en sa qualité d'officier de police judiciaire à la brigade autonome de CHALARD décide de placer madame FLEGMONT, Ginette en garde à vue et de procéder à son audition *(art. 63, al. 1 du C.P.P.).*

Dès lors le gendarme ALPHA :

- Lui notifie son placement en garde à vue dès son interpellation à son domicile, le 14 octobre 2005 à 6 heures et de la nature et de la date présumée des infractions sur lesquelles porte l'enquête *(art. 63-1 du C.P.P.)* ;
- De la durée de la mesure *(art. 63-1 du C.P.P.)* ;
- L'informe qu'elle a le droit :
  * Droit après avoir décliné son identité de faire des déclarations, de répondre aux questions qui lui sont posées ou de se taire *(art. 63-1 du C.P.P.)* ;
  * De faire prévenir une personne avec laquelle il vit habituellement ou l'un de ses parents en ligne directe, l'un de ses frères et sœurs ou son curateur ou son tuteur de la mesure dont elle est l'objet *(art. 63-2 C.P.P.)* ;
  * À une visite médicale *(art. 63-3 du C.P.P.)* ;
  * De se faire assister par un avocat dès le début de sa garde à vue *(art. 63-1, 63-3-1 à 63-4-3 du C.P.P.)* ;
- Porte sur la procédure mention du ou des motifs justifiant sa garde à vue du fait que la personne exerce l'ensemble de ses droits et des dates et horaires auxquels ont eu lieu l'information à la personne qu'elle a désignée, la visite médicale, l'assistance de l'avocat et de l'entretien de 30 minutes avec lui et auxquels elle a pu s'alimenter *(art. 64 du C.P.P.).*
- Fait apparaître sur la procédure mention des temps de repos, des repas et des interrogatoires *(art. 64 du C.P.P.).*
- Inscrit la mention relative à la prolongation de la garde à vue autorisée par le procureur de la République à SAPHENE.
- Mentionne de nouveau, à la suite de la prolongation de la garde à vue le fait que madame FLEGMONT Ginette est informée de son droit :
  * à une visite médicale *(art. 63-3 du C.P.P.)* ;

* à se faire assister par un avocat dès le début de la prolongation de sa garde à vue et d'un entretien de 30 minutes avec celui-ci *(art. 63-4 du C.P.P.)* ;

* Porte à nouveau sur la procédure mention du fait que la personne exerce l'ensemble de ses droits ainsi que les dates et horaires auxquels ont eu lieu la visite médicale, l'entretien de 30 minutes avec l'avocat et auxquels elle a pu s'alimenter *(art. 64 du C.P.P.)* ;

* Termine la procédure par la mention relative à la mise en route de Madame FLEGMONT Ginette, le 15 octobre 2005 *(en y précisant l'heure)* aux fins de sa présentation devant le procureur de la République à SAPHENE.

La procédure est signée par Madame FLEGMONT Ginette *(sauf si elle refuse de le faire)* et le gendarme ALPHA.

Notes Personnelles

SUJET DE PROCÉDURE PÉNALE

TRAVAIL À EFFECTUER

PREMIÈRE QUESTION

Indiquez la qualification pénale, les éléments constitutifs, les éléments de preuve se rapportant à chacune des infractions susceptibles d'être retenues à l'encontre des personnes impliquées.

La réponse sera présentée sous la forme du tableau habituel.

DEUXIÈME QUESTION

Rédigez la réquisition au pédiatre de l'unité de consultation médico-judiciaire du centre hospitalier de MALTARE.

Nota :

Cette question 2 dans l'examen OPJ de 2006 n'est plus d'actualité.

TROISIÈME QUESTION

Expliquez selon quel fondement légal vous effectuez la réquisition au pédiatre de l'unité de consultation médico-judiciaire du centre hospitalier de MALTARE.

Nota :

Cette question ne figurait pas à l'épreuve de l'examen de 2006, elle a été ajoutée pour répondre aux exigences de la nouvelle formule de l'épreuve de procédure pénale pratique et aider les candidats en leur proposant des éléments de réponse et un exemple de rédaction.

Notes Personnelles

Sujet

Gendarme officier de police judiciaire, vous exercez vos fonctions à la brigade de recherches de PLANAIRE(1).

Le dimanche 15 octobre 2006 à 16 heures 10, votre unité est sollicitée par le commandant de compagnie de PLANAIRE, pour apporter son concours à la brigade territoriale de VOLIS(1), saisie d'une enquête sur l'enlèvement d'un enfant âgé de 5 ans.

À votre arrivée, à 16 heures 25, au domicile de monsieur Jules LEBON, 2 rue des Platanes à NIVICOLE(2), l'adjudant LEGRAND et vous, êtes reçus par deux militaires de la BT de VOLIS. Monsieur et madame LEBON sont effondrés. Leur fille Louise âgée de 8 ans, vous relate les faits dont elle a été témoin :

- Elle jouait avec son frère Marc sur le parking désert de la supérette située en face de leur maison. Pendant qu'elle roulait à vélo, son frère faisait du roller ;
- Un homme qu'elle ne connaît pas est arrivé en voiture et les a abordés d'une manière gentille. Il leur a proposé de faire une promenade avec lui ;
- Ils ont refusés. L'homme est alors brusquement sorti de son véhicule. Il a attrapé Marc qui s'est débattu en criant, l'a enfermé dans le coffre et s'est enfui au volant de la voiture ;
- elle est venue aussitôt prévenir son père.

Elle précise que la voiture de l'homme est la même que celle de son oncle Sam.

Madame LEBON Sophie vous indique que son frère LEROY Sam possède un véhicule RENAULT type mégane

(1) Compagnie de PLANAIRE - Groupement et T.G.I. de MALTARE.
(2) Commune de la circonscription de la BT de VOLIS.

berline de couleur gris métallisé. Elle vous fait une description physique et vestimentaire de son fils.

Informé, monsieur le procureur de la République à MALTARE, confie à votre unité la poursuite de l'enquête.

La diffusion de l'alerte et le recueil des premiers rensei- gnements sont assurés par le commandant de brigade de VOLIS. Il se charge également de toutes les diffusions utiles *(photographies de l'enfant, renseignements nouveaux...),* auprès des services de police et de gendarmerie.

Le commandant de compagnie dirige les recherches opérationnelles mettant en œuvre tous les moyens nécessaires. Il gère, en liaison avec le procureur de la République les relations avec la presse, notamment en ce qui concerne les appels à témoins et au ravisseur.

L'inscription de l'enfant au F.P.R. est sollicitée et il est demandé que la diffusion soit étendue à l'espace Schengen.

Le technicien en identification criminelle *(T.I.C.)* de la brigade départementale de renseignements et d'investigations judiciaire *(B.D.R.I.J.)* de MALTARE vous rejoint, accompagné du gendarme portraitiste.

Les constatations et les recherches à caractère technique et scientifique sont confiées au T.I.C.
Sur les lieux, seules des traces de pneumatiques de véhicules sont relevées et photographiées.

Le portraitiste tente de recueillir auprès de la fillette, témoin des faits les informations nécessaires à la réalisation du portrait-robot du ravisseur.

La supérette située en bordure de la R.D. 999, est fermée le dimanche. Le parking est habituellement utilisé comme aire de jeu par les enfants de la zone pavillonnaire.

Les enquêteurs de la brigade territoriale chargés de la recherche du renseignement recueillent le témoignage de monsieur PRECIEUX Olivier, 67 ans, riverain, voisin de la famille LEBON. Il a vu les deux enfants jouer sur le parking de la supérette vers 15 heures 30, lorsqu'il a sorti son chien. Une demi-heure plus tard à son retour, il a vu monsieur LEBON sortir en trombe de chez lui, avec la jeune Louise. Il se souvient avoir aperçu quelques instants plus tôt, une Renault grise immatriculée dans le département voisin, traverser à vive allure la localité en direction de MALTARE. Le conducteur était un homme. Il n'a vu aucun passager. Il ne peut donner aucun signalement du conducteur. Il ne pourrait d'ailleurs pas le reconnaître, ni concourir à la réalisation de son portrait-robot.

La famille LEBON réside Allée des Platanes depuis 12 ans. Discrets, serviables, excellents parents, les époux LEBON sont appréciés de leurs voisins. Ils n'ont aucun différend avec leur famille ou entourage professionnel.

La famille LEBON vous accompagne à la BT de VOLIS.

Alors qu'un portrait-robot du ravisseur est en cours d'établissement, le gendarme de permanence reçoit un appel téléphonique à 18 heures 15, du planton de la BT de CHALARD[1], commune située à 20 km de VOLIS et à 15 km de NIVICOLE. Il signale qu'il vient d'accueillir une jeune femme, madame PIGNON, Lola, accompagnée d'un enfant dont le physique correspond au signalement du garçonnet recherché et qui dit s'appeler Marc LEBON.

Après avoir rendu compte à votre commandant de compagnie, vous recevez l'ordre de vous transporter immédiatement à la BT de CHALARD, avec un militaire de la BT de VOLIS. Vous êtes accompagnés de monsieur LEBON.

(1) Compagnie de LANGE – Groupement et T.G.I de GLOITRE, limitrophe au T.G.I .de MALTARE

À 18 heures 45, à votre arrivée, monsieur LEBON reconnaît son fils. Informé, le commandant de compagnie de PLANAIRE avise les procureurs de la République de GLOITRE et de MALTARE.

Sur instructions du magistrat de MALTARE, le jeune Marc LEBON est conduit à l'unité de consultation médico-judiciaire *(U.C.M.J.)* du centre hospitalier de MALTARE, accompagné par son père.

Le docteur LECHENE André, pédiatre, non inscrit sur une liste d'experts, requis par vos soins, vous remet un certificat médical détaillé de l'état de santé de l'enfant.
Ce document atteste :
- D'un état traumatique psychologique ;
- de la présence d'hématomes sur les avant-bras et les poignets ;
- de l'absence de toute trace physique de violence sexuelle.

L'enfant est hospitalisé et ne peut être entendu dans la soirée, en raison de son état de santé psychologique.

Vous entendez Mme PIGNON Lola à la BT de CHALARD qui vous déclare :
- Être mariée depuis cinq ans avec monsieur PIGNON, Pierre. Ils n'ont pas d'enfant. Ils résident 4 rue de la Brasserie à LAGLUTE[(1)]. Elle est serveuse dans un « fast-food » à LANGE ;
- que son mari, sans emploi, passe pour un marginal auprès de leurs voisins. Il fréquente les bars et consomme beaucoup d'alcool ;
- qu'il est violent, tant par la parole que par les gestes. Quasi quotidiennement, depuis trois ans, il la frappe à coups de pied et de poing. Elle porte d'ailleurs des traces de coups sur le corps. Cet état a débuté lorsqu'il a été licencié. Espérant que la situation changerait dès qu'il trouverait du travail, elle n'a jamais déposé plainte ;

(1) BT CHALARD – Compagnie de LANGE – Groupement et T.G.I. de GLOITRE, limitrophe au T.G.I. de MALTARE.

- être obligée de se soumettre à ses exigences et pulsions sexuelles. Lorsqu'elle refuse, il lui impose par la force et avec violence des relations sexuelles, parfois contre nature. Elle vous remet un certificat médical en date du 9 octobre 2006, établi par un gynécologue, faisant état de séquelles physiques attestant ses dires ;
- que ce jour, au cours de l'après-midi, une nouvelle dispute a éclaté. Pour se protéger, elle s'est enfermée dans la chambre et n'en est sortie qu'au départ de son mari ;
- que vers 17 heures 45, PIGNON Pierre a regagné le domicile. Il était agité et l'a contrainte à l'accompagner dans le garage. Devant elle, il a sorti du coffre de la voiture un petit garçon en pleurs ;
- qu'il lui a expliqué avoir fait monter de force cet enfant dans le coffre. Il ajouté avoir agit sous l'effet d'une pulsion sexuelle et avoir l'intention de le filmer et le photographier ;
- Il a enfermé à clé le garçonnet dans le cellier et il est parti préparer son matériel ;
- Ayant eu très peur pour l'enfant, elle a attendu que son mari soit occupé et elle a profité de son absence pour saisir l'enfant et se réfugier chez un voisin. C'est cet homme qui les a conduits à la gendarmerie.

Répondant aux questions qui lui sont posées concernant l'attitude habituelle de son mari envers les enfants, elle relate que dans une pièce du sous-sol de leur maison, où elle n'accède qu'occasionnellement, il a installé un canapé et un téléviseur équipé d'un lecteur DVD intégré. Elle sait qu'il possède des DVD pornographiques qu'il visionne, mais elle en ignore la nature.

En raison des actes de violences qu'elle a subis de la part de son conjoint et de ce qui vient de se passer, elle dépose plainte devant les enquêteurs de la BT de CHALARD.

Après avoir informé votre procureur de la République de ces faits nouveaux, madame PIGNON Lola est conduite à l'U.C.J.M. à GLOITRE pour examen médical. À l'issue de sa consultation, elle est hospitalisée pour des examens complémentaires et un suivi psychologique.

Le médecin requis remet aux enquêteurs un certificat médical mentionnant la présence d'hématomes et d'ecchymoses récents et anciens sur le corps de madame PIGNON Lola. Les radiographies révèlent une fêlure de l'omoplate droite. Les lésions résultant des violences sexuelles constatées lors d'un précédent examen médical sont confirmées. Une I.T.T. de dix jours est prescrite à madame PIGNON Lola.

Sous les ordres du commandant de compagnie de PLANAIRE, vous organisez l'interpellation de PIGNON Pierre dont la présence à son domicile est avérée.

Le 15 octobre 2006 à 20 heures 30, vous vous présentez au domicile de PIGNON Pierre. Vous lui notifiez immédiatement son placement en garde à vue.

Vous effectuez en sa présence, une perquisition dans le pavillon composé au rez-de-chaussée : d'une cuisine, d'un salon, de deux chambres, d'un débarras, d'une salle de bains, de sanitaires et au sous-sol : d'un cellier, d'un garage et d'une chambre. Vous perquisitionnez également dans le véhicule de marque RENAULT type mégane, immatriculé 7896AA99, stationné dans le garage de la maison et appartenant à monsieur PIGNON Pierre. Les T.I.C. de votre B.D.R.I.J. qui vous ont rejoint, procèdent à toutes les investigations à caractère technique et scientifique sur le véhicule.

Dans la chambre du sous-sol, sur une étagère, vous constatez la présence du matériel vidéo indiqué par madame PIGNON Lola. Dans une malle cadenassée, dont vous êtes contraint de forcer l'ouverture, monsieur PIGNON prétendant avoir perdu la clé depuis longtemps, vous découvrez dix DVD pornographiques. Les jaquettes de cinq d'entre eux présentent des images de jeunes enfants ou d'adolescents des deux sexes, manifestement mineurs, nus ou dans des attitudes évoquant des rapports sexuels. PIGNON Pierre reconnaît qu'il s'agit de DVD pornographiques mettant en scène, pour la plupart, des mineurs des deux sexes. Sur instruction du procureur de la République de MALTARE vous procédez à leur saisie.

Vous découvrez aussi sept téléphones portables, de marques et types différents. PIGNON Pierre affirme les avoir trouvés.

Monsieur PIGNON, pierre est conduit à la BT de VOLIS où vous procédez à son audition. Il confirme les dires de son épouse et précise :

- Ne pas s'estimer violent, mais il lui arrive de frapper sa femme lorsqu'elle lui reproche son intempérance ;
- être marié depuis cinq ans. Il reconnaît que lorsque son épouse se refuse à lui, il use de sa force physique pour la contraindre à avoir des relations sexuelles. Il admet lui avoir imposé des rapports sexuels contre nature. Cependant, il tente de minimiser les faits et sa responsabilité ;
- souffrir de pulsions sexuelles qui font naître en lui des fantasmes. Depuis un an environ, bien qu'il sache que c'est répréhensible, il achète, lorsqu'il en a l'occasion, des DVD pornographiques dont les acteurs sont des enfants ou des adolescents des deux sexes. Il visionne ces films, seul, dans la chambre du sous-sol qu'il s'est aménagé à cet effet :
- avoir quitté dimanche après-midi son domicile très énervé, car sa femme se refusait une nouvelle fois à lui. Il a pris sa voiture et a roulé sans but précis. Arrivé à NIVICOLE, il a aperçu des enfants qui jouaient sur un parking désert ;
- avoir ressenti une pulsion à caractère sexuel à la vue des enfants jouant sur le parking du magasin. Après s'être assuré qu'il n'y avait personne aux alentours, il les a abordés. Il s'est saisi du petit garçon, lequel étant le plus proche n'a pas eu le temps de s'échapper. Il a empoigné fermement l'enfant qui se débattait et criait, et l'a enfermé dans le coffre de sa voiture ;
- n'avoir pas cesser de penser aux vidéos visionnées et s'être dit qu'il allait tenter une nouvelle expérience en filmant lui-même ;

– avoir rentré, dès son arrivé chez lui, la voiture dans le garage. La présence de sa femme l'a contraint à lui parler de l'enfant qu'il cachait dans le coffre. Il reconnaît avoir eu l'audace de croire qu'elle participerait à la réalisation de son fantasme. Ne pensant pas un seul instant qu'il pourrait en être autrement, il est descendu préparer le matériel dans la chambre au sous-sol, après avoir enfermé l'enfant dans le cellier. À son retour, son épouse était partie avec l'enfant. Il s'est dit, qu'après tout, c'était aussi bien comme cela. Il est surpris que sa femme l'ait dénoncé.

Il avoue avoir pris les téléphones portables sur des tables ou sur des comptoirs dans des cafés. Il se justifie en disant que les clients laissent tout traîner. Il n'a eu qu'à passer derrière eux pour se servir. Il est incapable de justifier son attitude ni d'expliquer pourquoi il garde par devers lui ces téléphones.

Apercevant dans le bureau de la brigade l'agresseur de son fils, monsieur LEBON, Jules se précipite sur lui en lui criant : « Salaud. Je te préviens. Si tu sors et que je te vois dans la région, je te tue. Tu as intérêt à te suicider. Si tu ne le fais pas, je te tue. Je te jure que je te tue. » Les miliaires présents interviennent, empêchant tout contact physique entre les deux hommes. Ils mettent fin à cette altercation. Toutefois, PIGNON Pierre dépose plainte à l'encontre de monsieur LEBON, Jules.

Le 16 octobre 2006 à 16 heures, vous recevez un appel téléphonique du médecin, chef du service pédiatrique du centre hospitalier de MALTARE. Il vous informe que l'enfant LEBON Marc peut être entendu dans le cadre de la procédure.

LEBON Marc vous confie avoir eu très peur de l'homme et vous confirme, avec les mots d'un enfant de cinq ans, les déclarations de monsieur et madame PIGNON, concernant son enlèvement, son enfermement dans le cellier et sa conduite chez un voisin puis à la gendarmerie.

Tenu informé du déroulement de l'enquête, monsieur le procureur de la République à MALTARE vous prescrit de lui présenter monsieur PIGNON Pierre le 17 octobre 2006 à 10 heures.

Notes Personnelles

Solution

Première question

Infractions susceptibles d'être relevées à l'encontre de PIGNON Pierre

INFRACTIONS	ÉLÉMENTS CONSTITUTIFS	ÉLEMENTS DE PREUVE
Qualification	**- élément légal ; - élément matériel ; - élément moral.**	**se rapportant à chacun des éléments constitutifs**
Enlèvement, détention, séquestration d'un mineur de quinze ans *Crime*	<u>Élément légal</u> Faits prévus par les art. 224-1 et 224-5 du Code pénal et réprimé par l'art. 224-5 du même code.	
	<u>Élément matériel</u> – fait sans ordre des autorités compétentes constituées et hors les cas prévus par la loi,	PIGNON, Pierre ne peut se prévaloir d'un ordre des autorités compétentes ou de la loi,
	– d'enlever de détenir ou de séquestrer une personne,	Pour attraper Marc LEBON et l'enfermer dans le coffre de sa voiture et dans le cellier chez lui ;
	<u>Circonstance aggravante</u> – un mineur de quinze ans.	Marc LEBON est âgé de 5 ans.
	<u>Élément moral</u> Intention coupable.	PIGNON, Pierre commet volontairement ces actes dans le but d'assouvir une pulsion sexuelle.

Violences volontaires par le conjoint ayant occasionné une incapacité totale de travail supérieure à huit jours *Délit*	Élément légal Fait prévu par les art. 222-11 et 222-12, 6° du Code pénal et réprimé par l'art. 222-12, al. 1 du même code. Élément matériel – La commission de violences, – lui occasionnant une incapacité totale de travail de plus de huit jours. Circonstance aggravante Faits commis sur la personne de son conjoint, Élément moral Intention coupable.	PIGNON, Pierre frappe à coup de pied et de poing Mme PIGNON Lola, Lui occasionnant une I.T.T. de 10 jours. Mme PIGNON Lola, est son épouse depuis 5 ans. Elle résulte de la nature des actes commis
Viol commis par le conjoint sur son épouse *Crime*	Élément légal Fait prévu par les art. 222-23 et 222-24, 11° du Code pénal et réprimé par l'art. 222-24, al. 1 du même code.	

	<u>Élément matériel</u> – Acte de pénétration sexuelle de quelque nature que ce soit, – par violence, contrainte, menace ou surprise. <u>Circonstance aggravante</u> Faits commis par le conjoint sur son épouse, <u>Élément moral</u> Intention coupable.	PIGNON Pierre impose des relations sexuelles et des actes contre nature, à PIGNON, Lola lorsqu'elle se refuse à lui, les lui imposant par la force physique et la violence. PIGNON, Lola est son épouse depuis 5 ans, L'attitude et les actes de PIGNON, Pierre résultent de sa volonté d'imposer des relations sexuelles à son épouse.
Détention d'images ou de représentation de mineurs à caractère pornographique *Délit*	<u>Élément légal</u> Fait prévu et réprimé par l'art. 227-23, al.1 et 7 du Code pénal <u>Élément matériel</u> – Détention, – d'image ou de représentation de mineurs,	PIGNON, Pierre détient à son domicile dans une malle cadenassée, dix DVD pornographiques dont cinq d'entre eux présentent des images de jeunes

	– à caractère pornographique. <u>Élément moral</u> Intention coupable	enfants ou d'adolescents des deux sexes manifestement mineurs, nus ou dans des attitudes évoquant des rapports sexuels PIGNON, Pierre reconnaît acheter de tels DVD lorsqu'il en a l'occasion tout en sachant que c'est interdit.
Vol *Délit*	<u>Élément légal</u> Fait prévu par l'art. 311-1 du Code pénal et réprimé par l'art. 311-3 du même code <u>Élément matériel</u> – Soustraction frauduleuse, – de la chose, – d'autrui. <u>Élément moral</u> Intention coupable.	 PIGNON, Pierre a pris sur les tables ou comptoirs des cafés, les téléphones portables, que les clients avaient laissé traîner. Acte volontaire de préhension de la chose d'autrui.

Infractions susceptibles d'être relevées à l'encontre de LEBON Jules

INFRACTIONS	**ÉLÉMENTS CONSTITUTIFS**	**ÉLEMENTS DE PREUVE**
Qualification	**– élément légal ;** **– élément matériel ;** **– élément moral.**	**se rapportant à chacun des éléments constitutifs**
Menace de mort sous condition *Délit*	<u>Élément légal</u> Fait prévu et réprimé par l'art. 222-18 du Code pénal.	
	<u>Élément matériel</u> – Menace par quelque moyen que ce soit,	LEBON, Jules crie à l'adresse de PIGNON, Pierre :
	– de commettre un crime ou un délit contre les personnes,	« Salaud. Je te pré-viens. Si tu sors et que je te vois dans la région, je te tue,
	– faite avec ordre de remplir une condition,	Tu as intérêt à te suici-der, si tu ne le fais pas,
	<u>Circonstance aggravante</u> – la menace proférée est une menace de mort.	Je te tue. Je jure que je te tue. »
	<u>Élément moral</u> Intention coupable	LEBON Jules pro-nonce volontairement à l'adresse de PIGNON Pierre, l'agresseur de son fils, des paroles de menace de mort.

TROISIÈME QUESTION

Expliquez selon quel fondement légal vous effectuez la réquisition au pédiatre de l'unité de consultation médico-judiciaire du centre hospitalier de MALTARE.

L'enquête relative à l'enlèvement, la détention, la séquestration d'un mineur de quinze ans a été ouverte en flagrant délit sitôt la commission des faits, le 15 octobre 2006 *(art 53, al. 1 et 67 du C.P.P.)*.

Après avoir effectué le compte rendu initial au procureur de la République de MALTARE, ce magistrat a confié l'enquête au le gendarme ALPHA, officier de police judiciaire à la brigade de recherches de PLANAIRE, territorialement compétent *(art. 14, al. 2, 17, 18, al. 1, 54 et R. 15-24 du C.P.P.)*.

À la suite de la découverte de l'enfant et compte tenu des circonstances particulières de son enlèvement de sa détention et séquestration, le parquet qui en a été informé donne pour instruction au gendarme ALPHA de le conduire à l'unité de consultation médico-judiciaire du centre hospitalier de MALTARE pour qu'il soit visité par un médecin spécialiste.

Pour les besoins de l'enquête, le gendarme ALPHA requiert le docteur LECHENE André *(art. 60, al. 1 du C.P.P.)* pour qu'il examine la jeune victime afin :

- De déterminer :
  - Son état psychologique ;
  - Son état de santé physique en recherchant s'il a subi des violences et en y constatant les traces et séquelles ;
  - S'il a été victime de violences sexuelles.
- De rédiger un certificat médical relatant ses observations et conclusions qu'il remet au gendarme ALPHA *(art. 60, al. 3 et 4 du C.P.P.)*.

Le docteur LECHENE André n'étant pas inscrit sur une liste d'expert près d'un tribunal, il prête serment lorsqu'il est requis. *(art. 60, al. 2 du C.P.P.)*.

La réquisition est signée par le docteur LECHENE et le gendarme ALPHA.

SUJET DE PROCÉDURE PÉNALE

TRAVAIL À EFFECTUER

PREMIÈRE QUESTION

Indiquez la qualification pénale, les éléments constitutifs et les éléments de preuve se rapportant à chacune des infractions susceptibles d'être retenues à l'encontre des personnes impliquées et dénommées. La réponse sera présentée sous la forme du tableau habituel.
Seules les peines principales seront mentionnées.

DEUXIÈME QUESTION

Rédigez le procès-verbal de perquisition au domicile de Wilfrid URBAIN à BUSSY

Nota :

La question 2 dans l'examen OPJ de 2007 n'est plus d'actualité.

DEUXIÈME QUESTION

Présentez de façon chronologique et analytique, sous forme de tableau, les principaux actes de procédure utiles à l'enquête qui apparaissent dans le thème et qui font suite aux faits commis *(à l'exception du PV de synthèse et de l'inventaire des pièces à conviction).*

TROISIÈME QUESTION

Rédigez le compte rendu téléphonique *(CRT)* effectué au procureur de la République à l'issue des premières constatations menées au domicile des époux LEBRUN.

QUATRIÈME QUESTION

Exposer les raisons qui justifient la perquisition et les saisies au domicile de Wilfrid URBAIN à BUSSY.

Nota :

Les questions 2, 3 et 4 ci-dessus ne figuraient pas à l'épreuve de l'examen de 2007, elles ont été ajoutées pour répondre aux exigences de la nouvelle formule de l'épreuve de procédure pénale pratique et aider les candidats en leur proposant des éléments de réponse et un exemple de rédaction.

NOTES PERSONNELLES

Sujet

Gendarme ALPHA, officier de police judiciaire, vous exercez vos fonctions à la brigade autonome de St REMY.

Le 16 octobre 2007 à 05 heures 15, le centre opérationnel et de renseignements de la gendarmerie *(C.O.R.G.)* de BRIÈRE vous demande d'intervenir au n° 2 de la rue Saint Augustin à HATOIS, *(Groupement et TGI de BRIÈRE)* suite à l'appel téléphonique de madame Claudine LEBRUN signalant, alors qu'elle venait de regagner son domicile, y avoir découvert son époux, Stéphane LEBRUN gisant à terre à demi inconscient et le visage ensanglanté.

Vous vous transportez aussitôt sur les lieux en compagnie des gendarmes Sabine LACHAISE *(O.P.J.)* et Marc LAPORTE *(A.P.J.)*.

À 05 heures 45, parvenant sur place, vous sonnez à la porte de l'appartement. Madame Claudine LEBRUN vous ouvre et vous conduit dans le salon où vous constatez qu'un homme y est allongé, dos au sol. Sa chemise est déchirée, son visage ensanglanté, du sang s'écoule de son nez et de ses arcades sourcilières fendues. Sa lèvre supérieure est tuméfiée. Un désordre manifeste règne dans la pièce, les meubles ont visiblement été fouillés et leur contenu répandu sur le sol. Claudine LEBRUN, affolée et en pleurs, vous précise que l'homme à terre est son époux Stéphane.

Ce dernier, vous indique très difficilement en murmurant : « C'est le Belge qui m'a cogné. Il voulait que je lui dise où j'avais mis la marchandise ».

L'urgence de la situation ne vous permet pas de faire préciser, les paroles prononcées. Vous sollicitez sans délai l'intervention des pompiers. Les secours arrivent très rapidement, prodiguent les premiers soins sur place avant de transférer à

06 heures 30 Stéphane LEBRUN vers le service des urgences du centre hospitalier d'ANCERVILLE.

L'évacuation terminée, vous prenez les mesures visant à préserver l'intégrité des lieux, rendez compte des faits à votre commandant de brigade et informez le magistrat de permanence au parquet de BRIÈRE qui vous prescrit de poursuivre l'enquête et de l'aviser de son évolution. Votre commandant de compagnie obtient l'appui de la brigade départementale de renseignements et d'investigations judiciaires *(B.D.R.I.J.)*.

Le technicien en identification criminelle, O.P.J. de la B.D.R.I.J., rejoint les lieux et procède à compter de 07 heures 30, aux constatations et recherches à caractère technique et scientifique. Ces opérations se révéleront négatives, aucune trace exploitable ne sera prélevée.

Simultanément, vous donnez mission aux gendarmes LACHAISE et LAPORTE de procéder dans les étages de l'immeuble à une enquête de voisinage.

Ils vous rapportent que seule l'occupante de l'appartement contigu à celui des LEBRUN a entendu ce dernier rentrer vers 04 heures. Elle pense, pour avoir perçu des intonations de voix différentes, qu'il était accompagné. Une dizaine de minutes plus tard, elle a nettement entendu quelqu'un crier durant une petite minute, cris accompagnés d'autres bruits dont elle ne peut définir l'origine. Observant la rue depuis la fenêtre de sa cuisine, elle a vu un homme de grande taille s'engouffrer dans une BMW de teinte noire dont le phare avant droit ne fonctionnait pas, et quitter les lieux à vive allure.

À 10 heures, vous vous transportez au service des urgences de l'hôpital d'ANCERVILLE où le docteur HERMANN Edwige, urgentiste de garde, vous indique que l'intervention chirurgicale réalisée n'a pas permis de sauver l'œil gauche de LEBRUN. Requis par vos soins, ce médecin, non inscrit sur une liste d'expert, vous remet un certificat médical détaillé relatif à l'état de santé de Stéphane LEBRUN.

Ce document mentionne :
- La présence d'hématomes récents sur le corps.
- Que les radiographies effectuées révèlent une fracture du nez.
- Que les arcades sourcilières ont été suturées.
- Une perforation de la cornée centrale entraînant une cécité totale et définitive de l'œil gauche.

Une I.T.T. initiale de vingt jours est prescrite à Stéphane LEBRUN.

Le médecin urgentiste ne vous autorise pas à procéder à l'audition immédiate de Stéphane LEBRUN, son état de santé nécessitant du repos. Il vous demande de repousser votre acte d'enquête au lendemain.

À 13 heures, de retour à HATOIS, vous procédez à l'audition de Claudine LEBRUN laquelle vous déclare :
- Être mariée depuis 5 ans avec Stéphane LEBRUN et louer depuis leur union un appartement F2 avec cave et garage au 2 rue Saint Augustin à HATOIS.
- Qu'après que son époux se soit trouvé sans emploi il y a 15 mois, elle a dû travailler pour subvenir aux besoins du ménage et occupe actuellement un poste de nuit à la maison de retraite de VILLEMONTRY en qualité d'auxiliaire de service.
- Que le surnom « le Belge » n'évoque rien pour elle et qu'elle ne connaît personne qui puisse en vouloir à son conjoint.

Le 17 octobre à 09 heures, sur son lit d'hôpital Stéphane LEBRUN vous déclare confirmer les dires de son épouse quant à sa situation et précise :
- Qu'après la perte de son emploi, et malgré la multiplication des démarches qui l'ont conduit à se déplacer dans toute la région, rien de concret ne lui a été proposé.
- Que début septembre, il s'est rendu, en train, chez un maraîcher installé dans la périphérie de BUSSY, la SARL « Gilles Padoue », qui recherchait des ouvriers saisonniers, sans que le rendez-vous n'aboutisse

– Que sur place, il a fait la connaissance d'un individu employé en qualité de cariste avec lequel il a longuement discuté, évoquant par ailleurs ses difficultés actuelles. Ce dernier, compatissant, lui a offert de dîner en sa compagnie puis lui a proposé un « plan » sans risque, à savoir lui laisser utiliser durant quelques jours son propre garage pour y entreposer des affaires contre une rémunération intéressante.
– Que devant ses difficultés financières, il avait été séduit par cette proposition qu'il a acceptée sans hésitation, accompagnant le soir même, dans son véhicule, une BMW noire, l'individu jusqu'à HATOIS afin de lui montrer son garage.
– Que lendemain, il avait déclaré à son épouse, afin qu'elle n'y accède plus, en avoir perdu la clé.
– Qu'une nuit de la fin septembre, l'homme désigné était venu chez lui vers 23 heures afin d'y entreposer des objets personnels.
– Qu'en échange de la clé, il lui a remis la somme de 500 €, tout en stipulant bien qu'il ne devait parler à quiconque de leur rencontre, que personne ne devait pénétrer dans les lieux et qu'au besoin il pouvait être joint chez son employeur sous le surnom « le Belge ».
– Qu'intrigué, il s'était dès le lendemain matin rendu dans le box, y avait remarqué la présence d'un sac de sport de toile verte, contenant plusieurs plaques de résine de cannabis emballées dans du papier aluminium. À son avis et pour l'avoir soupesé, la quantité totale pouvait peser un kilogramme.
– Qu'immédiatement, l'idée lui était venue d'en détourner une petite partie pour, si un jour l'occasion se présentait, essayer de la revendre pour son propre compte.
– Que non consommateur lui-même et ne fréquentant pas ce milieu, il ne connaissait aucun acquéreur potentiel.
– Que sans attendre, il avait soustrait du sac puis dissimulé dans le fond de sa caisse à outils, deux plaques de résine de cannabis.
– Que le 15 octobre aux environs de 23 heures, « le Belge » était venu le chercher à son domicile, qu'ils avaient passé la soirée dans une boîte de nuit de St Rémy.

– Que vers 03 heures, après avoir personnellement récupéré son sac dans le garage, « le Belge » l'avait rejoint dans l'appartement pour se faire offrir un dernier verre et que vérifiant le contenu du sac, il s'était vite rendu compte qu'il manquait deux plaques de résine.
– Qu'il n'était pas parvenu à fournir d'explication cohérente.
– Que le « Belge » l'avait alors frappé à coups de pieds et de poings jusqu'à ce qu'il perde connaissance.
– Que le « Belge » est un individu de grande taille, très baraqué, qu'il portait un costume noir et que sur sa chemise bleue, il y avait une inscription « BMW MOUSCRON TEAM » suivi du millésime 2005.

À 12 heures, vous sollicitez par message la brigade de recherches de BUSSY afin qu'il soit procédé à toutes les vérifications nécessaires sur la situation du surnommé « le Belge ».

À 13 heures, renforcé d'une équipe cynophile stupéfiants, vous vous présentez une nouvelle fois au domicile du couple LEBRUN afin d'y effectuer une perquisition visant à découvrir la résine de cannabis dissimulée par LEBRUN Stéphane. L'animal marque de manière formelle dans le garage, dans le salon puis sous une étagère de la cave, seul endroit où vous découvrez les deux plaques de résine de cannabis d'un poids de cent grammes chacune, dans le fond d'une caisse à outils. Cet acte effectué en présence de Claudine LEBRUN, n'apporte aucun autre élément, l'intéressée se déclarant totalement étrangère à ces faits.

À 17 heures 30, le commandant de brigade de recherche de BUSSY transmet à votre unité par message organique, les éléments suivants :
– La SARL « Gilles Padoue », qui a pour activité la production maraîchère, est installée au 11 route de Brière à BUSSY.
– Elle emploie 6 salariés à temps complet dont un seul cariste en poste depuis le début de l'année, le nommé Wilfrid URBAIN né le 04.08.1975 à MOUSCRON *(Belgique)*

et surnommé « le Belge » par ses collègues. Propriétaire d'une BMW noire, il est décrit par son employeur comme travailleur et consciencieux mais se montre toutefois très discret. Il réside habituellement avec sa concubine, Brigitte SESTI, 26 rue Mariette à BUSSY.

À 18 heures, vous informez le magistrat de permanence au parquet de BRIÈRE de l'avancée de votre enquête. Ce dernier vous prescrit de vous transporter à BUSSY *(Groupement et T.G.I. de Charenton non limitrophe avec le T.G.I. de BRIÈRE)* au domicile de Wilfrid URBAIN afin de procéder à son interpellation et à une perquisition des lieux. Il vous indique aviser le Procureur du lieu et vous demande de vous faire assister par un officier de police judiciaire territorialement compétent. Il vous adresse sans délai ses réquisitions par télécopie.

À 20 heures, accompagné des gendarmes LACHAISE et LAPORTE de votre unité et de l'adjudant GILDAS, O.P.J. T.C. de la BTA de BUSSY, vous vous présentez au domicile de Brigitte SESTI et d'URBAIN, Wilfrid. Vous êtes reçus par un homme de grande taille qui se présente alors à la porte d'entrée disant se nommer Wilfrid URBAIN. Vous lui notifiez son placement en garde à vue après l'avoir informé de la nature de votre enquête et procédez à la perquisition. Cette opération débute à 20 heures 15. Elle vous permet de découvrir :

- Sur le dossier d'une chaise de la chambre à coucher du couple, une chemise bleue portant l'inscription « MOUSCRON BMW TEAM 2005 » maculée de traces brunâtres pouvant être du sang.
- Sous le lit, le sac de sport de toile verte décrit par LEBRUN lequel contient, outre 4 plaques de résine de cannabis, un étui métallique contenant une montre d'une marque réputée et dont le boîtier est numéroté 765432. L'adjudant GILDAS O.P.J. T.C. de la brigade de BUSSY identifie immédiatement ce bijou comme provenant d'un vol simple perpétré en mai 2007 au préjudice de la bijouterie « l'étoile d'or » de BUSSY et dont il est saisi. Ce gradé explique que pour voler cet objet, l'auteur est allé chez le

bijoutier, qu'après s'être fait présenter la montre, il avait fait mine de l'essayer en la mettant à son poignet puis s'était enfui.

À 22 heures 15, vous clôturez le PV de perquisition et vous transportez dans les locaux de la brigade de BUSSY où vous procédez à la première audition de Wilfrid URBAIN. Il vous précise :

– Être installé dans la région depuis deux ans après avoir quitté son pays natal.
– S'approvisionner aux Pays-Bas en résine de cannabis et avoir, depuis février 2007 à l'occasion de trois voyages, importé au total trois kilogrammes de résine de cannabis à bord de véhicules de location et ce, à raison d'un kilogramme à chaque passage.
– Ne pas être consommateur de stupéfiant.
– Agir seul et revendre pour son propre compte, sans que sa concubine ne soit au courant de ses agissements. Il a acquis la totalité de la résine de cannabis importée pour un montant de 6 000 € et pense avoir réalisé un bénéfice après revente de 4 000 €, lesquels ont servi à régler des dépenses d'agrément, sorties, restaurant et un séjour en hôtel club.
– Que le sac de sport en toile verte, les plaquettes de cannabis et la montre qu'il contient sont bien à lui tout comme la chemise bleue portant l'inscription « MOUSCRON BMW TEAM 2005 » et que les taches qui y sont visibles, sont celles du sang de LEBRUN.
– Que par précaution, il a décidé de diversifier ses lieux de stockage et qu'il a profité de la situation précaire de LEBRUN pour trouver un nouvel endroit où dissimuler les stupéfiants importés.
– Qu'à la fin du mois de septembre, après un nouveau voyage à ROTTERDAM, il a stocké dans le garage de LEBRUN les dix plaques de résine de cannabis en échange de la somme de 500 €.
– Que durant la nuit du 15 au 16 octobre, après être venu à HATOIS à bord de son véhicule BMW pour récupérer la marchandise, il a constaté, en présence de LEBRUN,

la disparition de deux plaques de résine. Soupçonnant ce dernier d'en être à l'origine et pris de colère, il s'est montré violent à son égard pour obtenir des explications. Il l'a frappé à coups de pieds et de poings et à sa perte de connaissance, il a quitté les lieux précipitamment.

– Quant à la présence de la montre, il explique l'avoir obtenue en guise de paiement pour la vente de quatre cents grammes de résine de cannabis réalisée le matin même. Wilfrid URBAIN restera très vague quant à la désignation de ses fournisseurs comme de ses clients, refusant de donner quelque précision que ce soit permettant leur identification.

Solution

PREMIÈRE QUESTION

Infractions susceptibles d'être relevées à l'encontre de LEBRUN Stéphane.

Trafic de stupéfiant -complicité- *Délit*	<u>Élément légal</u> Fait prévu par les articles 121-7, 222-36, al. 1 et 222-37, al. 1 du Code pénal, réprimé par les articles 121-6, 222-36, al.1 et 222-37, al.1 du même code. <u>Élément matériel</u>	
	– Un acte de complicité.	LEBRUN, Stéphane loue son garage à URBAIN, Wilfrid pour y entreposer des plaquettes de cannabis.
	– Actes de trafic de stupéfiants (Importation, transport, détention, offre, cession de stupéfiants).	URBAIN, Wilfrid, achète aux Pays-Bas des plaquettes de résine de cannabis qu'il importe en France, transporte, détient, offre et vend à des consommateurs.
	<u>Élément moral</u>	
	Intention coupable.	LEBRUN, Stéphane qui a des soucis financiers accepte de louer son garage à URBAIN, Wilfrid dans le cadre d'un « plan » sans risque pour y entreposer des affaires durant

		quelques jours. Ayant vérifié le contenu du sac entreposé dans son garage LEBRUN, Stéphane a découvert qu'il s'agissait de plaquettes de résine de cannabis d'un poids total d'un kilogramme et malgré cela, au lieu de prévenir les autorités, il a continué à accepter de louer son garage pour que le cannabis y reste entreposé. Il ne pouvait ignorer du fait de la nature et de la quantité du produit stupéfiant que URBAIN, Wilfrid se livrait un trafic de ce produit illicite.
Vol *Délit*	<u>Élément légal</u> Fait prévu par l'article 311-1 du Code pénal et réprimé par l'article 311-3 du même code. <u>Élément matériel</u> – Soustraction frauduleuse, – d'une chose,	 LEBRUN, Stéphane soustrait du sac de toile, deux plaquettes de cannabis et les dissimule dans le fond de sa caisse à outils, dans

	– appartenant à autrui. Élément moral Intention coupable.	le but manifeste de les revendre à son profit. Le sac et le cannabis appartiennent à Wilfrid URBAIN. LEBRUN, Stéphane qui sait pertinemment que le sac et ce qu'il contient appartiennent à Wilfrid URBAIN qui lui a loué son garage pour quelques jours afin de l'entreposer y soustrait à son profit une partie de la marchandise.
Détention de stupéfiant. *Délit*	Élément légal Fait prévu et réprimé par l'article 222-37, al. 1 du Code pénal. Élément matériel – Détenir, – de façon illicite, – un produit stupéfiant.	LEBRUN, Stéphane qui s'est approprié deux plaquettes de cannabis, les cache dans le fond de sa caisse à outils. Il détient sans aucune autorisation légale, ce produit stupéfiant.

	Élément moral Intention coupable.	 LEBRUN, Stéphane qui a identifié le produit qu'il a soustrait pour son profit à URBAIN, Wilfrid comme étant du cannabis sait qu'il s'agit d'un produit illicite et que le détenir constitue une infraction.

Infractions susceptibles d'être relevées à l'encontre de URBAIN, Wilfrid

Violences ayant entraîné une infirmité permanente *Délit*	Élément légal Fait prévu et réprimé par l'article 222-9 du Code pénal. Élément matériel – Actes de violence – Sur autrui – Ayant entraîné une infirmité permanente Élément moral Intention coupable.	Wilfrid URBAIN frappe à coups de pieds et de poings jusqu'à ce qu'il soit inconscient, LEBRUN, Stéphane, Qui, blessé gravement est victime d'une cécité totale et définitive de l'œil gauche. Wilfrid URBAIN frappe LEBRUN, Stéphane à coups de pieds

		et de poings jusqu'à ce qu'il soit inconscient pour lui faire dire où il a caché les deux plaquettes de cannabis qu'il lui a soustrait.
Trafic de stupéfiant *Délit*	<u>Élément légal</u> Fait prévu et réprimé par les articles 222-36, al. 1 et 222-37, al. 1 du Code pénal. <u>Élément matériel</u> – Actes de trafic de stupéfiants. – Importation, – transport, – détention, – offre, cession – de stupéfiants. <u>Élément moral</u> Intention coupable.	 URBAIN, Wilfrid, achète aux Pays-bas des plaquettes de résine de cannabis, qu'il importe en France, transporte, détient, offre et vend à des consommateurs. Cette résine de cannabis. URBAIN, Wilfrid loue le garage de Stéphane LEBRUN pour y entreposer durant quelques jours un sac de toile contenant des plaquettes de résine de cannabis d'un poids total d'un kilogramme pour se livrer à un trafic de ce produit illicite.

Recel *Délit*	<u>Élément légal</u> Fait prévu par l'article 321-1, al. 1 du Code pénal, réprimé par l'article 321-1, al. 3 du même code.	
	<u>Élément matériel</u>	
	– Détenir,	URBAIN, Wilfrid, détient dans son sac en toile parmi les plaquettes de cannabis,
	– une chose,	un étui métallique contenant une montre d'une marque réputée et dont le boîtier est numéroté.
	– provenant d'un crime ou d'un délit.	Cette montre provient d'un vol simple perpétré en mai 2007 au préjudice de la bijouterie « l'étoile d'or » de BUSSY.
	<u>Élément moral</u>	
	Intention coupable.	URBAIN, Wilfrid explique l'avoir obtenue en guise de paiement pour la vente de 400 gr de résine de cannabis réalisée le matin même. Il ne fournit pas le nom de son client. Les conditions de la transaction et la valeur de cet objet ne peuvent que lui faire penser que l'origine de la montre

		est frauduleuse. C'est en toute conscience qu'il l'a acceptée en guise de paiement d'une transaction illicite.

DEUXIÈME QUESTION

CADRE JURIDIQUE
TYPE D'ENQUÊTE Enquête de délit flagrant
CADRE LÉGAL Articles 16 à 19 et 53 à 67 du Code de procédure pénale s'agissant d'un délit flagrant.
JUSTIFICATION DU CHOIX DE CADRE JURIDIQUE D'ENQUÊTE Les faits viennent de se commettre, *(C.P.P. art 53, al. 1)* la victime est découverte ensanglantée par son épouse et par les enquêteurs alertés par elle, à son domicile 2 rue Saint Augustin à HATOIS. La victime a été agressée à son domicile. Ces faits de violence sont punis d'une peine d'emprisonnement ce qui autorise le recours au cadre juridique de la flagrance pour la réalisation des actes de l'enquête *(C.P.P. art. 67).* *Nota : À ce stade, tous les faits ne sont pas connus.*
COMPÉTENCE DE L'O.P.J HATOIS est une commune de la compétence territoriale de la brigade autonome de St REMY où le Gendarme ALPHA O.P.J. à la BTA de St REMY assisté du technicien en identification criminelle, O.P.J. de la B.R.D.I.J. de BRIERE exerce ses fonctions habituelles *(art. R.15-24 du C.P.P.).* Ils interviennent dans le cadre de leur compétence habituelle *(art. 18, al. 1 du C.P.P).*

Procès-verbal de transport, constatations et mesures prises (au domicile des époux LEBRUN)

Le 16 octobre 2007 à 05 heures 45 au domicile de la victime 2 rue Saint Augustin à HATOIS.

Le gendarme technicien en identification criminelle, O.P.J. de la B.R.D.I.J. de BRIERE.

CADRE LÉGAL

Articles 14, 18, al. 1, 54 et 55 du Code de procédure pénale.

MOTIVATION

Nécessité de procéder aux constatations et relevés des traces et indices, motivant la rédaction d'un descriptif, de photographies et d'un croquis constituant la procédure de constatations…

ÉLÉMENTS DE FOND

■ **SAISINE :**

Appel de madame Claudine LEBRUN, qui vient de découvrir chez elle son époux, Stéphane LEBRUN gisant à terre à demi inconscient et le visage ensanglanté.

Le 16 octobre 2007 à 05 heures 15, répondant à un appel d'intervention du centre opérationnel de la gendarmerie de BRIERE, transport avec les gendarmes Sabine LACHAISE, O.P.J et Marc LAPORTE, A.P.J au domicile de l'appelant et de la victime 2 rue Saint Augustin à HATOIS. Arrivée à 05 heures 45.

■ **SITUATION À L'ARRIVÉE DES ENQUÊTEURS :**

– Accueil par madame Claudine LEBRUN.

– Dans le salon présence d'un homme allongé dos au sol.

■ **CORPS DU DÉLIT :**

La chemise de l'homme est déchirée, son visage ensanglanté, du sang s'écoule de son nez et de ses arcades sourcilières fendues. Sa lèvre supérieure est tuméfiée.

■ **ÉTAT DES LIEUX :**

Un désordre manifeste règne dans la pièce, les meubles ont été fouillés et leur contenu répandu sur le sol.

■ **PREMIERS RENSEIGNEMENTS RECUEILLIS :**

– Claudine LEBRUN, affolée et en pleurs, précise que l'homme à terre est son époux Stéphane.

– LEBRUN, Stéphane indique très difficilement en murmurant : « C'est le belge qui m'a cogné. Il voulait que je lui dise où j'avais mis la marchandise ».

■ **MESURES PRISES :**

– L'intervention des pompiers est sollicitée sans délai. Les secours prodiguent les premiers soins et transfèrent, à 06 heures 30, Stéphane LEBRUN vers le centre hospitalier d'ANCERVILLE.

– L'évacuation terminée, les mesures visant à préserver l'intégrité des lieux sont prises.

– Compte rendu des faits à notre commandant de brigade.

– Information du magistrat de permanence au parquet de BRIERE qui prescrit aux enquêteurs de poursuivre l'enquête et de l'aviser de son évolution.

– Le commandant de compagnie obtient l'appui de la Brigade départementale de renseignements et d'investigations judiciaires dont le technicien en identification criminelle, OPJ, rejoint les lieux à 7 heures 30.

– Simultanément, le gendarme ALPHA donne mission aux gendarmes LACHAISE et LAPORTE de procéder dans les étages de l'immeuble à une enquête de voisinage.

Procès-verbal de constatations techniques (au domicile des époux LEBRUN)

Le 16 octobre 2007 à 7 h 30 au domicile de la victime 2 rue Saint Augustin à HATOIS.

Le gendarme technicien en identification criminelle, O.P.J de la B.R.D.I.J de BRIERE.

CADRE LÉGAL

Articles 17, 18, al. 1, 54 et 55 du Code de procédure pénale.

MOTIVATION

Nécessité de procéder aux constatations et relevés des traces et indices.

ÉLÉMENTS DE FOND

– Constatations et recherches à caractère technique et scientifique au domicile de la victime, 2 rue Saint Augustin à HATOIS.

– Ces opérations se révèlent négatives, aucune trace exploitable n'est prélevée.

Procès-verbal d'audition de la voisine des époux LEBRUN (témoin)

Le 16 octobre 2007 à 7 h 30au domicile du témoin, la voisine des époux LEBRUN 2 rue Saint Augustin à HATOIS.

Gendarmes Sabine LACHAISE, O.P.J. et Marc LAPORTE, A.P.J. à la BTA de St REMY.

CADRE LÉGAL

Articles 18, al. 1, 21-1, 61 et 62 du Code de procédure pénale.

MOTIVATION

Nécessité de recueillir le témoignage de la voisine de victime pour préciser les faits.

ÉLÉMENTS DE FOND

– L'audition du témoin fait apparaître :

■ qu'il réside l'appartement contigu à celui des LEBRUN ;

■ qu'il a entendu ce LEBRUN, Stéphane rentrer vers 04 heures ;

– Le témoin pense, pour avoir perçu des intonations de voix différentes, qu'il était accompagné.

– Une dizaine de minutes plus tard, le témoin a nettement entendu quelqu'un crier durant une petite minute, cris accompagnés d'autres bruits dont il ne peut définir l'origine.

– Observant la rue depuis la fenêtre de sa cuisine, il a vu un homme de grande taille s'engouffrer dans une BMW de teinte noire dont le phare avant droit ne fonctionnait pas, et quitter les lieux à vive allure.

Procès-verbal de Réquisition à personne qualifiée (Docteur HERMANN Edwige)

Le 16 octobre 2007 à 7h30 au centre hospitalier d'ANCERVILLE.

Gendarme ALPHA O.P.J. à la BTA de St REMY

CADRE LÉGAL

Articles 18, al. 1 et 60 du Code de procédure pénale.

Le médecin requis doit :

– accepter la mission ;

– prêter serment, car il n'est pas inscrit sur la liste des experts près la cour d'appel ;

– remettre un rapport.

MOTIVATION

Nécessité de recueillir auprès du docteur HERMANN Edwige les constatations médicales des blessures et l'I.T.T. pour qualifier l'infraction.

ÉLÉMENTS DE FOND

Le docteur HERMANN Edwige, urgentiste de garde, indique :

– que l'intervention chirurgicale réalisée n'a pas permis de sauver l'œil gauche de LEBRUN ;

– la présence d'hématomes récents sur le corps ;

– que les radiographies effectuées révèlent une fracture du nez ;

– que les arcades sourcilières ont été suturées ;

– une perforation de la cornée centrale entraînant une cécité totale et définitive de l'œil gauche.

Une I.T.T. initiale de vingt jours est prescrite à Stéphane LEBRUN.

Le médecin urgentiste n'autorise pas les enquêteurs à procéder à l'audition immédiate de Stéphane LEBRUN.

Procès-verbal d'audition de Claudine LEBRUN (témoin)

Le 16 octobre 2007 à 13 heures au domicile du témoin (Claudine LEBRUN), 2 rue Saint Augustin à HATOIS.

Gendarme ALPHA O.P.J. à la BTA de St REMY

CADRE LÉGAL

Articles 18, al. 1, 61 al. 2, 4 et 62 du C.P.P.

MOTIVATION

Nécessité de recueillir le témoignage de l'épouse de la victime qui l'a découverte blessée à son domicile et qui peut apporter des informations importantes sur la vie et les fréquentations de son époux.

ÉLÉMENTS DE FOND

L'audition de ce témoin permet d'apprendre :

– qu'elle est mariée depuis 5 ans avec Stéphane LEBRUN et loue depuis leur union un appartement F2 avec cave et garage au 2 rue Saint Augustin à HATOIS ;

– qu'après que son époux se soit trouvé sans emploi il y a 15 mois, elle a dû travailler pour subvenir aux besoins du ménage et occupe actuellement un poste de nuit à la maison de retraite de VILLEMONTRY en qualité d'auxiliaire de service ;

– que le surnom « le belge » n'évoque rien pour elle et qu'elle ne connaît personne qui puisse en vouloir à son conjoint.

Procès-verbal d'audition de Stéphane LEBRUN (Victime) (1)

Le 17 octobre 2007 à 09 heures au centre hospitalier à ANCERVILLE.

Gendarme ALPHA O.P.J. à la BTA de St REMY

CADRE LÉGAL

Articles 15-3, 17, 18, al. 1, 61 al. 2, 4, 53-1 et 62 du Code de procédure pénale.

MOTIVATION

Nécessité de recueillir le témoignage de la victime découverte blessée à son domicile et qui peut apporter des informations importantes sur les conditions de son agression et son agresseur.

ÉLÉMENTS DE FOND

L'audition de cette personne permet de faire ressortir les éléments suivants :

– après la perte de son emploi, et malgré la multiplication des démarches qui l'ont conduit à se déplacer dans toute la région, rien de concret ne lui a été proposé ;

– début septembre, il s'est rendu, en train, chez un maraîcher installé dans la périphérie de BUSSY, la Sarl « Gilles Padoue », qui recherchait des ouvriers saisonniers, sans que le rendez-vous n'aboutisse ;

– sur place, il a fait la connaissance d'un individu employé en qualité de cariste avec lequel il a longuement discuté, évoquant par ailleurs ses difficultés actuelles. Ce dernier, compatissant, lui a offert de dîner en sa compagnie puis lui a proposé un « plan » sans risque, à savoir lui laisser utiliser durant quelques jours son propre garage pour y entreposer des affaires contre une rémunération intéressante ;

– devant ses difficultés financières, il avait été séduit par cette proposition qu'il a acceptée sans hésitation, accompagnant le soir même, dans son véhicule, une BMW noire, l'individu jusqu'à HATOIS afin de lui montrer son garage ;

– le lendemain, il avait déclaré à son épouse, afin qu'elle n'y accède plus, en avoir perdu la clé ;

– une nuit de la fin septembre, l'homme désigné était venu chez lui vers 23 heures afin d'y entreposer des objets personnels ;

(1) En raison du contenu de sa déclaration, Stéphane LEBRUN est placé en garde à vue au cours ou à l'issue de cette audition. Il est alors informé de ses droits et peut les exercer.

– en échange de la clé, il lui a remis la somme de 500 €, tout en stipulant bien qu'il ne devait parler à quiconque de leur rencontre, que personne ne devait pénétrer dans les lieux et qu'au besoin il pouvait être joint chez son employeur sous le surnom « le belge » ;

– intrigué, il s'était dès le lendemain matin rendu dans le box, y avait remarqué la présence d'un sac de sport de toile verte, contenant plusieurs plaques de résine de cannabis emballées dans du papier aluminium. À son avis et pour l'avoir soupesé, la quantité totale pouvait peser un kilogramme ;

– immédiatement, l'idée lui était venue d'en détourner une petite partie pour, si un jour l'occasion se présentait, essayer de la revendre pour son propre compte ;

– non consommateur lui-même et ne fréquentant pas ce milieu, il ne connaissait aucun acquéreur potentiel ;

– sans attendre, il avait soustrait du sac puis dissimulé dans le fond de sa caisse à outils, deux plaques de résine de cannabis ;

– le 15 octobre aux environs de 23 heures, « le belge » était venu le chercher à son domicile pour passer la soirée dans une boîte de nuit de St Rémy ;

– vers 03 heures, après avoir personnellement récupéré son sac dans le garage, « le belge » l'avait rejoint dans l'appartement pour se faire offrir un dernier verre. Vérifiant le contenu du sac, il s'était vite rendu compte qu'il manquait deux plaques de résine ;

– il n'était pas parvenu à lui fournir d'explication cohérente ;

– le « belge » l'avait alors frappé à coups de pieds et de poings jusqu'à ce qu'il perde connaissance ;

– le « belge » est un individu de grande taille, très baraqué. Il portait un costume noir et sur sa chemise bleue, il y avait une inscription « BMW MOUSCRON TEAM » suivi du millésime 2005.

NOTIFICATION DES DROITS

■ Article 63-1 C.P.P. : de la qualification, de la date et du lieu présumés de l'infraction découverte (Délit de détention de stupéfiant).

Droit, après avoir décliné son identité de faire des déclarations, de répondre aux questions qui lui sont posées ou de se taire.

Droit de consulter le PV de la notification de GAV, le certificat médical et de son audition.

Droit de présenter des observations au PR ou au JLD en cas d'éventuelle prolongation de la GAV.

■ Article 63-2 C.P.P. : droit de faire prévenir une personne avec laquelle il vit habituellement ou l'un de ses parents en ligne directe, l'un de ses frères et sœurs ou son employeur de la mesure dont il est l'objet et de s'entretenir avec la personne désignée.

■ Article 63-3 C.P.P. : droit à une visite médicale.

■ Article 63-4 C.P.P. : droit à s'entretenir avec un avocat dès le début de la mesure de la garde à vue.

→ Remise d'un document énonçant ces droits.

Procès-verbal de perquisition

Le 17 octobre 2007 à 13 heures. Domicile des époux LEBRUN, 2 rue Saint Augustin à HARTOIS.

Gendarme ALPHA O.P.J. à la BTA de St REMY assisté de l'équipe cynophile stupéfiants.

CADRE LÉGAL

Articles 18, al. 1, et 56 à 59 du Code de procédure pénale. Présence obligatoire de la personne chez laquelle la perquisition est effectuée.

MOTIVATION

Nécessité de vérifier les dires de Stéphane LEBRUN et de rechercher les stupéfiants.

ÉLÉMENTS DE FOND

La perquisition est motivée par la nécessité de rechercher les plaquettes de cannabis cachées par Stéphane LEBRUN à son domicile dans le fond de sa boîte à outils.

La perquisition est effectuée en présence de Claudine LEBRUN dans le garage, dans la cave et dans l'appartement.

Mention du fait que l'animal marque de manière formelle dans le garage, dans le salon puis sous une étagère de la cave.

Mention de la découverte en cet endroit de deux plaques de résine de cannabis d'un poids de cent grammes chacune, dans le fond d'une caisse à outils.

Mention de la saisie et mise sous scellé du cannabis découvert.

Procès-verbal de perquisition

Le 17 octobre 2007 à 20 heures. Domicile d'URBAIN, Wilfrid et SESTI, Brigitte, 26 rue Mariette à BUSSY.

Gendarmes ALPHA O.P.J. Sabine LACHAISE, O.P.J. et Marc LAPORTE, A.P.J. à la BTA de St REMY *(T.G.I. de BRIERE)* assisté de l'Adjudant GILDAS, O.P.J. T.C. à la brigade de BUSSY *(T.G.I de CHARENTON)*.

CADRE LÉGAL

Articles 18, al. 4, 21-1 et 56 à 59 du Code de procédure pénale. Réquisition du procureur de la République de BRIERE. Présence obligatoire de la personne chez laquelle la perquisition est effectuée.

Information de son avocat.

MOTIVATION

Nécessité de rechercher des indices pouvant confondre l'agresseur *(URBAIN Wilfrid)* et de rechercher les stupéfiants.

ÉLÉMENTS DE FOND

La perquisition est motivée par la nécessité de rechercher des éléments de preuve de l'agression de Stéphane LEBRUN ainsi que le sac et les plaquettes de cannabis signalés par celui-ci.

La perquisition est effectuée en présence de Wilfrid URBAIN.

SESTI, Brigitte, susceptible de fournir des renseignements est retenue sur place *(art. 56, al. 11 du C.P.P.)* durant la perquisition.

Mention :

– des lieux où se déroule la perquisition ;

– de la découverte :

– sur le dossier d'une chaise de la chambre à coucher du couple, d'une chemise bleue portant l'inscription « MOUSCRON BMW TEAM 2005 » maculée de traces brunâtres pouvant être du sang ;

– sous le lit, un sac de sport de toile verte décrit par LEBRUN lequel contient, outre 4 plaques de résine de cannabis, un étui métallique contenant une montre d'une marque réputée et dont le boîtier est numéroté 765432.

Mention au PV du fait que l'adjudant GILDAS O.P.J. T.C. de la brigade de BUSSY identifie immédiatement ce bijou comme provenant d'un vol simple perpétré en mai 2007 au préjudice de la bijouterie « l'étoile d'or » de BUSSY et qu'étant saisi de ces faits il procède à une saisie incidente de la dite montre.

Mention de la saisie et de la mise sous scellé des indices découverts et de la clôture des opérations à 22 h 15.

Procès-verbal de notification des droits et d'audition de personne gardée à vue
Wilfrid URBAIN
(Durée non précisée dans le sujet)

Date et heure du début de la mesure : Le 17 octobre 2007 à 20 heures.

Lieu de la garde à vue : locaux de la brigade de BUSSY *(T.G.I de CHARENTON).*

Mesure prise et notifiée à BUSSY par le Gendarme ALPHA O.P.J. à la BTA de St REMY *(T.G.I. de BRIERE).* Assistance de l'Adjudant GILDAS, O.P.J. T.C. à la brigade de BUSSY *(T.G.I de CHARENTON).*

CADRE LÉGAL

Articles 18, al. 1, 62-2 à 64-1 du Code de procédure pénale. Réquisition du procureur de la République de BRIERE.

MOTIVATION

Nécessité de rechercher, d'interroger le suspect *(URBAIN Wilfrid)* sur les faits qui lui sont reprochés.

NOTIFICATION DES DROITS

■ Article 63-1 C.P.P. : de la qualification, de la date et du lieu présumés des infractions sur lesquelles porte l'enquête (Délits de violences ayant entraîné une infirmité permanente et de trafic de stupéfiants) (1) et de la durée de la mesure.

Droit, après avoir décliné son identité de faire des déclarations, de répondre aux questions qui lui sont posées ou de se taire.

Droit de consulter le PV de la notification de GAV, le certificat médical et de son audition.

Droit de présenter des observations au PR ou au JLD en cas d'éventuelle prolongation de la GAV.

■ Art. 63-2 du C.P.P. : droit de faire prévenir une personne avec laquelle il vit habituellement ou l'un de ses parents en ligne directe ou l'un de ses frères et sœurs ou son employeur de la mesure dont il est objet et de s'entretenir avec la personne désignée.

■ Article 63-3 C.P.P. : droit à une visite médicale.

■ Article 63-1, 63-3-1 à 63-4-3 du C.P.P. : droit de se faire assister par un avocat dès le début de sa garde à vue.

→ Remise d'un document énonçant ces droits.

(1) À ce moment de l'enquête, l'infraction de recel n'est pas connue. En tout état de cause cette affaire est traitée *(suite à la saisie incidente de la montre)* par l'O.P.J. T.C.

ÉLÉMENTS DE FOND

La personne entendue précise :

– être installée dans la région depuis deux ans après avoir quitté son pays natal ;

– s'approvisionner aux Pays Bas en résine de cannabis et avoir, depuis février 2007 à l'occasion de trois voyages, importé au total trois kilogrammes de résine de cannabis à bord de véhicules de location et ce, à raison d'un kilogramme à chaque passage ;

– ne pas être consommateur de stupéfiant ;

– agir seule et revendre pour son propre compte, sans que sa concubine ne soit au courant de ses agissements.

– avoir acquis la totalité de la résine de cannabis importée pour un montant de 6 000 € et pense avoir réalisé un bénéfice après revente de 4 000 €, lesquels ont servi à régler des dépenses d'agrément, sorties, restaurant et un séjour en hôtel club ;

– que le sac de sport en toile verte, les plaquettes de cannabis et la montre qu'il contient sont bien à elle tout comme la chemise bleue portant l'inscription « MOUSCRON BMW TEAM 2005 » et que les taches qui y sont visibles, sont celles du sang de LEBRUN ;

– que par précaution, elle a décidé de diversifier ses lieux de stockage et qu'elle a profité de la situation précaire de LEBRUN pour trouver un nouvel endroit où dissimuler les stupéfiants importés ;

– qu'à la fin du mois de septembre, après un nouveau voyage à ROTTERDAM, elle a stocké dans le garage de LEBRUN les dix plaques de résine de cannabis en échange de la somme de 500 € ;

– que durant la nuit du 15 au 16 octobre, après être venue à HATOIS à bord de son véhicule BMW pour récupérer la marchandise, elle a constaté, en présence de LEBRUN, la disparition de deux plaques de résine. Soupçonnant ce dernier d'en être à l'origine et pris de colère, elle s'est montrée violente à son égard pour obtenir des explications. Elle l'a frappé à coups de pieds et de poings et à sa perte de connaissance, elle a quitté les lieux précipitamment ;

– quant à la présence de la montre, elle explique l'avoir obtenue en guise de paiement pour la vente de quatre cent grammes de résine de cannabis réalisée le matin même. Elle restera très vague quant à la désignation de ses fournisseurs comme de ses clients, refusant de donner quelque précision que ce soit permettant leur identification.

TROISIÈME QUESTION

Compte rendu téléphonique

Gendarme ALPHA, officier de police judiciaire, vous exercez vos fonctions à la brigade autonome de St REMY.

a - Objet

Je vous avise que le 16 octobre 2007 à 05 heures 15, nous avons répondu à la demande du centre opérationnel et de renseignements de la gendarmerie *(C.O.R.G.)* de BRIÈRE d'intervention au n° 2 de la rue Saint Augustin à HATOIS, faisant suite à l'appel téléphonique de madame Claudine LEBRUN qui, venant de regagner son domicile, y a découvert son époux, Stéphane LEBRUN gisant à terre à demi inconscient et le visage ensanglanté.

Nous nous sommes transportés aussitôt sur les lieux en compagnie des gendarmes Sabine LACHAISE *(O.P.J)* et Marc LAPORTE *(A.P.J.)*.

b - Faits

À 05 heures 45, parvenant sur place, nous avons été reçus par madame Claudine LEBRUN qui nous a conduits dans le salon où nous avons constaté qu'un homme, qu'elle a dit être son époux Stéphane LEBRUN, y était allongé, dos au sol. Nous avons remarqué que sa chemise est déchirée, son visage ensanglanté, que du sang s'écoule de son nez, que ses arcades sourcilières sont fendues et que sa lèvre supérieure est tuméfiée. Par ailleurs Un désordre manifeste règne dans la pièce, les meubles ont visiblement été fouillés et leur contenu répandu sur le sol.

Monsieur Stéphane LEBRUN, nous a indiqué très difficilement en murmurant : « C'est le Belge qui m'a cogné. Il voulait que je lui dise où j'avais mis la marchandise ».

L'urgence de la situation ne nous a pas permis de lui faire préciser ses paroles.

c- Mesures prises

Nous avons sollicité sans délai l'intervention des pompiers. Les secours arrivés très rapidement ont prodigué les premiers soins sur place à la victime avant de la transférer à 06 heures 30 vers le service des urgences du centre hospitalier d'ANCERVILLE.

d- Actes d'enquête

L'évacuation terminée, nous avons pris les mesures visant à préserver l'intégrité des lieux.

Nous avons rendu compte des faits à notre commandant de brigade.

Notre commandant de compagnie a obtenu l'appui de la Brigade départementale de renseignements et d'investigations judiciaires de BRIÈRE et nous attendons l'arrivée sur les lieux d'un technicien en identification criminelle, de cette unité pour procéder aux constatations et recherches à caractère technique et scientifique.

Nous avons donné mission aux gendarmes LACHAISE *(O.P.J.)* et LAPORTE *(A.P.J.)* de procéder dans les étages de l'immeuble à une enquête de voisinage laquelle est en cours.

À l'issue des constatations au domicile des époux LEBRUN, nous envisageons de nous transporter à l'hôpital à ANCERVILLE pour requérir le médecin soignant afin d'obtenir un certificat médical détaillé avec prévision d'une ITT et procéder à l'audition de Stéphane LEBRUN. Ensuite nous procéderons à l'audition de son épouse.

Nous vous tiendrons informé du résultat et de la suite de nos investigations.

QUATRIÈME QUESTION

Exposer les raisons qui justifient la perquisition et les saisies au domicile de Wilfrid URBAIN à BUSSY.

S'agissant d'une enquête de flagrant délit, les dispositions de l'article 56 du Code de procédure pénale permettent à l'officier de police judiciaire de se transporter sans désemparer au domicile des personnes qui paraissent avoir participé au crime ou délit pour y procéder à une perquisition dont il dresse procès-verbal.

Le domicile de Wilfrid URBAIN étant situé dans le ressort d'un TGI non limitrophe du TGI de BRIÈRE auquel sont rattachés les enquêteurs de la Brigade autonome de St REMY, le procureur de la République du TGI de BRIÈRE en application de l'article 18 alinéa 4 du Code de procédure pénale leur a remis une réquisition leur permettant de poursuivre leurs investigations. Il leur impose aussi l'assistance d'un officier de police judiciaire territorialement compétent.

Cet acte d'enquête a pour but de rechercher des éléments de preuve et d'en effectuer la saisie qu'il s'agisse de documents ou d'objets relatifs aux faits incriminés afin de le mettre à la disposition de la justice.

Dans le cadre de l'enquête les Gendarmes ALPHA O.P.J. Sabine LACHAISE, O.P.J. et Marc LAPORTE, A.P.J. à la BTA de St REMY *(T.G.I. de BRIÈRE)* assistés de l'Adjudant GILDAS, O.P.J. T.C. à la brigade de BUSSY (T.G.I. de CHARENTON) se transportent au domicile de Wilfrid URBAIN à BUSSY pour y rechercher tout élément de preuve de l'implication de celui-ci dans les faits de violence sur la personne de Stéphane LEBRUN et de trafic de stupéfiant dénoncés par ce dernier.

Lors de ces investigations les enquêteurs découvrent, une chemise bleue portant l'inscription « MOUSCRON BMW TEAM 2005 » maculée de traces brunâtres pouvant être du sang, le sac de sport de toile verte décrit par LEBRUN lequel contient, outre 4 plaques de résine de cannabis, un étui métallique contenant une montre d'une marque réputée et dont le boîtier est numéroté 765432.

La chemise, le sac de toile verte et les plaquettes de cannabis démontrant l'implication de Wilfrid URBAIN dans les faits objets de l'enquête en cours, sont saisis par le Gendarme ALPHA O.P.J. qui rédige le procès-verbal en conséquence.

La montre découverte incidemment étant un élément de preuve dans une affaire de vol commise à BUSSY dont est saisi l'Adjudant GILDAS, O.P.J. à cette unité, en sa qualité d'officier de police judiciaire territorialement compétent celui-ci dresse, en raison de l'ancienneté des faits, une procédure de saisie incidente en enquête préliminaire, avec l'assentiment express de Wilfrid URBAIN, dans le cadre de son enquête.

SUJET DE PROCÉDURE PÉNALE

TRAVAIL À EFFECTUER

PREMIÈRE QUESTION

Indiquez la qualification pénale, les éléments constitutifs et les éléments de preuve se rapportant à chacune des infractions susceptibles d'être retenues à l'encontre des personnes impliquées.

La réponse sera présentée sous la forme du tableau habituel.

DEUXIÈME QUESTION

Rédigez le procès-verbal d'audition de Léon STEFANT

Nota :

La question 2 dans l'examen OPJ de 2008 n'est plus d'actualité.

DEUXIÈME QUESTION

Présentez de façon chronologique et analytique, sous forme de tableau, les principaux actes de procédure utiles à l'enquête qui apparaissent dans le thème et qui font suite aux faits commis *(à l'exception du PV de synthèse et de l'inventaire des pièces à conviction).*

TROISIÈME QUESTION

Rédigez le compte rendu téléphonique *(CRT)* effectué au procureur de la République à l'issue des premières constatations menées au domicile des époux STEFANT.

QUATRIÈME QUESTION

Expliquez selon quel fondement légal vous effectuez la réquisition du docteur LEFORT, urgentiste à l'hôpital de CLUNY.

Nota :

Les questions 2, 3 et 4 ci-dessus ne figuraient pas à l'épreuve de l'examen de 2008, elles ont été

ajoutées pour répondre aux exigences de la nouvelle formule de l'épreuve de procédure pénale pratique

et aider les candidats en leur proposant des éléments de réponse et un exemple de rédaction.

NOTES PERSONNELLES

Sujet

Vous êtes le gendarme Alpha, officier de police judiciaire. Vous exercez vos fonctions à la brigade autonome de VERNOUILLET **(1)**.

Le 13 octobre 2008, à 22h30, le centre opérationnel et de renseignements de la gendarmerie *(C.O.R.G.)* de LIMOURS **(1)** vous demande d'intervenir 2 rue Picasso à VILLEVEQUE **(1)**, suite à l'appel téléphonique de Mme LOISEAU, signalant une violente dispute suivie de hurlements de douleur au domicile de ses voisins, la famille STEFANT.

Vous vous transportez aussitôt sur les lieux, en compagnie des gendarmes LACHAISE et ROBIN, agents de police judiciaire.

À 22h45, à votre arrivée, Mme LOISEAU est présente. Elle porte à votre connaissance que les disputes du couple sont quasi quotidiennes, mais que la violence des coups et des cris de ce soir était particulièrement inquiétante. Depuis son appel, le calme est revenu et M. STEFANT vient de quitter son domicile, à pied. Il semblait très énervé.

Vous sonnez à la porte du pavillon de la famille STEFANT. Un enfant en pleurs vous ouvre et vous fait entrer dans la maison. Il vous dit se prénommer Thierry et être âgé de 13 ans. Il vous confirme avoir été témoin de la dispute qui a opposé ses parents. Son père, qui a quitté la maison, a frappé avec un pied de chaise sa mère qui s'est enfermée dans la salle de bains. Il ajoute qu'elle saigne beaucoup du visage.

Tandis que le gendarme LACHAISE s'occupe de l'enfant, vous rejoignez Mme STEFANT dans la salle de bains. Son

(1) cf. schéma de circonscriptions.

visage est tuméfié, elle saigne du nez, l'arcade sourcilière droite est ouverte et la lèvre supérieure est gonflée.

Vous sollicitez immédiatement l'intervention du SAMU. Les secours arrivent très rapidement et prodiguent les premiers soins sur place.

Bien qu'ayant du mal à parler en raison des souffrances occasionnées par ses blessures, elle vous demande de contacter sa fille Sophie STEFANT demeurant ERNONCOURT (1) afin qu'elle prenne en charge son petit frère.

Dans le cadre des constatations, s'agissant d'une pièce à conviction, vous procédez à la saisie du pied de chaise en présence de la victime qui ne s'y oppose pas. Puis vous quitter les lieux, avec les gendarmes LACHAISE et ROBIN, après avoir obtenu de Sophie STEFANT une photographie récente de son père, Léon STEFANT.

Mme STEFANT est transportée aux urgences du centre hospitalier de CLUNY (1).

Vous rendez compte des faits à votre commandant de brigade. Vous informez également le procureur de la République à LIMOURS, qui vous prescrit de poursuivre l'enquête et de l'aviser de son évolution.

En compagnie des gendarmes LACHAISE et ROBIN, vous patrouillez sur les communes de votre circonscription à la recherche de Léon STEFANT. Vos recherches restent vaines.

Le 14 octobre 2008, à 1 heure, vous vous transportez à l'hôpital de CLUNY. Le docteur LEFORT, urgentiste, non inscrit sur une liste d'experts, requis par vos soins, vous remet un certificat médical détaillé sur l'état de santé de Mme STEFANT.

Ce document mentionne :

(1) cf. schéma de circonscriptions.

– la présence d'hématomes et d'ecchymoses récents et anciens sur le corps de Mme STEFANT ;
– que les radiographies effectuées révèlent une fracture du nez et une fêlure de l'omoplate droite ;
– que l'arcade sourcilière droite et la plaie sur son crâne ont été suturées ;
– qu'outre les blessures apparentes, la victime est psychologiquement affaiblie par les violences subies.

Une I.T.T. initiale de vingt jours est d'ores et déjà prescrite à Mme STEFANT.

Le médecin ne vous autorise pas à procéder à l'audition de Mme STEFANT dont l'état de santé nécessite du repos. Il vous demande de reporter votre acte d'enquête en fin de matinée.

Le 14 octobre 2008, à 14 heures, Corinne STEFANT vous déclare péniblement sur son lit d'hôpital :

– être mariée depuis 15 ans avec Léon STEFANT. Ils ont deux enfants : Sophie née hors mariage en 1984 et Thierry née en 1994. Elle exerce la profession de serveuse à la brasserie « Le Bourgogne » à VERNOUILLET depuis plus de 7 ans ;
– son mari est à la recherche perpétuelle d'un emploi mais son intempérance connue de tous ne facilite pas ses démarches. Il fréquente les bars, consomme beaucoup d'alcool et ses fréquentations sont peu recommandables ;
– lorsqu'elle ose le contrarier ou lui répondre il la frappe à coups de pied et de poing. Elle porte d'ailleurs des traces de coups sur tout le corps. Désirant protéger son fils et espérant toujours que la situation s'améliore, elle n'a jamais déposé plainte ;
– hier soir, à son retour du travail, son mari était manifestement ivre. Elle l'a surpris entraînant leur fils à consommer des boissons alcoolisées. Cela s'était déjà produit plusieurs fois au cours du trimestre, Thierry ayant bu jusqu'à

l'ivresse, en son absence, sous la contrainte de son père. Furieuse, elle n'a pas réfléchi. Elle a pris le verre d'alcool des mains de sons fils et l'a vidé dans l'évier. Son mari l'a aussitôt rejointe dans la cuisine où elle a reçu plusieurs coups de poing au visage. La violence des coups l'a fait chuter sur une chaise en bois qui s'est brisée. Son mari s'est saisi d'un pied de cette chaise avec lequel il l'a frappée à plusieurs reprises sur la tête et le corps. Elle a tenté de se protéger tant bien que mal en se recroquevillant sur elle-même.

Mme STEFANT dépose plainte à l'encontre de son mari. Elle précise que sa fille a quitté le domicile dès sa majorité, ne supportant plus la violence de son père. Ils ne se parlent plus, Sophie refuse même de le voir.

Le 15 octobre 2008 à 9 heures, Mlle Sophie STEFANT, 23 ans, aide-soignante, se présente à votre unité, accompagnée de son frère Thierry, 13 ans collégien.

Vous procédez à leurs auditions

Thierry STEFANT confirme les violences physiques subies par sa mère. Il ajoute que son père ne lui a jamais porté de coup ce qui ne l'empêche pas de le craindre. C'est pourquoi il boit l'alcool que son père l'oblige à consommer jusqu'à l'ivresse lorsque sa mère travaille tard le soir. Cela dure depuis trois mois environ. Questionné sur les activités partagées avec son père, Thierry affirme avec assurance qu'elles sont inexistantes.

Sophie STEFANT vous révèle, le cœur serré, que son père a sexuellement abusé d'elle lorsqu'elle était âgée de dix ans. Il profitait de l'absence de sa mère, qui à l'époque était serveuse de nuit dans un bar, pour la rejoindre dans sa chambre. Il avait toujours le même rituel. Il retirait son peignoir et se glissait nu dans son lit. Puis il retirait son pyjama et lui imposait des relations sexuelles, tout en l'embrassant.

Malgré la peur et la douleur, elle n'a rien dit à sa mère. Elle craignait de ne plus être aimée et ne voulait pas lui faire de peine.

Ces actes lui ont été imposés jusqu'à l'âge de treize ans. Son père s'est détourné d'elle lorsque la morphologie de son corps s'est transformée et que les premiers signes de la puberté sont apparus.

Sophie STEFANT vous remet un certificat médical récent du docteur BIANCHI, psychiatre qui atteste du trouble psychique révélateur d'un traumatisme d'ordre sexuel résultant de l'enfance de la jeune femme.

N'ayant plus la force de garder ce secret et fortement marquée par l'hospitalisation de sa mère, Sophie STEFANT décide de déposer à l'encontre de son père.

Le même jour à 14 heures, accompagné des gendarmes LACHAISE et ROBIN vous vous présentez au domicile de Léon STEFANT qui vous reçoit. Vous lui notifiez immédiatement son placement en garde à vue. Informé de la nature des infractions sur lesquelles portent l'enquête, Léon STEFANT, agacé, s'énerve et vous apostrophe en ces termes: « J'en ai rien à foutre ! Vous les flics, vous fourrez votre nez n'importe où. Bande de cons. Ça vous plaît de m'emmerder. Détritus ambulants. Fonds de poubelle ! ».

Léon STEFANT est conduit à votre unité. Il réitère ses insultes tout au long du trajet. À votre arrivée, après avoir informé le procureur de la République de LIMOURS vous établissez le message habituel rendant compte à votre commandant de compagnie de la mesure de garde à vue prise à l'encontre de Léon STEFANT né le 2 août 1953 à ALGRANGE *(57)*. Vous procédez ensuite à l'audition de l'intéressé. S'étant calmé, il vous confirme les dires de son épouse et précise :

- ne pas s'estimer violent, mais il lui arrive de frapper sa femme lorsqu'elle lui reproche son intempérance.

Cependant, il tente de minimiser les faits et sa responsabilité, accusant son épouse de le provoquer. La veille, elle avait osé s'interposer dans sa façon d'éduquer leur fils. Il a saisi le pied d'une chaise en bois que sa femme venait de casser pour la corriger, probablement un peu plus fortement que les autres fois. Certainement parce qu'il avait bu ce soir-là une demi-bouteille de whisky ;

– éduquer son fils comme son père l'avait avec lui. Un homme boit de l'alcool et à 13 ans son fils commence à être un homme, même s'il sait qu'à cet âge boire de l'alcool est interdit. Chacun éduque ses enfants comme il l'entend ;
– souffrir, depuis toujours, de pulsions sexuelles qui font naître en lui des fantasmes. Lorsqu'il s'est marié avec Corinne, elle était frêle et avait un corps d'adolescente. Sa première grossesse a modifié son corps. Il a pourtant continué à avoir des relations amoureuses normales avec sa femme. Mais, en grandissant, sa fille a réveillé son orientation sexuelle déviante. Son attirance pour les fillettes l'a poussé à lui imposer des relations sexuelles lorsqu'elle avait environ dix ans ;
– ne pas apprécier les uniformes, surtout celui des « flics » et ne regrette aucunement les insultes qu'il a proférées.

Alors que vous achevez son audition, des officiers de police judiciaire de la brigade autonome de GRAVES(1), informés du placement en garde à vue de Léon STEFANT, se présentent à votre unité. Dans le cadre d'une enquête de flagrance ouverte à leur unité sur des vols de chantiers, ils auditionnent l'intéressé en qualité de témoin de 18 heures à 20 heures, avec l'accord du procureur de la République de LIMOURS.

De 20 h 30 à 22 heures, vous assistez, en votre qualité d'officier de police judiciaire territorialement compétent, les enquêteurs de la BTA de GRAVES qui procèdent à une perquisition au domicile de Léon STEFANT. En la présence constante de celui-ci, les investigations effectuées dans le pavillon se révèlent infructueuses. Incidemment, au cours de la fouille

(1) cf. schéma de circonscriptions.

dans la chambre du couple STEFANT, vous constatez la présence d'un ordinateur. À côté de celui-ci, vous découvrez trois DVD dont les jaquettes portent le logo de la communauté pédophile *(circ. du 22 février 2007 du service technique de recherches judiciaires et de documentation)* et représentent des images de jeunes enfants ou d'adolescentes, manifestement mineurs, nus et dans des attitudes pornographiques.

Léon STEFANT reconnaît qu'il s'agit de DVD pornographiques contenant des vidéos, des photos et des images d'adolescentes uniquement, nues ou dans des attitudes provocantes et évocatrices de rapports sexuels. Il prétend qu'il les a achetés l'année dernière à PARIS. Quand il est seul, il visionne ces vidéos et ces photos.

Après avoir informé et requis en qualité de personne qualifiée un enquêteur spécialisé en nouvelles technologies *(N.Tech)* de la B.D.R.I.J., vous procédez à la saisie des objets.

À votre retour à l'unité, vous entendez Léon STEFANT sur ces faits.

Le résultat des investigations du spécialiste N. Tech sur l'ordinateur de Léon STEFANT semble confirmer les dires de l'intéressé, puisqu'aucune image à caractère pédopornographique n'y a été découverte ainsi qu'aucune trace de consultation de sites spécialisés dans ce domaine.

Tenu informé du déroulement de l'enquête, le procureur de la république à LIMOURS vous prescrit de lui présenter Léon STEFANT le 16 octobre 2008 à 14 heures.

SCHÉMA DE CIRCONSCRIPTIONS

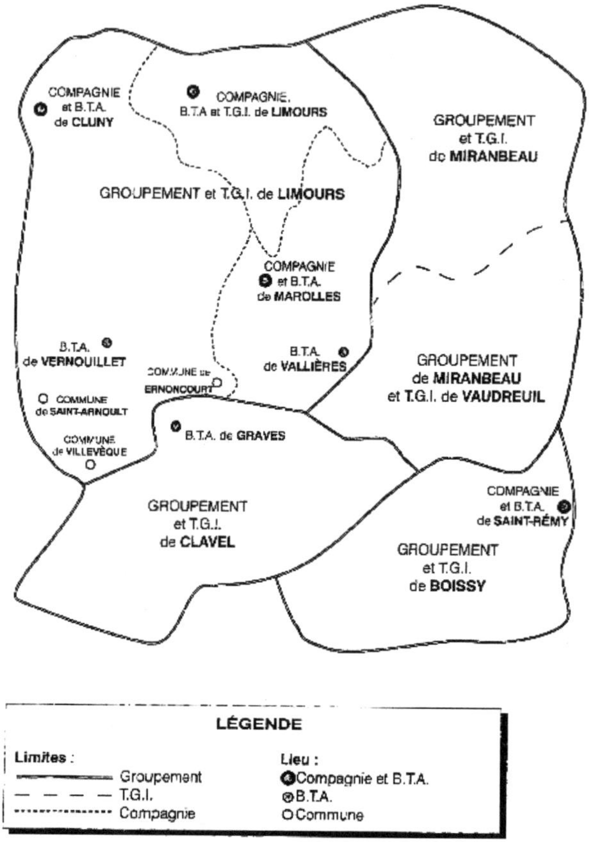

Solution

PREMIÈRE QUESTION

Infractions susceptibles d'être retenues à l'encontre de STEFANT, Léon.

INFRACTIONS	ÉLÉMENTS CONSTITUTIFS	ÉLEMENTS DE PREUVE
Qualification	**- élément légal ;** **- élément matériel ;** **- élément moral.**	**se rapportant à chacun des éléments constitutifs**
Outrage à personnes dépositaires de l'autorité publique *Délit*	<u>Élément légal</u> Fait et réprimé par l'article 433-5, al. 1 et 2 du Code pénal. <u>Élément matériel</u>	
	– Paroles de nature à porter atteinte à la dignité ou au respect dû à la fonction dont est investie la personne,	Léon STEFANT s'énerve et déclare : « j'en ai rien à foutre ! Vous les flics, vous fourrez votre nez n'importe où. Bande de cons. Ça vous plaît de m'emmerder. Détritus ambulants. Fonds de poubelles ! ».
	– Adressées à une personne chargée d'une mission de service public,	Il prononce ces paroles envers les gendarmes qui l'interpellent.
	– Dans l'exercice ou à l'occasion de l'exercice de sa mission.	Les gendarmes agissent dans le cadre d'une enquête judiciaire

	<u>Circonstances aggravantes</u> – Paroles adressées à une personne dépositaires de l'autorité publique, <u>Élément moral</u> Intention coupable.	 Léon STEFANT prononce des paroles outrageantes à l'égard des gendarmes venus l'interpeller. Léon STEFANT conduit à l'unité réitère ses insultes tout au long du trajet. Au cours de son audition il dit ne pas apprécier les uniformes surtout ceux des « flics » et ne regrette aucunement les insultes qu'il a proférées.
Violences commises par le conjoint de la victime, avec arme, ayant entraîné une ITT supérieure à huit jours *Délit*	<u>Élément légal</u> Fait prévu par les articles 222-11 et 222-12, 6° et 10° et du Code pénal, réprimé par l'article 222-12, al. 22 du même code. <u>Élément matériel</u> – Commission volontaire de violences, – Sur une personne, – Ayant entraîné une	 Léon STEFANT a porté plusieurs coups de poing, Sur la personne de madame STEFANT, Corinne, Lui occasionnant une

	incapacité totale de travail. <u>Circonstances aggravantes</u> – Par le conjoint de la victime, – avec arme, – Ayant entraîné une ITT supérieure à huit jours. <u>Élément moral</u> Intention coupable.	incapacité totale de travail de vingt jours. Léon STEFANT frappe au visage de son épouse, laquelle, sous la violence des coups a chuté sur une chaise en bois qui s'est brisée. Léon STEFANT s'est saisi d'un pied de cette chaise avec lequel il a frappé son épouse sur la tête et le corps. Le docteur LEFORT, urgentiste requis pour pratiquer un examen médical sur madame STEFANT a prescrit une ITT initiale de vingt jours. Léon STEFANT frappe habituellement son épouse. Il s'agit d'actes volontaires
Provocation de mineur à la consommation habituelle et excessive de boissons alcooliques	<u>Élément légal</u> Fait prévu et réprimé par l'article 227-19 du Code pénal.	

Délit	Élément matériel – Acte commis par quiconque, – dans le but de provoquer un mineur à consommer des boissons alcooliques, – de manière habituelle et excessive. Circonstances aggravantes – La victime est un mineur de quinze ans. Élément moral Intention coupable.	 Léon STEFANT sert de l'alcool à son fils Thierry, Dans le but de l'éduquer comme son père l'a fait pour lui car un homme boit de l'alcool, À 13 ans son fils commence à être un homme et c'est pourquoi il le fait boire jusqu'à l'ivresse. Thierry STEFANT est âgé de 13 ans. Léon STEFANT reconnaît savoir qu'à 13 ans il est interdit de boire de l'alcool, mais il estime que chacun éduque ses enfants comme il l'entend.
Viol sur mineure de quinze ans par ascendant *Crime*	Élément légal Fait prévu par l'article 222-23 du Code pénal et réprimé par l'article 222-24, 2° et 4° du même code.	

	Élément matériel	
	– Commission d'un acte de pénétration sexuelle, de quelque nature que ce soit,	Léon STEFANT profitant de l'absence de son épouse qui travaillait la nuit a eu des relations sexuelles,
	– sur une personne,	Avec Sophie STEFANT qu'il rejoignait nu dans son lit.
	– par violence contrainte, menace ou surprise.	Les relations sexuelles étaient imposées à la victime qui en raison de son âge ne pouvait s'y opposer.
	Circonstances aggravantes	
	La victime est une mineure de quinze ans.	Sophie STEFANT était à l'époque des faits âgée de dix ans.
	Le viol est commis par un ascendant.	Léon STEFANT a commis les faits de viol sur sa fille.
	Élément moral	
	Intention coupable	Léon STEFANT reconnaît avoir volontairement imposé des relations sexuelles à sa fille.
Détention d'images à caractère pornographique présentant des mineurs	Élément légal Fait prévu et réprimé par l'article 227-23, al. 1 et 5 du Code pénal.	

Délit	Élément matériel – Détention par quelque moyen que ce soit, – d'images de mineurs, – à caractère pornographique.	 STEFANT, Léon détient trois DVD, dont les jaquettes portent le logo de la communauté pédophile et représentant des images de jeunes enfants ou d'adolescentes manifestement mineurs, nus et dans des attitudes pornographiques.
	Élément moral Intention coupable.	 Léon STEFANT reconnaît qu'il s'agit de DVD pornographiques contenant des vidéos, des photos et des images d'adolescentes uniquement, nues ou dans des attitudes provocantes et évocatrices de rapports sexuels.

DEUXIÈME QUESTION

CADRE JURIDIQUE

TYPE D'ENQUÊTE

Enquête de délit flagrant

CADRE LÉGAL

Articles 16 à 19 et 53 à 67 du Code de procédure pénale s'agissant d'un délit flagrant.

JUSTIFICATION DU CHOIX DE CADRE JURIDIQUE D'ENQUÊTE

Les faits de violences commises par le conjoint de la victime avec usage d'une arme viennent de se commettre *(C.P.P. art 53, al. 1)*. La victime est découverte ensanglantée à son domicile 2 rue Picasso à VILLEVEQUE par les enquêteurs. Il s'agit d'un délit puni d'une peine d'emprisonnement ce qui autorise le recours au cadre juridique de la flagrance pour la réalisation des actes de l'enquête *(C.P.P. art. 67)*.

Nota : À ce stade, tous les faits ne sont pas connus ou encore réalisés.

COMPÉTENCE DE L'O.P.J.

VILLEVEQUE est une commune de la compétence territoriale de la brigade autonome de VERNOUILLET où le gendarme ALPHA O.P.J. et les gendarmes LACHAISE ET ROBIN A.P.J. à la BTA de VILLEVEQUE exercent leurs fonctions habituelles *(art. R. 15-24 du C.P.P.)*.

Ils interviennent dans le cadre de leur compétence habituelle *(art. 18, al. 1 du C.P.P)*.

Procès-verbal de transport, constatations et mesures prises (au domicile des époux STEFANT)

Le 13 octobre 2008 à 22 heures 45 au domicile de la victime 2 rue Picasso à VILLEVEQUE.

Le Gendarme ALPHA O.P.J. et les gendarmes LACHAISE et ROBIN A.P.J. à la BTA de VERNOUILLET

CADRE LÉGAL

Articles 14, 18, al. 1, 21-1, 54 et 55 du Code de procédure pénale.

MOTIVATION

Nécessité de procéder aux constatations et relevés des traces et indices motivant la rédaction d'un descriptif, de photographies et d'un croquis constituant la procédure de constatations.

ÉLÉMENTS DE FOND

■ SAISINE :

Le 13 octobre 2008, à 22h30, le centre opérationnel et de renseignements de la gendarmerie *(C.O.R.G.)* de LIMOURS demande une intervention au 2 rue Picasso à VILLEVÈQUE, suite à l'appel téléphonique de Mme LOISEAU, signalant une violente dispute suivie de hurlements de douleur au domicile de ses voisins, la famille STEFANT.

■ SITUATION À L'ARRIVÉE DES ENQUÊTEURS :

– Accueil par Thierry STEFANT, âgé de 13 ans qui est en pleurs ;

– Mme STEFANT est dans la salle de bains. Son visage est tuméfié, elle saigne du nez, l'arcade sourcilière droite est ouverte et la lèvre supérieure est gonflée.

■ CORPS DU DÉLIT :

– La victime et ses blessures ;

– Les lieux des faits.

■ ÉTAT DES LIEUX :

– Chaise cassée ;

– Pied de chaise ;

– Traces de sang.

■ PREMIERS RENSEIGNEMENTS RECUEILLIS :

Au cours d'une dispute conjugale, M. STEFANT a frappé son épouse à coups de poing et avec un pied de chaise la blessant gravement au visage. M. STEFANT a quitté son domicile énervé en laissant son épouse et son fils âgés de 13 ans.

■ MESURES PRISES :

Demande immédiate de l'intervention du SAMU. Les secours arrivés très rapidement prodiguent les premiers soins sur place.

Contact avec la fille de la victime Sophie STEFANT demeurant ERNONCOURT afin qu'elle prenne en charge son petit frère.

Recueil d'une photo de M. STEFANT auprès de sa fille.

Saisie du pied de chaise.

Recherche de M. STEFANT sur les communes de la circonscription.

Compte rendu des faits à votre commandant de brigade et au procureur de la République à LIMOURS.

Procès-verbal de saisie
Le 13 octobre 2008 à 23 heures. Domicile des époux STEFANT, 2 rue Picasso à VILLEVEQUE. Gendarme ALPHA O.P.J. à la BTA de VERNOUILLET.
CADRE LÉGAL
Articles 18, al. 1, et 56 du Code de procédure pénale. Présence obligatoire de la personne chez laquelle la saisie est effectuée. Information de son avocat.
MOTIVATION
Nécessité préserver un indice.
ÉLÉMENTS DE FOND
Dans le cadre des constatations, s'agissant d'une pièce à conviction, il est procédé à la saisie et mise sous scellé du pied de chaise en présence de la victime qui ne s'y oppose pas.

Procès-verbal d'audition de la voisine des époux STEFANT (témoin)
Le 13 octobre 2008 à 22h50 au domicile de Mme LOISEAU, 2 rue PICASSO à VILLEVEQUE. Gendarme Sabine LACHAISE, A.P.J. la BTA de VERNOUILLET.
CADRE LÉGAL
Articles 21-1 1, 61 et 62 du Code de procédure pénale.
MOTIVATION
Nécessité de recueillir le témoignage de la voisine de la victime pour préciser les faits.
ÉLÉMENTS DE FOND
L'audition du témoin fait apparaître: – qu'elle est la voisine des époux STEFANT; – qu'elle a entendu des bruits de dispute entre les époux STEFANT vers 22 heures 15; – que les disputes du couple sont quasi quotidiennes, mais que la violence des coups et des cris de ce soir était particulièrement inquiétante. Depuis son appel, le calme est revenu et M. STEFANT vient de quitter son domicile, à pied. Il semblait très énervé.

Procès-verbal d'investigations (Recherche de M. STEFANT)
Le 13 octobre 2008 à 23 h 30 en ville de VILLEVEQUE. Le gendarme ALPHA O.P.J. et les gendarmes LACHAISE ET ROBIN A.P.J. à la BTA de VILLEVEQUE.
CADRE LÉGAL Articles 17, 18, al. 1, 21-1 du Code de procédure pénale.
MOTIVATION Nécessité de procéder l'interpellation de M. STEFANT.
ÉLÉMENTS DE FOND Recherches dans le quartier du 2 rue Picasso ainsi que dans les rues et les bars de VILLEVEQUE et des communes alentours. Cette opération se révèle négative.

Procès-verbal de Réquisition à personne qualifiée (Docteur LEFORT)
Le 14 octobre 2008 à 1 h 00 à l'hôpital de CLUNY. Gendarme ALPHA O.P.J. à la BTA de VERNOUILLET.
CADRE LÉGAL Articles 18, al. 1 et 60 al. 1 et 2 du Code de procédure pénale. Le médecin requis doit: – Accepter la mission; – Remettre un rapport; – Prêter serment, car il n'est pas inscrit sur la liste des experts près la cour d'appel.
MOTIVATION Nécessité de recueillir auprès du docteur LEFORT les constatations médicales des blessures et l'I.T.T. pour qualifier l'infraction.
ÉLÉMENTS DE FOND Le docteur LEFORT urgentiste de garde rédige un certificat médical mentionnant: – la présence d'hématomes et d'ecchymoses récents et anciens sur le corps de Mme STEFANT; – que les radiographies effectuées révèlent une fracture du nez et une fêlure de l'omoplate droite;

– que l'arcade sourcilière droite et la plaie sur son crâne ont été suturées ;

– qu'outre les blessures apparentes, la victime est psychologiquement affaiblie par les violences subies.

Une I.T.T. initiale de vingt jours est prescrite à Mme STEFANT.

Procès-verbal d'audition de Corinne STEFANT (Victime)

Le 14 octobre 2008 à 14 heures au centre hospitalier de CLUNY.

Gendarme ALPHA O.P.J. à la BTA de VERNOUILLET.

CADRE LÉGAL

Articles 15-3, 17, 18, al. 1, 61 al. 2, 4, 53-1 et 62 du Code de procédure pénale.

ÉLÉMENTS DE FOND

L'audition de ce témoin permet d'apprendre que :

– elle est mariée depuis 15 ans avec Léon STEFANT.

Ils ont deux enfants : *(Sophie, née hors mariage en 1984 et Thierry, né en 1994)*.

– elle exerce la profession de serveuse à la brasserie « Le Bourgogne » à VERNOUILLET depuis plus de 7 ans ;

– son mari est à la recherche perpétuelle d'un emploi mais son intempérance connue de tous ne facilite pas ses démarches. Il fréquente les bars, consomme beaucoup d'alcool et ses fréquentations sont peu recommandables ;

– lorsqu'elle ose le contrarier ou lui répondre, il la frappe à coups de pied et de poing. Elle porte d'ailleurs des traces de coups sur tout le corps. Désirant protéger son fils et espérant toujours que la situation s'améliore, elle n'a jamais déposé plainte ;

– le 13 octobre au soir, à son retour du travail, son mari était manifestement ivre. Elle l'a surpris entraînant leur fils à consommer des boissons alcoolisées. Cela s'était déjà produit plusieurs fois au cours du trimestre, Thierry ayant bu jusqu'à l'ivresse, en son absence, sous la contrainte de son père. Furieuse, elle n'a pas réfléchi. Elle a pris le verre d'alcool des mains de son fils et l'a vidé dans l'évier. Son mari l'a aussitôt rejointe dans la cuisine où elle a reçu plusieurs coups de poing au visage. La violence des coups l'a fait chuter sur une chaise en bois qui s'est brisée. Son mari s'est saisi d'un pied de cette chaise avec lequel il l'a frappée à plusieurs reprises sur la tête et le corps.

Elle a tenté de se protéger tant bien que mal en se recroquevillant sur elle-même.

– elle précise que sa fille a quitté le domicile dès sa majorité, ne supportant plus la violence de son père. Ils ne se parlent plus, Sophie refuse même de le voir.

Procès-verbal d'audition de Thierry STEFANT (témoin)

Le 15 octobre 2008 à 09 heures 10 à VERNOUILLET

Gendarme ALPHA O.P.J. à la BTA de VERNOUILLET

CADRE LÉGAL

Articles 18, al. 1, 61 al. 2, 4 et 62 du C.P.P.

MOTIVATION

Nécessité de recueillir le témoignage du fils des époux STEFANT qui a été témoin de leur dispute et des coups portés à sa mère par son père.

ÉLÉMENTS DE FOND

L'audition de ce témoin permet d'apprendre que :

– son père brutalise sa mère assez souvent ;

– son père ne lui a jamais porté de coup ce qui ne l'empêche pas de le craindre. C'est pourquoi il boit l'alcool que son père l'oblige à consommer jusqu'à l'ivresse lorsque sa mère travaille tard le soir ;

– cela dure depuis trois mois environ ;

– il ne partage aucune activité avec son père.

Procès-verbal d'audition de Sophie STEFANT (témoin)

Le 15 octobre 2008 à 09 heures 50 à VERNOUILLET

Gendarme ALPHA O.P.J. à la BTA de VERNOUILLET

CADRE LÉGAL

Articles 18, al. 1, 61 al. 2, 4 et 62 du C.P.P.

MOTIVATION

Nécessité de recueillir le témoignage de la fille des époux STEFANT témoin des relations entre ses parents et qui peut apporter des éclaircissements sur leurs personnalités.

ÉLÉMENTS DE FOND

L'audition de ce témoin permet d'apprendre que :

– elle confirme les relations difficiles et violentes entre ses parents en raison de l'intempérance de son père ;

– son père a sexuellement abusé d'elle lorsqu'elle était âgée de dix ans. (1)

(1) Ces faits, en raison de leur ancienneté, font l'objet qu'une enquête préliminaire incidente.

Procès-verbal de notification des droits et d'audition de personne gardée à vue
Léon STEFANT
(Durée 23 h 30)

Date et heure du début de la mesure : Le 15 octobre 2008 à 14 heures.

Lieu de la garde à vue : Locaux de la BTA de VERNOUILLET.

Fin de la garde à vue le 16 octobre 2008 à 13 h 30.

Mesure prise et notifiée à 14 h le 16 octobre 2008 au domicile de la personne à VILLEVEQUE par le Gendarme ALPHA O.P.J. à la BTA de VERNOULLET.

CADRE LÉGAL

Articles 18, al. 1, 62-2 à 64-1 du Code de procédure pénale.

Mention de l'audition de la personne pendant sa garde à vue de 20 h 30 à 22 h 00 par les gendarmes de la BTA de GRAVES en précisant les motifs de leur intervention ainsi que la perquisition effectuée à son domicile.

MOTIVATION

Nécessité de rechercher, d'interroger le suspect Léon STEFANT sur les faits qui lui sont reprochés.

NOTIFICATION DES DROITS

■ Art. 63-1 du C.P.P. : de la qualification, de la date et du lieu présumés des infractions sur lesquelles porte l'enquête *(Délits de violences commises par le conjoint de la victime avec usage d'une arme, ayant occasionné une ITT de plus de huit jours, de provocation d'un mineur de quinze ans à la consommation habituelle et excessive de boissons alcooliques, d'outrage à personne dépositaire de l'autorité publique)* (1) et de la durée de la mesure.

Droit, après avoir décliné son identité de faire des déclarations, de répondre aux questions qui lui sont posées ou de se taire.

Droit de consulter le PV de la notification de GAV, le certificat médical et de son audition.

Droit de présenter des observations au PR ou au JLD en cas d'éventuelle prolongation de la GAV.

■ Art. 63-2 du C.P.P. : droit de faire prévenir une personne avec laquelle il vit habituellement ou l'un de ses parents en ligne directe ou l'un de ses frères et sœurs ou son employeur de la mesure dont il est objet et de s'entretenir avec la personne désignée.

■ Art. 63-3 du C.P.P. : droit à une visite médicale.

■ Art. 63-1, 63-3-1 à 63-4-3 du C.P.P. : droit de se faire assister par un avocat dès le début de sa garde à vue.

→ Remise d'un document énonçant ces droits.

ÉLÉMENTS DE FOND

La personne entendue : (1)

– réitère ses insultes.

– dit ne pas s'estimer violent, mais qu'il lui arrive de frapper sa femme lorsqu'elle lui reproche son intempérance.

Cependant, il tente de minimiser les faits et sa responsabilité, accusant son épouse de le provoquer.

La veille, elle avait osé s'interposer dans sa façon d'éduquer leur fils.

Il a saisi le pied d'une chaise en bois que sa femme venait de casser pour la corriger, probablement un peu plus fortement que les autres fois. Certainement, parce qu'il avait bu ce soir-là une demi-bouteille de whisky ;

– il revendique le droit d'éduquer son fils comme son père l'avait fait avec lui parce qu'un homme boit de l'alcool et que même si à cet âge boire de l'alcool est interdit, chacun éduque ses enfants comme il l'entend ;

– il affirme ne pas apprécier les uniformes, surtout celui des « flics » et ne regrette aucunement les insultes qu'il a proférées.

(1) Dans le cadre de cette enquête Léon STEFANT n'est pas entendu sur les faits de viol qui font l'objet d'une enquête préliminaire incidente ni de détention d'images pornographiques de mineurs qui font l'objet d'une enquête incidente en flagrant délit.

TROISIÈME QUESTION

Compte rendu téléphonique

Gendarme Alpha, officier de police judiciaire. Vous exercez vos fonctions à la brigade autonome de VERNOUILLET.

a- Objet

Je vous avise que le 13 octobre 2008, à 22h30, nous avons répondu à la demande d'intervention du centre opérationnel et de renseignements de la gendarmerie de LIMOURS, au 2 rue Picasso à VILLEVEQUE, suite à l'appel téléphonique de madame LOISEAU, signalant une violente dispute suivie de hurlements de douleur au domicile de ses voisins, la famille STEFANT.

Nous nous sommes transportés aussitôt sur les lieux, en compagnie des gendarmes LACHAISE et ROBIN, agents de police judiciaire.

b- Faits

À 22h45, à notre arrivée, madame LOISEAU est présente. Elle porte à notre connaissance que les disputes du couple sont quasi quotidiennes, mais que la violence des coups et des cris de ce soir était particulièrement inquiétante. Depuis son appel, le calme est revenu et monsieur STEFANT qui vient de quitter son domicile, à pied semblait très énervé.

Nous sommes reçus au domicile de la famille STEFANT par le fils Thierry qui est en pleurs et dit être âgé de 13 ans. Il nous confirme avoir été témoin de la dispute qui a opposé ses parents et que son père, qui a quitté la maison, a frappé avec un pied de chaise, sa mère qui saigne beaucoup du visage s'est enfermée dans la salle de bains.

Pendant que le gendarme LACHAISE s'occupe de l'enfant, nous rejoignons madame STEFANT dans la salle de bains. Son visage est tuméfié, elle saigne du nez, l'arcade sourcilière droite est ouverte et la lèvre supérieure est gonflée.

À l'intérieur de la maison nous constatons, outre des traces de sang dans la cuisine et sur le carrelage de cette pièce jusqu'à la salle de bains, qu'une chaise en bois est cassée et qu'un des pieds de celle-ci porte des traces de sang confirmant que cet objet a bien servi à frapper madame STEFANT.

c- Mesures prises

Nous avons sollicité l'intervention du SAMU pour porter secours à madame STEFANT. Les secours arrivés très rapidement lui ont prodigué les premiers soins sur place.

Répondant à la demande de madame STEFANT nous avons contacté sa fille Sophie demeurant ERNONCOURT afin qu'elle prenne en charge son petit frère. Nous avons demandé à cette jeune femme une photographie récente de son père ce qu'elle a consenti à nous donner pour faciliter nos recherches.

Madame STEFANT étant transportée aux urgences du centre hospitalier de CLUNY et la maison fermée à clé par sa fille Sophie qui a regagné avec son petit frère son domicile à ERNONCOURT, nous avons quitté les lieux.

d- Actes d'enquête

Dans le cadre des constatations nous avons procédé à des photographies des lieux et des traces.

Madame STEFANT ne s'y opposant pas nous avons saisi et placé sous scellé le pied de chaise qui a servi frapper la victime.

Les gendarmes LACHAISE et ROBIN, ont patrouillé sur les communes de notre circonscription à la recherche de Léon STEFANT, mais leurs recherches sont restées vaines.

Nous avons recueilli l'audition de madame LOISEAU qui s'engage à nous informer du retour de monsieur STEFANT à son domicile.

Pour la suite :

Nous envisageons de requérir un médecin à l'hôpital de CLUNY pour examiner madame STEFANT et obtenir un certificat détaillé de ses blessures avec mention d'une ITT.

Dans la matinée nous allons procéder aux auditions de madame STEFANT, Corinne et de ses enfants, Thierry, âgé de 13 ans et Sophie âgée de 23 ans.

Nous allons procéder à la recherche et à l'interpellation de monsieur Léon STEFANT.

Nous vous tiendrons informé du résultat et de la suite de nos investigations.

QUATRIÈME QUESTION

L'enquête relative aux faits de violences commises par le conjoint de la victime, avec arme, ayant entraîné une ITT supérieure à huit jours qualifiés délit a été ouverte en flagrant délit sitôt la commission des faits, le 13 octobre 2008 *(art. 53, al. 1 et 67 du CPP).*

Après avoir rendu compte des faits au commandant de brigade et informé le procureur de la République à LIMOURS, le gendarme Alpha, officier de police judiciaire à la brigade autonome de VERNOUILLET a reçu instruction de ce magistrat de poursuivre l'enquête et de l'aviser de son évolution. *(art. 54, al. 1 du C.P.P.)*

Le 14 octobre 2008, à 1 heure, Le gendarme ALPHA se transporte à l'hôpital de CLUNY *(art. 18, al. 1 et R. 15-24 du C.P.P.)*

Pour les besoins de l'enquête, le gendarme ALPHA requiert le docteur LEFORT, urgentiste pour qu'il examine la victime des violences, madame STEFANT, Corinne *(art. 60, al. 1 du C.P.P.).*

Le docteur LEFORT n'étant pas inscrit sur une liste d'experts, il prête serment par écrit d'apporter son concours à la justice en son honneur et en sa conscience *(art. 60, al. 2 du C.P.P.)*

La réquisition est signée par le docteur LEFORT et le gendarme ALPHA.

SUJET DE PROCÉDURE PÉNALE

TRAVAIL À EFFECTUER

PREMIÈRE QUESTION

Indiquez la qualification pénale, les éléments constitutifs et les éléments de preuve se rapportant à chacune des infractions susceptibles d'être retenues à l'encontre des personnes impliquées.

La réponse sera présentée sous la forme du tableau suivant :

INFRACTIONS	ÉLÉMENTS CONSTITUTIFS	ÉLÉMENTS DE PREUVE
Qualification	**– élément légal ; – élément matériel ; – élément moral.**	**se rapportant à chacun des éléments constitutifs**

DEUXIÈME QUESTION

Rédigez le procès-verbal de perquisition.

Nota :

Cette question 2 dans l'examen OPJ de 2009 n'est plus d'actualité.

TROISIÈME QUESTION

Présentez littéralement le compte rendu final au procureur de la République.

> Cette question ne figurait pas à l'épreuve de l'examen 2009, elle a été ajoutée pour répondre aux exigences de la nouvelle formule de l'épreuve de procédure pénale pratique et aider les candidats en leur proposant des éléments de réponse et un exemple de rédaction.

QUATRIÈME QUESTION

Exposez les raisons qui justifient la perquisition au domicile de madame NOIR.

> Cette question ne figurait pas à l'épreuve de l'examen 2009, elle a été ajoutée pour répondre aux exigences de la nouvelle formule de l'épreuve de procédure pénale pratique et aider les candidats en leur proposant des éléments de réponse et un exemple de rédaction.

Notes Personnelles

Sujet

Gendarme ALPHA, officier de police judiciaire, vous exercez vos fonctions à la brigade autonome de VERNOUILLET[1].

Le 23 novembre 2009 à 09 h 30, le chargé d'accueil de votre unité vous informe que Mme Gisèle POIVRE, receveuse du bureau de poste de VILLEVEQUE, vient d'être victime d'un vol à main armée commis dans son établissement par deux jeunes gens. Elle n'a subi aucune violence et fournit le signalement des malfaiteurs.

Ce militaire reçoit aussitôt après, un autre appel de M. Jean LEGROS, commerçant à VILLEVEQUE, qui déclare avoir été témoin d'une agression perpétrée quelques minutes auparavant au bureau de poste du bourg. Il précise que les deux malfaiteurs se sont enfuis en direction de SAINT-ARNOULT, par le CD 204, à bord d'une Peugeot 307 bleue, immatriculée 2705 WB 67.

Vous rendez compte des faits à votre commandant de brigade. Ce dernier en rend compte immédiatement au commandant de compagnie à CLUNY et informe le procureur de la République à LIMOURS, lequel confirme votre saisine. Vous vous transportez sur les lieux avec deux militaires de l'unité.

Le commandant de compagnie demande au groupement le déclenchement du plan « Épervier » et organise rapidement les recherches avec les autres unités de la compagnie. Il sollicite le concours de l'hélicoptère du détachement aérien de MIRAMBEAU et vous fournit le renfort de deux militaires de la brigade de recherches. Deux T.I.C. de la B.D.R.I.J. de LIMOURS vous rejoignent sur les lieux des faits.

À votre arrivée au bureau de poste, vous assurez le gel des lieux en attendant l'arrivée des T.I.C. Vous désignez les personnels formant les équipes chargées de la recherche du renseignement. Vous vous chargez de l'audition de Mme POIVRE dans les locaux de l'agence.

À 10 h 30, M. René ROCHER, habitant au lieu-dit « Saint juste », commune de SAINT-ARNOULT, appelle le chargé d'accueil de votre unité pour lui signaler qu'il a vu depuis son domicile deux hommes, dont l'un portait un sac à dos, pousser une voiture bleue dans le canal de « Noevus » et se diriger à pied vers le parc régional d'ERNONCOURT.

Il vous précise, qu'au moment de partir, l'un des deux hommes semblait s'en prendre à un pêcheur, qui est un habitué des lieux.

Les recherches s'orientent immédiatement vers la zone du parc régional d'ERNONCOURT.

Les plongeurs de la Gendarmerie et un militaire de la brigade de recherches de CLUNY sont envoyés au lieu-dit « Saint-Juste » à SAINT-ARNOULT, pour sonder le canal de « Noevus ». Un véhicule Peugeot 307, de couleur bleue est découvert immergé. Une opération est engagée pour retirer le véhicule du canal afin de procéder à toutes les constatations utiles.

Au cours de son audition, Mme Gisèle POIVRE vous déclare :
– être receveuse du bureau de poste à VILLEVEQUE et qu'elle a commencé son service à 09 h 00. Vers 09 h 20, alors qu'elle se trouvait derrière son guichet, elle a vu entrer dans l'établissement deux jeunes hommes, âgés d'une vingtaine d'années, le visage découvert ;
– qu'immédiatement, le premier qui mesure environ 1,80 m, cheveux blonds mi-longs, yeux bleus, vêtu d'un jean noir et d'un blouson beige, a sorti de son sac à dos un pistolet et l'a menacée en lui disant : « Ne bouge pas ! Ne crie pas ! C'est un hold-up ! Donne le fric, tout le fric ! » ;
– que dans le même temps, le second individu, mesurant

1,75 m environ, cheveux châtains courts, yeux marrons, vêtu d'un pantalon et d'un blouson en toile de jean, a sauté par-dessus le guichet. Arrivé près d'elle, il a sorti de son blouson un grand sac blanc en matière plastique. Il lui a demandé d'ouvrir le coffre-fort et a pris les billets qu'il contenait ainsi que ceux se trouvant dans les tiroirs du guichet;

– que les deux malfaiteurs, qui n'ont exercé aucune violence à son égard, se sont ensuite enfuis, en emportant environ 7 500 euros en billets de banque, dont une liasse «témoin» composée de billets de 20 euros.

Malgré l'engagement de nombreuses patrouilles de la compagnie de CLUNY dans le parc régional d'ERNONCOURT et le survol de la zone par l'hélicoptère, les recherches sont restées vaines.

À 20h00, le dispositif dans le parc régional d'ERNONCOURT est levé. Seule une surveillance dans le cadre normal du service est maintenue.

Une diffusion nationale du signalement des auteurs et des faits est effectuée.

Le 24 novembre 2009, suite au témoignage de M. René ROCHER, vos investigations vous permettent d'identifier le pêcheur du canal du «Noevus» qui a croisé les deux auteurs. Il s'agit de M. Paul DURANT, retraité de la SNCF et résidant 14, impasse des Acacias à ERNONCOURT. Convoqué à votre unité de jour à 18h00, l'intéressé vous déclare:

– qu'il se trouvait effectivement le 23 novembre 2009 vers 10h30 sur les bords du canal du «Noevus» où il pêchait comme à son habitude;

– avoir vu deux hommes pousser un véhicule bleu dans le canal;

– avoir reconnu l'un des jeunes comme étant le fils de sa voisine, Gilles NOIR âgé d'une vingtaine d'années;

– qu'il n'a pas signalé les faits à la demande de son épouse, car Gilles l'a menacé en ces termes «tu n'as rien vu le vieux ! Si tu parles de ça à quelqu'un et notamment aux flics, je te fais la peau à toi et à ta mégère ! Je sais où tu crèches alors méfie-toi ! » Gilles lui a réitéré ces menaces le soir même lorsqu'il l'a croisé alors qu'il sortait son chien ;

– qu'il n'a pas vu Gilles depuis qu'il a quitté son domicile familial il y a plus d'un an. C'était un garçon un peu marginal qui traînait souvent avec des personnes peu recommandables ;

– que Gilles est actuellement de passage chez sa mère ;

– qu'il dépose plainte contre l'intéressé.

Vous rendez compte de ces derniers éléments au procureur de la République à LIMOURS qui vous demande de le tenir informé des poursuites de vos investigations.

Les surveillances effectuées aux abords du domicile de Mme NOIR, situé au 19 impasse des Acacias à ERNONCOURT, vous confirment la présence de Gilles avec un autre homme, dont les descriptions semblent correspondre à celles des auteurs.

Le 25 novembre 2009 à 06 h 00, renforcé des militaires du P.S.I.G. et de la B.R. de CLUNY, vous vous présentez au domicile de Mme NOIR qui vous accueille. Après lui avoir expliqué la raison de votre visite, vous interpellez Gilles NOIR et un nommé Georges ROULE, à peine réveillés.

À 06 h 15, vous effectuez une perquisition dans la chambre de Gilles NOIR, qu'ils occupent.

Au cours de cette opération sont découverts :

– un sac à dos correspondant au signalement donné par la victime ;

– un pistolet à billes, réplique parfaite d'un Berreta ;

– un sac en matière plastique blanc, contenant des billets de banque. L'inventaire révèle une somme de 7 500 euros dont la liasse « témoin » composée de billets de 20 euros signalée par la receveuse du bureau de poste à VILLEVEQUE.

La perquisition n'amène la découverte d'aucun autre élément. Les objets découverts sont présentés pour reconnaissance et mis sous scellés. Gilles NOIR et son ami

Georges ROULE sont placés en garde à vue. Leurs droits leur sont immédiatement notifiés.

Les intéressés sont conduits à votre unité. Vous procédez à l'audition de Gilles NOIR qui déclare à 08 h 30 :

– avoir quitté son domicile il y a plus d'un an pour chercher du travail à MAROLLES, car sa mère ne voulait plus l'assister.

– qu'il a rencontré son ami Georges ROULE au foyer des jeunes travailleurs de MAROLLES il y a près de 6 mois.

– être tous les deux au chômage depuis trois mois ; ils tirent leurs ressources de petits travaux ou de mendicité ;

– que, ne parvenant pas à sortir de cette situation précaire, il a décidé de revenir loger chez sa mère en compagnie de Georges, le temps de retrouver un emploi ;

– que, n'ayant plus d'argent pour se rendre à ERNONCOURT, il a dérobé le 21 novembre 2009, dans la soirée une Peugeot 307 bleue stationnée moteur en fonctionnement devant un bar tabac à MAROLLES ;

– qu'après avoir informé son compagnon de l'origine du véhicule, ils se sont aussitôt rendus à ERNONCOURT chez sa mère ;

– être allé avec son ami le 23 novembre au matin à VILLEVEQUE, sans enthousiasme, à la demande de sa mère, pour rencontrer un chef d'entreprise du bâtiment qui recrutait des jeunes sans emploi ;

– que vers 08 h 45 devant la poste de VILLEVEQUE, ils ont vu l'employée ouvrir le bureau ;

– avoir eu, à ce moment, l'idée d'y commettre une agression, en se servant de la réplique d'un pistolet qu'ils avaient trouvé dans la boîte à gants de la voiture, afin de « se faire rapidement un peu de fric » ;

– après avoir observé les lieux et s'être assuré que tout était calme dans le bourg, ils sont entrés dans le bureau de poste. Il a sorti le pistolet qu'il avait dissimulé dans son sac à dos et a menacé l'employée assise au guichet. Pendant ce temps, Georges ROULE a sauté par-dessus le guichet, s'est emparé des billets de banque dans les tiroirs et le coffre-fort qu'il a fait ouvrir ;

– qu'ils ont regagné le véhicule et sont enfuis par une petite route ;

– que, voyant un hélicoptère au loin se diriger dans leur direction, ils ont caché la voiture sous le hangar agricole d'une ferme inoccupée. Après le passage de l'hélicoptère, ils sont repartis à bord de la 307 et sont retrouvés près du canal du « Noevus » ;

– que, pour brouiller les pistes, ils ont poussé volontairement dans le canal la Peugeot 307 qu'ils jugeaient compromettante. Puis ils ont décidé de rejoindre ERNONCOURT à pied par le parc régional qu'il connaît parfaitement ;

– qu'au moment de leur départ, il a croisé un voisin de sa mère qui pêchait au bord du canal. Craignant qu'il ne le dénonce, il lui a dit « que s'il racontait quoi que ce soit aux flics, il lui ferait la peau ainsi qu'à sa femme » Il a renouvelé ses propos le soir même pour s'assurer de son silence lorsqu'il l'a croisé alors qu'il promenait son chien ;

– n'avoir rien révélé à sa mère quant à son méfait.

Georges ROULE, âgée de 21 ans, est entendu à 10 h 00 et confirme en tous points les déclarations de son compère.

Mme NOIR entendue par les enquêteurs est mise hors de cause.

Tenu informé du déroulement des recherches et de l'enquête, le procureur de la République vous prescrit de lui présenter Gilles NOIR et Georges ROULE, le 26 novembre 2009 à 10 h 00.

(1) cf. schéma de circonscriptions joint.

SCHÉMA DE CIRCONSCRIPTIONS

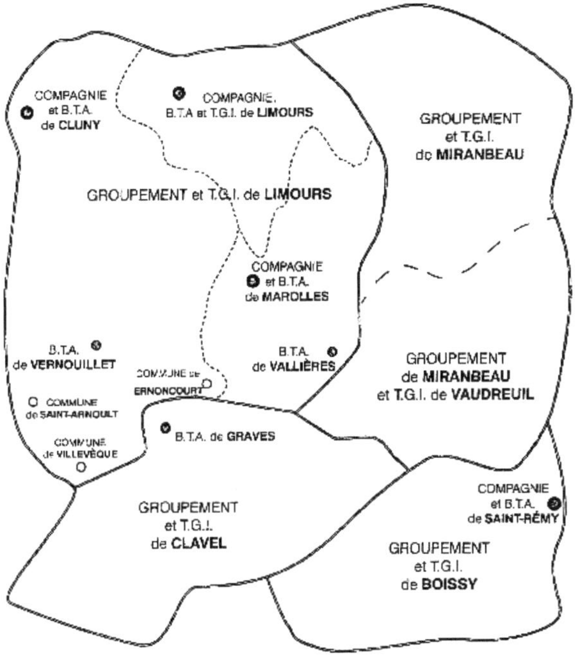

LÉGENDE

Limites :
- ——— Groupement
- — — — T.G.I.
- ········ Compagnie

Lieu :
- Compagnie et B.T.A.
- B.T.A.
- Commune

Notes Personnelles

Solution

PREMIÈRE QUESTION

Infraction susceptible d'être relevée à l'encontre de Gilles NOIR et Georges ROULE

INFRACTIONS	**ÉLÉMENTS CONSTITUTIFS**	**ÉLEMENTS DE PREUVE**
Qualification	**– élément légal ; – élément matériel ; – élément moral.**	**se rapportant à chacun des éléments constitutifs**
Vol à main armée *Crime*	<u>Élément légal</u> Infraction : – prévue par les articles 311-1 et 311-8 al. 1 du Code pénal et réprimée par l'article 311-8 du même code. <u>Élément matériel</u>	
	Soustraction frauduleuse,	Gilles NOIR et Georges ROULE s'emparent sous la contrainte,
	d'un bien mobilier,	de l'argent contenu dans les tiroirs et le coffre-fort du bureau de poste.
	appartenant à autrui.	L'argent appartient à la poste.
	<u>Circonstances aggravantes</u>	
	Vol avec menace d'une arme.	Gilles NOIR menace avec un pistolet

	Élément moral Intention coupable.	l'employée de la poste pendant que Georges ROULE s'empare de l'argent contenu dans les tiroirs et le coffre-fort de la poste. Gilles NOIR et Georges ROULE ont eu l'idée, en voyant l'employée ouvrir la poste de commettre une agression « pour se faire rapidement un peu de fric ».

Infractions susceptibles d'être relevées à l'encontre de Gilles NOIR

INFRACTIONS	**ÉLÉMENTS CONSTITUTIFS**	**ÉLEMENTS DE PREUVE**
Qualification	**– élément légal ;** **– élément matériel ;** **– élément moral.**	**se rapportant à chacun des éléments constitutifs**
Vol suivi d'un acte de destruction *Délit*	Élément légal Infraction : – prévue par les articles 311-1 et 311-4, 8° du Code pénal et réprimée par l'article 311-4, al. 1 du même code. Élément matériel Soustraction frauduleuse, d'un bien mobilier,	Gilles NOIR s'empare, profitant de la négligence du propriétaire, d'une Peugeot 307

	appartenant à autrui. <u>Circonstance aggravante</u> Un acte de destruction, dégradation ou détérioration. <u>Élément moral</u> Intention coupable.	bleue stationnée moteur en fonctionnement. Le véhicule appartient à quelqu'un autre que Gilles NOIR Gilles NOIR, pour ne pas se faire repérer par l'hélicoptère pousse le véhicule dérobé dans le canal du « Noevus » Elle est démontrée par la façon d'agir de Gilles NOIR qui n'a plus d'argent et dérobe ce véhicule pour aller chez sa mère à ERNONCOURT.
Menaces de mort sous condition *Délit*	<u>Élément légal</u> Infraction : – prévue et réprimée par l'article 222-18 du Code pénal. <u>Élément matériel</u> Profère à l'égard d'une personne, des menaces de mort,	Gilles NOIR menace, M. Paul DURANT de lui faire la peau à lui et à son épouse,

	avec ordre de remplir une condition.	S'il parle de ce qu'il a vu *(Noir pousser la Peugeot 307 bleue dans le canal)* à « quelqu'un notamment aux flics ».
	<u>Élément moral</u>	
	Intention coupable.	Gilles NOIR connaît M. Paul DURANT et c'est à dessein pour l'intimider, afin de ne pas être dénoncé, qu'il profère des menaces de mort envers lui et son épouse.

Infractions susceptibles d'être relevées à l'encontre de Georges ROULE

INFRACTIONS	ÉLÉMENTS CONSTITUTIFS	ÉLEMENTS DE PREUVE
Qualification	**– élément légal ; – élément matériel ; – élément moral.**	**se rapportant à chacun des éléments constitutifs**
Recel *Délit*	<u>Élément légal</u> Infraction : – prévue par l'article 321-1 al. 2 et 3 du Code pénal.	
	<u>Élément matériel</u>	
	Bénéficier par tout moyen, du produit d'un délit,	Georges ROULE accepte de se faire véhiculer dans la Peugeot 307 bleue volée et conduite par Gilles NOIR.

	en connaissance de cause.	Georges ROULE a été auparavant informé par Gilles NOIR du vol de la voiture avec laquelle il circule.
	<u>Élément moral</u>	
	Intention coupable.	Georges ROULE qui connaît parfaitement l'origine frauduleuse du véhicule conduit par son ami Gilles NOIR accepte volontairement de circuler dans cette voiture.
Destruction en réunion d'un bien appartenant à autrui *Délit*	<u>Élément légal</u> Infraction: – prévue par les articles 322-1 al. 1 et 322-3, 1°du Code pénal et réprimée par l'article 322-3, al. 1 du même code.	
	<u>Élément matériel</u>	
	Acte de destruction de dégradation ou de détérioration,	Georges ROULE pousse dans le canal du « Noevus »,
	d'un bien,	la Peugeot 307 bleue volée et conduite par Gilles NOIR.
	appartenant à autrui.	Georges ROULE sait que cette voiture a été volée par Gilles NOIR

		et que donc elle ne lui appartient pas.
	<u>Circonstance aggravante</u>	
	Acte de destruction commis par plusieurs personnes agissant en qualité d'auteur ou de complice.	Georges ROULE pousse avec Gilles NOIR, la voiture dans le canal.
	<u>Élément moral</u>	
	Intention coupable.	Georges ROULE, pour ne pas se faire repérer par l'hélicoptère pousse, avec Gilles NOIR, le véhicule dérobé dans le canal du « Noevus ». Acte volontaire

DEUXIÈME QUESTION

Cette question 2 dans l'examen O.P.J de 2009 n'est plus d'actualité.

TROISIÈME QUESTION

Compte rendu téléphonique

Gendarme ALPHA, officier de police judiciaire à la brigade autonome de VERNOUILLET.

a – Objet
Il s'agit de l'enquête relative au vol à main armée commis par deux hommes, le 23 novembre 2009, au bureau poste de VILLEVEQUE.

b – Faits
À ce jour, l'enquête a permis de déterminer que les deux hommes, outre le vol à main armée, ont agi avec un véhicule Peugeot 307 bleue volé qu'ils ont poussé dans le canal de « Noevus » à ERNONCOURT, et d'identifier un témoin en la personne de M. Paul DURANT. Celui-ci a reconnu l'un des suspects comme étant l'un de ses voisins, M. Gilles NOIR, lequel l'a menacé de mort s'il le dénonçait.

L'exploitation du témoignage de M. Paul DURANT nous a conduit à surveiller le domicile de Mme NOIR, la mère de Gilles NOIR, au 19 impasse des Acacias à ERNONCOURT, ce qui nous a permis de confirmer sa présence et celle d'un autre homme.

Le 25 novembre 2009 à 06 h 00, nous y interpellons Gilles NOIR et un nommé Georges ROULE.

La perquisition au domicile de Mme NOIR a permis de découvrir :

– un sac à dos correspondant au signalement donné par la victime ;

– un pistolet à billes, réplique parfaite d'un Berreta ;

– un sac en matière plastique blanc, contenant 7 500 euros en billets de banque dont la liasse « témoin » composée de billets de 20 euros provenant du bureau de poste de VILLEVEQUE.

Les deux hommes ont été placés en garde à vue, leurs droits leur ont été notifiés et ils ont été conduits à notre unité pour y être interrogés.

c – Actes d'enquête

À cette heure nous pouvons vous rendre compte des éléments suivants recueillis des interrogatoires des deux gardés à vue.

Gilles NOIR déclare :

– avoir dérobé le 21 novembre 2009, dans la soirée une Peugeot 307 bleue stationnée moteur en fonctionnement devant un bar tabac à MAROLLES et qu'après en avoir informé Georges ROULE, ils se sont aussitôt rendus à ERNONCOURT ;

– après avoir vu, avec Georges ROULE, vers 08 h 45 à VILLEVEQUE, l'employée ouvrir le bureau de poste, ils ont eu l'idée d'y commettre une agression, en se servant de la réplique d'un pistolet trouvé dans la boîte à gants de la voiture. Ils voulaient « se faire rapidement un peu de fric ». Tout étant calme dans le bourg, ils sont entrés dans le bureau de poste. Il a sorti le pistolet et en a menacé l'employée assise au guichet. Pendant ce temps, Georges ROULE qui a sauté par-dessus le guichet, s'est emparé des billets de banque dans les tiroirs et le coffre-fort qu'il a fait ouvrir. Ensuite, ils sont enfuis à bord de la Peugeot par une petite route ;

– au cours de leur fuite, pour échapper à l'hélicoptère, ils ont caché la voiture sous le hangar agricole d'une ferme inoccupée. Ensuite ils sont repartis à bord de la 307 et sont retrouvés près du canal du « Noevus ». C'est pour brouiller les pistes, qu'ils ont poussé volontairement dans le canal la Peugeot 307. Puis ils ont rejoint ERNONCOURT à pied par le parc régional qu'il connaît parfaitement ;

– ils ont croisé un voisin de sa mère, Paul DURANT qui pêchait au bord du canal. Craignant qu'il ne le dénonce, il lui a dit « que s'il racontait quoi que ce soit aux flics, il lui ferait la peau ainsi qu'à sa femme » Il reconnaît avoir renouvelé ses menaces le soir même pour s'assurer de son silence ;

– affirme n'avoir rien révélé à sa mère quant à son méfait.

Georges ROULE quant à lui déclare :
– avoir su que la Peugeot 307 bleue dans laquelle il a circulé avait été dérobée par Gilles NOIR, à MAROLLES ;
– avoir, avec Gilles NOIR, commis le vol à main armée, vers 08 h 45, au bureau poste de VILLEVEQUE. Gilles NOIR s'est servi de la réplique d'un pistolet trouvé dans la boîte à gants de la voiture. Ils voulaient « se faire rapidement un peu de fric ». Tout étant calme dans le bourg, ils sont entrés dans le bureau de poste. Gilles NOIR a sorti le pistolet qu'il avait dissimulé dans son sac à dos et en a menacé l'employée assise au guichet. Pendant ce temps, il a sauté par-dessus le guichet et il s'est emparé des billets de banque dans les tiroirs et le coffre-fort qu'il s'est fait ouvrir. Ensuite ils se sont enfuis à bord de la Peugeot par une petite route ;
– pour échapper à l'hélicoptère, ils ont caché la voiture sous le hangar agricole d'une ferme inoccupée. Ensuite, près du canal du « Noevus », ils y ont, pour brouiller les pistes, poussé la 307. Ensuite ils ont rejoint ERNONCOURT à pied par le parc régional ;
– croisant un voisin de sa mère au bord du canal, Gilles NOIR l'a menacé de lui faire la peau à lui et à sa femme s'il racontait quoi que ce soit à quelqu'un ou aux flics.

À ce stade de nos investigations et des auditions des deux suspects nous sommes en mesure de mettre en cause :
– Gilles NOIR, pour les infractions de vol à main armée, vol de véhicule suivi de destruction et menace de mort sous condition ;
– Georges ROULE pour les infractions de vol à main armée, recel et destruction en réunion d'un bien appartenant à autrui.

Aucun fait répréhensible n'est retenu à l'encontre de Mme NOIR, laquelle ignorait tout des agissements de son fils et de son compagnon.

QUATRIÈME QUESTION

Exposer les raisons qui justifient la perquisition au domicile de Mme NOIR.

S'agissant d'une enquête de flagrant délit, les dispositions de l'article 56 du Code de procédure pénale permettent à l'officier de police judiciaire de se transporter sans désemparer au domicile des personnes qui paraissent avoir participé au crime ou au délit pour y procéder à une perquisition dont il dresse procès-verbal.

Cet acte d'enquête est effectué après que la présence d'un des suspects, M. Gilles NOIR identifié par un témoin, M. Paul DURANT, a été confirmée au domicile de sa mère Mme NOIR.

Ces investigations visent à rechercher des éléments de preuve et à en effectuer la saisie, qu'il s'agisse de matériels, de documents, ou d'argent, relatifs aux faits de vol à main armée, afin de les mettre à la disposition de la justice.

Dans le cadre de l'enquête en cours qu'il dirige, le gendarme ALPHA, Officier de police judiciaire, saisi des faits, agit sur le territoire de sa circonscription territoriale.

Il se transporte, à l'heure légale, à 06 h 00, le 25 novembre 2009, au domicile de Mme NOIR pour y rechercher des éléments corroborant ses soupçons à l'égard de son fils Gilles et de l'homme qui l'accompagne, et qui y résident.

À l'entrée dans la maison, Gilles NOIR et Georges ROULE sont interpellés et placés en garde à vue. La perquisition est effectuée au domicile de Mme NOIR en sa présence et en la présence des deux gardés à vue.

Les recherches entreprises permettent la découverte :
– d'un sac à dos correspondant au signalement donné par la victime ;

– d'un pistolet à billes, réplique parfaite d'un Berreta ;
– d'un sac en matière plastique blanc, contenant 7 500 euros en billets de banque dont la liasse « témoin » composée de billets de 20 euros.

Ces objets ont servi et proviennent du vol à main armée commis le 23 novembre 2009 au bureau de poste de VILLEVEQUE. Ils sont présentés pour reconnaissance à Mme NOIR et aux gardés à vue.

Les objets et l'argent sont saisis et mis sous scellés dans le cadre de l'enquête de flagrance en cours pour être mis à la disposition du procureur de la République à LIMOURS, à titre de preuve de la participation de Gilles NOIR et de Georges ROULE au vol à main armée commis au bureau de poste de VILLEVEQUE.

Le gendarme ALPHA, officier de police judiciaire rédige le procès-verbal de ces opérations signé par lui-même et par les personnes présentes.

Il en informe ses autorités hiérarchiques et le procureur de la République à LIMOURS.

Notes Personnelles

SUJET DE PROCÉDURE PÉNALE

TRAVAIL À EFFECTUER

PREMIÈRE QUESTION

Indiquez la qualification pénale, les éléments constitutifs et les éléments de preuve se rapportant à chacune des infractions susceptibles d'être retenues à l'encontre des personnes impliquées.

La réponse sera présentée sous la forme du tableau suivant :

INFRACTIONS	ÉLÉMENTS CONSTITUTIFS	ÉLÉMENTS DE PREUVE
Qualification	**- élément légal ;** **- élément matériel ;** **- élément moral.**	**se rapportant à chacun des éléments constitutifs**

DEUXIÈME QUESTION

Présentez de façon chronologique et analytique, sous forme de tableau, les principaux actes de procédure utiles à l'enquête qui apparaissent dans le thème et qui font suite aux faits commis dans le château *(à l'exception du PV de synthèse et de l'inventaire des pièces à conviction).*

TROISIÈME QUESTION

Rédigez le compte rendu téléphonique *(CRT)* effectué au procureur de la République, à l'issue des premières constatations menées au château du « Clos du chapitre » à AUTRECOURT.

QUATRIÈME QUESTION

Exposez, en les développant, les dispositions légales qui permettent à un O.P.J de maintenir à sa disposition un mineur de 13 ans, dans le cadre d'une enquête judiciaire de droit commun.

NOTES PERSONNELLES

Sujet

Gendarme ALPHA, officier de police judiciaire (OPJ), vous exercez vos fonctions à la communauté de brigades (CoB) de MONTGEOFFROY[1].

Le samedi 9 octobre 2010 à 2 h 40, lors d'un service de surveillance nocturne que vous effectuez en compagnie du gendarme BRAVO, agent de police judiciaire (APJ), le centre opérationnel et de renseignement de la gendarmerie (CORG) vous informe d'un appel téléphonique du maire d'AUTRECOURT signalant des lumières suspectes au château du "Clos du chapitre". Alors qu'il regagnait son domicile après une réunion d'élus locaux, son attention a été attirée par des lumières suspectes dans cette habitation implantée sur sa commune et inhabitée à cette période de l'année. Il vous attend à proximité, à la lisière du bois face au château.

Vous vous transportez sur place avec le peloton de surveillance et d'intervention de la gendarmerie (PSIG) de DISTRE appelé en renfort. À 3 h 00, lors de votre arrivée, Pierre LOMBIC, le maire, vous informe qu'un fourgon blanc avec deux personnes à bord a quitté les lieux depuis 10 minutes. Il a pu relever partiellement le numéro d'immatriculation AA-.....-NX. Depuis, il n'y a eu aucun autre mouvement.

Suite à ces premières informations, vous faites diffuser par le CORG de DALBRAIS le signalement du fourgon.

Vous investissez les lieux en sécurité et constatez que :

- le portail d'accès à la propriété est ouvert. La chaîne pend et a visiblement été sectionnée. Un coupe-boulons de grande taille est posé sur le talus herbeux, à côté de la grille ;
- devant la bâtisse, des traces de pneumatiques de grande largeur sont visibles sur le sol légèrement humide, mais aucune trace de pas n'est relevée ;
- les portes et fenêtres sont closes, à l'exception d'une porte située à l'arrière du bâtiment donnant directement sur la cuisine qui est ouverte. Elle présente sur le montant en bois des traces de pesée et la double vitre centrale est brisée. Un pied-de-biche est posé sur le sol ;
- des gouttes de sang sont visibles sur le sol de la cuisine et sur un morceau de verre provenant de la porte vitrée ainsi qu'à l'extérieur, entre la porte et les traces de pneumatiques ;

(1) Cf. schéma de circonscriptions.

– dans le château, toutes les pièces ont été fouillées ; les portes et les tiroirs des meubles sont ouverts. Tous sont vidés de leur contenu répandu sur le sol.

Vous rendez compte des faits à votre commandant de CoB et à votre commandant de compagnie (CCie). Le plan "Hibou" est immédiatement déclenché par le commandant de groupement qui dépêche un technicien en identification criminelle (TIC) de la brigade départementale de renseignements et d'investigations judiciaires (BDRIJ).

Vous informez le procureur de la République de DALBRAIS. Ce magistrat vous prescrit de poursuivre les investigations.

Le gendarme DELTA, OPJ, TIC de permanence de la BDRIJ de DALBRAIS vous rejoint sur les lieux à 3 H 30. Des échantillons de sang sont prélevés sur un des morceaux de verre jonchant le sol de la cuisine et à l'extérieur, entre la porte et les traces de pneumatiques. Ils seront transmis à l'IRCGN pour analyse.

Avisé par le CORG, Jacques NARIEN, propriétaire du château demeurant à DALBRAIS, se présente sur les lieux à 4 h 00. À l'issue des constatations et prélèvements effectués par le TIC, vous faites de nouveau une inspection du château accompagné du propriétaire.

Dans le même temps, vous chargez le gendarme BRAVO, APJ, de prendre la déposition du maire d'AUTRECOURT.

Après avoir vérifié l'ensemble de la propriété, Jacques NARIEN vous informe de la disparition :

– d'une collection de six statuettes en bronze dont "La femme endormie" estimée à 15 000 euros. Il s'agit d'objets du XIXème siècle, d'une hauteur allant de 20 à 40 cm, signés COCHET et acquis par son grand-père lors d'un séjour en Indochine ;

– de neuf tableaux dont une étude originale au fusain de "L'église d'Auvers-sur-Oise" de VAN GOGH estimée à 250 000 euros. Cette œuvre d'art avait été offerte par l'artiste lui-même, qui avait connu sa grand-mère originaire d'AUVERS-SUR-OISE ;

– d'une armure grandeur nature en plastique noir de "Dark Vador" sans valeur, achetée 150 euros à "Toysrust", ainsi que des bijoux fantaisie.

De retour à la brigade de MONTGEOFFROY, vous recevez à 6 h 00 la déposition de Jacques NARIEN qui dépose plainte. Il vous remet les photographies des six statuettes ainsi que des neufs tableaux.

Le 9 octobre à 9 h 00, le commandant de compagnie de DISTRE vous désigne directeur d'enquête (DE) et vous renforce du gendarme GOLF, OPJ de la brigade de recherches de DISTRE. Un enquêteur spécialisé du département des œuvres d'art du service technique de recherches judiciaires et de documentation (STRJD) à ROSNY-SOUS-BOIS est associé à votre équipe.

(1) Cf. schéma de circonscriptions.

À 10 h 00, Thierry LEJOINT, toxicomane notoire, résidant 21, rue de la Pompe à MONTGEOFFROY, se présente à votre unité pour signer le contrôle judiciaire auquel il est soumis quotidiennement depuis une récente décision du juge d'instruction de DALBRAIS. Vous saluant aimablement, il vous souffle "Moi à votre place je ferais les brocantes dimanche prochain, mais je vous ai rien dit".. Surpris, vous demandez des explications à l'intéressé. Après un temps d'hésitation, il accepte de déposer pour étayer ses propos, mais uniquement sous couvert de l'anonymat de son domicile.

Il vous déclare à 10 h 30 :

- que le 9 octobre vers 2 h 00, alors qu'il rentrait en véhicule d'une fête accompagné de sa compagne, son attention a été attirée par un fourgon blanc portant le logo "Service d'entretien" stationné dangereusement sur un bateau situé devant la porte d'accès du château ;

- qu'arrivé à hauteur du fourgon, il a aperçu deux personnes, dont une semblait très jeune, affairées devant le portail métallique. Dès qu'ils ont entendu le véhicule, ils ont vainement tenté de profiter de l'obscurité pour se dissimuler ;

- avoir probablement reconnu le propriétaire de ce fourgon, membre de la communauté des gens du voyage habitué à faire du porte à porte pour proposer ses services pour des travaux d'entretien ; il résiderait dans la région d'URBAC[1]. LEJOINT précise avoir déjà vu ce fourgon et cet homme sur les vide-greniers et brocantes qu'il fréquente.

Suite à ce renseignement, la BDRIJ d'URBAC est sollicitée pour localiser le véhicule et identifier son propriétaire.

L'enquête d'environnement concernant les faits n'apporte pas d'éléments supplémentaires. Les rapprochements effectués avec d'autres vols similaires commis dans la région s'avèrent négatifs. Un avis de vigilance concernant les vide-greniers et brocantes est adressé aux unités de la région.

Le dimanche 10 octobre à 15 h 00, vous recevez un appel téléphonique de l'adjudant MIKE de la brigade territoriale autonome (BTA) d'HIRSON[1]. Votre interlocuteur vous informe qu'une patrouille pédestre effectuant une surveillance à l'occasion de la brocante d'HIRSON a été interpellée par M. Jacques NARIEN. Ce dernier déclare avoir reconnu sur un stand une statuette qui lui aurait été volée. Sur votre demande, l'adjudant MIKE rejoint les deux militaires sur les lieux pour mettre en place une surveillance discrète du brocanteur dans l'attente de votre arrivée.

Après avoir informé le procureur de la République de DALBRAIS des faits, vous vous transportez à HIRSON, en compagnie du gendarme GOLF, OPJ de la BR, et de l'enquêteur spécialisé du STRJD.

(1) Cf. schéma de circonscriptions.

Vous arrivez sur place à 16 h 30 où vous retrouvez l'adjudant MIKE, OPJ-TC déjà présent sur les lieux. Vous constatez effectivement à l'aide des photographies fournies par Jacques NARIEN une grande similitude entre la statue "La femme endormie" ainsi que deux autres statuettes volées et les objets exposés sur l'étal. Vous notifiez immédiatement à Louis MARCHAND, brocanteur-antiquaire à HIRSON, son placement en garde à vue. Vous effectuez jusqu'à 17 h 00 une fouille-perquisition du stand et du fourgon de l'intéressé. Vous procédez à la saisie des statuettes.

À 17 h 30, vous effectuez une perquisition au domicile de Louis MARCHAND situé 12, rue de la Bourse à HIRSON. Vous découvrez dans son garage, les neuf tableaux correspondant aux photographies, dont l'étude de VAN GOGH emballée dans une caisse portant l'adresse suivante : "Georges BUSE 112, Beverley Hills, 9875 Los Angeles - USA".

Vous saisissez ces objets. Le livre de police de l'intéressé est consulté. Il y figure à la date du 9 octobre à 10 h 30 l'achat pour la somme de 2000 euros des six statuettes et des neuf tableaux. Le vendeur est enregistré sous le nom de Django STEPHAN, sans domicile ni résidence fixe (SDRF).

À 19 h 00, Vous informez le procureur de la République à DALBRAIS de la mesure et du résultat de vos perquisitions.

Vous vous rendez à 19 h 30 à la BTA d'HIRSON où vous présentez à Jacques NARIEN, présent à l'unité, les tableaux et les statuettes saisis. Il reconnaît formellement les objets.

Louis MARCHAND est transféré à la CoB de MONTGEOFFROY, où il vous déclare à 21 h 00 :

- avoir acheté pour la somme de 2000 euros en espèces un lot de statuettes et de tableaux que venait de lui proposer Django STEPHAN, un parfait ignare en matière d'art ;

- avoir parfaitement reconnu le VAN GOGH parmi les tableaux. Il a immédiatement contacté un de ses clients résidant à Los Angeles pour lui proposer "l'affaire du siècle", sans mentionner l'origine de l'œuvre. Il lui a revendu l'étude au fusain pour 180 000 euros. Elle devait partir lundi pour son destinataire en colis spécialisé. Il envisageait de vendre les autres toiles au marché des Arts à PARIS-Bastille au mois de novembre, car elles seraient passées inaperçues au milieu des centaines d'exposants, peintres et galeristes ;

- avoir voulu se débarrasser rapidement des statuettes, car il avait appris qu'elles provenaient du château d'AUTRECOURT. Il précise en avoir vendu trois à des amateurs lors de la brocante pour la somme de 150 euros chacune et donc bien en-dessous de leur valeur réelle ;

- qu'il n'ignorait pas que tous les objets vendus par ce STEPHAN étaient d'origine frauduleuse, mais le VAN GOGH était une trop belle affaire, comme on en voit qu'une fois dans sa vie, pour ne pas la saisir.

- agir ainsi pour la première fois.

(1) Cf. schéma de circonscriptions.

Le procureur de la République vous prescrit de localiser le nommé STEPHAN et de poursuivre toutes les investigations nécessaires.

Le 11 octobre à 8 h 30, la BDRIJ de DALBRAIS vous fournit la dernière adresse connue de l'intéressé au 16, chemin des Romanos à URBAC.

Vous demandez à la BTA d'URBAC de vérifier la présence du suspect à son domicile, ce qui vous est confirmé à 9 h 00.

Accompagné du gendarme GOLF, OPJ de la BR de DISTRE, du gendarme BRAVO, APJ de votre unité, ainsi que du gendarme DELTA, TIC de la BDRIJ de DALBRAIS, vous vous présentez à 10 h 30 au domicile de Django STEPHAN, pour y effectuer une perquisition. L'adjudant TISSION, OPJ-TC de la BTA d'URBAC est également présent sur les lieux.

Vous informez STEPHAN des motifs de votre présence et de son placement en garde à vue. Vous lui notifiez ses droits. L'intéressé, quelque peu énervé, s'oppose dans un premier temps à ce que vous effectuiez une perquisition, avant de finalement accepter. Vous découvrez alors :

- dans le salon, une armure partiellement démontée de Dark Vador ;
- dans un tiroir de la cuisine, glissés dans un sac plastique, des bijoux fantaisie semblant correspondre à ceux signalés volés par Jacques NARIEN ;
- dans la chambre de Django STEPHAN, dissimulé sous un lit, un sac en plastique contenant 2000 euros.

À 11 h 30, vous constatez dans une seconde chambre qu'un jeune garçon est couché sur un lit. Il s'agit de José STEPHAN, jeune frère de Django, âgé de 12 ans ; il porte un bandage ensanglanté au bras et à la main gauches.

Django STEPHAN vous précise être le seul parent de son jeune frère.

Le procureur de la République est immédiatement informé de la découverte du jeune José STEPHAN. Il vous prescrit de le maintenir à votre disposition et de le faire visiter par un médecin. Il désigne la Maison départementale de l'enfance de DALBRAIS comme représentant du jeune garçon.

Dans la cour, vous constatez sur le fourgon IVECO blanc immatriculé AA-875-NX appartenant à Django STEPHAN que les empreintes relevées sur les lieux du vol correspondent aux pneumatiques du véhicule. Les mêmes défauts d'usure sont en effet visibles. Un logo "Service d'entretien" est apposé à l'arrière du véhicule. A l'intérieur des traces de sang sont découvertes. Le TIC de la BDRIJ procède aux constatations sur le véhicule et effectue un prélèvement d'échantillons de sang.

À 12 h00, le procureur de la République est informé du résultat de la perquisition.

(1) Cf. schéma de circonscriptions.

À 12 h 30, le docteur Théophile VABIEN, requis, se présente au domicile des suspects. Après avoir examiné le jeune garçon, il conclut que la blessure de José STEPHAN est bénigne et ne nécessite aucun soin approfondi. Il pose deux points de suture et panse les blessures. Aucune opposition avec son maintien à votre disposition n'est formulée et aucune ITT n'est prescrite.

Les intéressés sont transférés à la CoB de MONTGEOFFROY à 13 h 30.

Entendu sur les faits, Django STEPHAN déclare à 15 h 00 :

- assumer seul la charge de son jeune frère depuis la mort accidentelle de leurs parents il y a 3 ans. Ils n'ont aucune autre famille ;

- vivre de petits travaux d'entretien effectués chez les particuliers ;

- qu'ayant besoin d'argent pour s'occuper de son jeune frère, il a décidé de "cambrioler" le château. Il connaissait les lieux pour y avoir au cours de l'été nettoyé la terrasse et les fenêtres. Il avait alors vu de belles choses négociables à l'intérieur des lieux ;

- s'être rendu sur place dans la nuit du 8 au 9 octobre, entraînant avec lui son jeune frère. Ils ont sectionné au coupe-boulons la chaîne du portail, puis ont pénétré dans la bâtisse par une porte arrière en la fracturant avec un pied-de-biche. C'est au cours de cette manœuvre que son frère s'est blessé en cassant la vitre ;

- avoir principalement recherché des objets facilement monnayables qu'il avait repérés, ainsi que de l'argent ou des bijoux. Après avoir tout fouillé, ils ont finalement emporté des statuettes et des tableaux. José qui avait découvert l'armure de Dark Vador l'a emportée pour lui. Il a également subtilisé tous les bijoux qu'il trouvait ;

- avoir précipitamment quitté les lieux, car son frère saignait abondamment malgré la serviette posée sur ses blessures ;

- avoir pris tous les objets sans savoir s'ils avaient de la valeur. Il est allé voir un brocanteur-antiquaire qu'il rencontre assez souvent lors de brocantes et lui a proposé de lui vendre les tableaux, les statuettes et les bijoux. L'acheteur a refusé les bijoux, mais a pris le reste des objets avant de lui donner 2000 euros en espèces.

Entendu par le gendarme GOLF, OPJ, José STEPHAN déclare à 15 h 00 :

- vivre avec son frère depuis la disparition de ses parents. Il va régulièrement à l'école, mais Django n'a pas toujours l'argent nécessaire pour lui acheter les fournitures scolaires et des vêtements corrects ;

- que le samedi 8, Django lui a demandé de l'accompagner pour cambrioler le château afin de se faire rapidement de l'argent. Il lui a précisé qu'il pourrait ainsi lui offrir des vêtements neufs et des jouets. Trop content de savoir qu'il pourrait par la suite acheter ce qui lui plairait, il a accepté ;

(1) Cf. schéma de circonscriptions.

– confirmer en tous points les déclarations de son frère Django.

Profitant d'un temps de repos, le TIC de la BDRIJ de DALBRAIS procède à 17 h 00 à un prélèvement de cheveux de José aux fins de comparaisons de l'ADN avec les traces relevées à partir du sang découvert sur les lieux du méfait et dans le véhicule de Django STEPHAN.

À 20 h 30, José STEPHAN est conduit devant le magistrat spécialisé du parquet de DALBRAIS, chargé des mineurs. Ce magistrat vous autorise à poursuivre son audition.

José STEPHAN est mis en route le 12 octobre à 8 h 00, pour être présenté au magistrat spécialisé de DALBRAIS. À l'issue, l'intéressé est remis au responsable du foyer socio-éducatif des Pères Blancs à DISTRE.

Louis MARCHAND est mis en route le 12 octobre à 14 h 00, pour être présenté au procureur de la République de DALBRAIS.

Django STEPHAN est mis en route le 12 octobre à 14 h 00, pour être présenté au magistrat spécialisé du parquet de DALBRAIS[1], chargé des mineurs.

(1) Cf. schéma de circonscriptions.

SCHÉMA DES CIRCONSCRIPTIONS

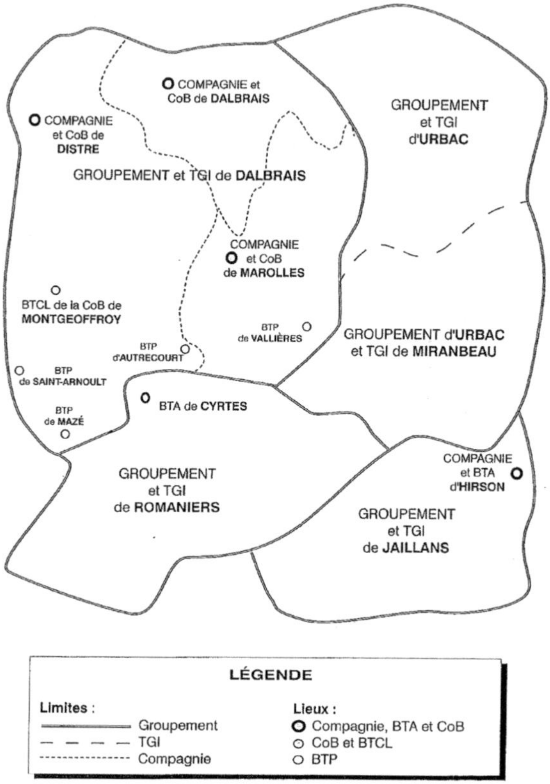

Notes Personnelles

Solution

PREMIÈRE QUESTION

Infraction susceptible d'être retenue à l'encontre de Django STEPHAN

INFRACTIONS	ÉLÉMENTS CONSTITUTIFS	ÉLEMENTS DE PREUVE
Qualification	**- élément légal ; - élément matériel ; - élément moral.**	**se rapportant à chacun des éléments constitutifs**
Vol par un majeur avec l'aide d'un mineur de moins de treize ans.	<u>Élément légal</u> Fait prévu par les articles 311-1 et 311-4-1, al. 1 du Code pénal et réprimé par l'article 311-4-1, al. 2 du même code.	
Délit	<u>Élément matériel</u>	
	Soustraction frauduleuse,	Django STEPHAN s'empare des statuettes, des tableaux, des bijoux et d'une armure jouet dans un château.
	d'un bien mobilier appartenant à autrui,	Ces objets sont la propriété de Jacques NARIEN.
	avec l'aide d'un mineur.	Django STEPHAN a commis ce méfait avec l'aide de son jeune frère mineur José.
	<u>Circonstances aggravantes</u>	
	Mineur âgé de moins de treize ans	José STEPHAN est âgé de 12 ans.

	<u>Élément moral</u> Intention coupable.	Django STEPHAN qui a besoin d'argent pour élever son jeune frère a décidé de cambrioler le château dont il connaît les lieux pour y avoir, au cours de l'été, nettoyé la terrasse et les fenêtres et y avoir vu à cette occasion de belles choses négociables à l'intérieur.

Infraction susceptible d'être retenue à l'encontre de José STEPHAN

INFRACTIONS	**ÉLÉMENTS CONSTITUTIFS**	**ÉLEMENTS DE PREUVE**
Qualification	**– élément légal ;** **– élément matériel ;** **– élément moral.**	**se rapportant à chacun des éléments constitutifs**
Vol aggravé par deux circonstances *Délit*	<u>Élément légal</u> Faits prévus par les articles 311-1 et 311-4, al. 2 et 7 du Code pénal et réprimés par l'article 311-4, al. 13 du même code. <u>Élément matériel</u> Soustraction frauduleuse, d'un bien mobilier,	 José STEPHAN dérobe dans un château, des statuettes, des tableaux, des bijoux et armure jouet.

	appartenant à autrui.	Qui appartiennent au propriétaire des lieux monsieur Jacques NARIEN.
	Circonstance aggravante	
	Faits : – commis par plusieurs personnes agissant en qualité d'auteur ou de complice, – dans un local d'habitation en y pénétrant par effraction.	José STEPHAN accompagne son frère aîné Django pour commettre ce méfait dans le château après y être entrés par effraction.
	Élément moral	
	Intention coupable.	Malgré son jeune âge José STEPHAN n'ignore pas que l'action qu'il entreprend et réalise de nuit et par effraction dans le château avec son frère aîné constitue un vol.

Infraction susceptible d'être retenue à l'encontre de Louis MARCHAND

INFRACTIONS	ÉLÉMENTS CONSTITUTIFS	ÉLEMENTS DE PREUVE
Qualification	**– élément légal ; – élément matériel ; – élément moral.**	**se rapportant à chacun des éléments constitutifs**
Recel aggravé. *Délit*	<u>Élément légal</u> Faits prévu et réprimé par les articles 321-1, al. 2 et 321-2, al. 2 du Code pénal et réprimée par l'article 321-2, al. 1, du même code. <u>Élément matériel</u>	
	Bénéficier en connaissance de cause,	Louis MARCHAND tout en sachant que les objets étaient d'origine frauduleuse,
	Par tout moyen,	Les achète à un prix dérisoire à Django STEPHAN et ce, bien qu'il ait reconnu un authentique VAN GOGH parmi ceux-ci.
	Du produit d'un crime ou d'un délit.	Les objets achetés proviennent du vol aggravé commis dans le château «le clos du chapitre».
	<u>Circonstance aggravante</u>	
	Faits facilités par l'exercice d'une profession.	Louis MARCHAND exerce la profession de

		brocanteur antiquaire. C'est dans le cadre de l'exercice de sa profession qu'il achète des objets provenant d'un vol aggravé à Django STEPHAN dont un authentique VAN GOGH qu'il revend.
	Élément moral	
	Intention coupable.	Louis MARCHAND a intentionnellement acheté des objets d'origine frauduleuse dont un authentique VAN GOGH à Django STEPHAN à un prix inférieur à leur valeur marchande réelle.

DEUXIÈME QUESTION

CADRE JURIDIQUE

TYPE D'ENQUÊTE

Enquête de délit flagrant.

CADRE LÉGAL

Articles 16 à 19 et 53 à 67 du Code de procédure pénale s'agissant d'un délit flagrant.

JUSTIFICATION DU CHOIX DE CADRE JURIDIQUE D'ENQUÊTE

Les faits sont actuels *(C.P.P. art 53, al. 1)*. L'infraction dénoncée par un témoin alors qu'ils se commettent, portent sur des vols par effraction commis de nuit dans un local d'habitation. Ceci autorise le recours au cadre juridique de la flagrance pour la réalisation des actes de l'enquête *(C.P.P. art. 67)*.

NOTA : À ce stade, tous les faits ne sont pas connus ou encore réalisés.

COMPÉTENCE DE L'O.P.J

Les infractions ont été commises dans un local d'habitation sur la commune d'AUTRECOURT qui fait partie de la circonscription territoriale où le gendarme ALPHA, officier de police judiciaire exerce ses fonctions habituelles *(C.P.P. art. R. 15-24)*. Il agit dans le cadre de sa compétence habituelle *(C.P.P. art. 18-1)*.

Procès-verbal de transport, des constatations et mesures prises. (sur les lieux des faits)

Le 9 octobre 2010 à 3 heures.

Gendarme ALPHA O.P.J. à la communauté de Brigades de MONTGEOFFROY agissant sur la commune de AUTRECOURT au château du « Clos du chapitre ».

CADRE LÉGAL

Articles 14, 18, al. 1, 54 et 55 du Code de procédure pénale.

MOTIVATION

Il s'agit de découvrir des traces et indices de nature à conforter les déclarations des témoins, de constater les infractions et de recueillir des indices permettant la poursuite de l'enquête en vue d'identifier les auteurs du méfait.

ÉLÉMENTS DE FOND

SAISINE

Appel téléphonique du maire D'AUTRECOURT signalant des lumières suspectes au château du «Clos du chapitre»

SITUATION À L'ARRIVÉE DES ENQUÊTEURS

À l'arrivée Pierre LOMBIC le maire d'AUTRECOURT est sur place.

PREMIERS RENSEIGNEMENTS RECUEILLIS

La personne présente indique avoir vu, il y a dix minutes un fourgon blanc avec deux personnes à bord quitter les lieux et avoir relevé partiellement un numéro d'immatriculation AA....NX.

SITUATION À L'ARRIVÉE DES ENQUÊTEURS – CORPS DU DÉLIT

Le portail d'accès à la propriété est ouvert. La chaîne pend et a visiblement été sectionnée. Un coupe boulons de grande taille est posé sur le talus herbeux, à côté de la grille.

Devant la bâtisse, des traces de pneumatiques de grande largeur sont visibles sur le sol légèrement humide, mais aucune trace de pas n'est relevée.

Les portes-fenêtres sont closes à l'exception d'une porte située à l'arrière du bâtiment donnant directement sur la cuisine qui est ouverte. Elle présente sur le montant en bois des traces de pesée et la double vitre centrale est brisée. Un pied de biche est posé sur le sol.

Des gouttes de sang sont visibles sur le sol de la cuisine et sur un morceau de verre provenant de la porte vitrée. Ainsi qu'à l'extérieur, entre la porte et les traces de pneumatiques.

Dans le château toutes les pièces ont été fouillées. Les portes et les tiroirs sont ouverts. Tous sont vidés de leur contenu répandu sur le sol.

MESURES PRISES

Protection des traces et indices (gel des lieux).

Compte rendu au Commandant de la COB et au commandant de compagnie.

Information du parquet.

Signalement du fourgon vu sur les lieux.

Déclenchement du plan Hibou.

Arrivée du technicien en identification criminelle de la BDRIJ, lequel réalise les opérations de police technique et scientifique.

MESURES DIVERSES

Information de la victime qui arrive sur les lieux à 4 heures.

Procès-verbal de transport, et de constatations techniques.
(sur les lieux des faits)

Le 9 octobre 2010 à 3 heures 30.

Gendarme DELTA. TIC. O.P.J. à la BDRIJ de DALBRAIS agissant sur la commune d'AUTRECOURT au château du « Clos du chapitre ».

CADRE LÉGAL

Articles 14, 18, al. 1, 54 et 55 du Code de procédure pénale.

MOTIVATION

Il s'agit de découvrir des traces et indices de nature à conforter les déclarations des témoins, de constater les infractions et de recueillir des indices permettant la poursuite de l'enquête en vue d'identifier les auteurs du méfait.

ÉLÉMENTS DE FOND

➢ Opérations criminalistiques sur l'ensemble de l'habitation et de la propriété.

➢ Relevé par moulage des empreintes de pneumatiques.

➢ Photographies des indices.

➢ Prélèvements biologiques.

➢ Saisie et mise sous scellés du coupe boulons, du pied de biche et des échantillons de sang.

➢ Envoi à l'IRCGN des échantillons de sang.

➢ Rédaction de l'inventaire des pièces à conviction.

Procès-verbal d'audition de Pierre LOMBIC
(témoin).

Le 9 octobre 2010 à 4 heures sur les lieux.

Gendarme BRAVO A.P.J. à la brigade de MONTGEOFFROY. sous le contrôle du gendarme ALPHA, O.P.J.

CADRE LÉGAL

Articles 15-3, 16, 17, 18, al. 1, 20, 31-1 et 53-1 à 61 al. 5 et à 67 du Code de procédure pénale.

MOTIVATION

Nécessité de procéder à l'audition du témoin à l'origine de la saisine et rapportant les faits dont il a eu connaissance et fournissant un indice utile à l'enquête.

ÉLÉMENTS DE FOND

Le témoin relate comment revenant d'une réunion d'élus locaux son attention a été attirée par des lumières suspectes au château du « Clos du chapitre ». Il indique aussi avoir vu, il y a dix minutes un fourgon blanc avec deux personnes à bord quitter les lieux et avoir relevé partiellement un numéro d'immatriculation AA….NX.

Procès-verbal d'audition de Jacques NARIEN (Victime).

Le 9 octobre 2010 à 6 heures à la Brigade de MONTGEOFFROY

Gendarme ALPHA, O.P.J. à la brigade de MONTGEOFFROY

CADRE LÉGAL

Articles 15-3, 17, 18, al. 1, 53-1 et 62 du Code de procédure pénale.

MOTIVATION

Recueil de la déclaration circonstanciée de la victime pour établir les faits constituant les infractions.

ÉLÉMENTS DE FOND

Jacques NARIEN déclare le vol de :

- Une collection de six statuettes en bronze dont « la femme endormie » estimée à 15 000 euros ;
- Neuf tableaux dont une étude originale aux fusains de « l'église d'Auvers-sur-oise » de VAN GOGH estimée à 25 000 euros ;
- Une armure grandeur nature en plastique noir de « Dark Vator » sans valeur achetée 150 euros ;
- Des bijoux fantaisie.
- Il dépose plainte et remet les photographies des six statuettes ainsi que des neuf tableaux.

Procès-verbal d'audition de Thierry LEJOINT (témoin).

Le 9 octobre 2010 à la Brigade de MONTGEOFFROY

Gendarme ALPHA, O.P.J. à la brigade de MONTGEOFFROY

CADRE LÉGAL

Articles 15-3, 17, 18, al. 1, 53-1 et 62 du Code de procédure pénale.

MOTIVATION

Recueil de la déclaration circonstanciée d'un témoin apportant des informations utiles à l'enquête.

ÉLÉMENTS DE FOND

Le témoin déclare :

--- Le 9 octobre, vers 2 heures, avoir vu un fourgon blanc portant le logo « Service d'entretien » stationné devant la porte d'accès au château « le Clos du chapitre » ainsi que deux hommes dont l'un semblait très jeune affairés devant le portail métallique et qui se sont dissimulés à son arrivée. Il pense avoir reconnu le propriétaire du fourgon comme étant un membre de la communauté des gens du voyage habitué à faire du porte-à-porte pour proposer ses services pour des travaux d'entretien. Il résiderait dans la région d'URBAC. Il dit avoir déjà vu ce fourgon et cet homme sur les vide-greniers et brocantes qu'il fréquente.

Procès-verbal de notification des droits et d'audition de personne gardée à vue (Louis MARCHAND).

(Durée 45 heures 30)

Le 10 octobre 2010 à 16 heures 30 – mise en route pour être présenté au parquet le 12 octobre 2010 à 14 heures.

Mesure prise et notifiée par le gendarme ALPHA, O.P.J. à la brigade de MONTGEOFFROY. sur les lieux de l'interpellation à HIRSON et poursuivie à la brigade de MONTGEOFFROY.

CADRE LÉGAL

Articles 18, al. 4, 62-2 à 64-1 du Code de procédure pénale – Réquisition du procureur de la République du TGI de DALBRAIS.

MOTIVATION

Procéder à l'audition de Louis MARCHAND trouvé en possession d'objets appartenant à Jacques NARIEN et provenant du cambriolage de son château.

NOTIFICATION DES DROITS

■ Art. 63-1 du C.P.P. : de la qualification, de la date et du lieu présumés des infractions sur lesquelles porte l'enquête (recel) et de la durée de la mesure.

Droit, après avoir décliné son identité de faire des déclarations, de répondre aux questions qui lui sont posées ou de se taire.

Droit de consulter le PV de la notification de GAV, le certificat médical et de son audition.

Droit de présenter des observations au PR ou au JLD en cas d'éventuelle prolongation de la GAV.

■ Art. 63-2 du C.P.P. : droit de faire prévenir une personne avec laquelle il vit habituellement ou l'un de ses parents en ligne directe ou l'un de ses frères et sœurs ou son employeur de la mesure dont il est objet et de s'entretenir avec la personne désignée.

■ Art. 63-3 du C.P.P. : droit à une visite médicale.

■ Art. 63-1, 63-3-1 à 63-4-3 du C.P.P. : Droit de se faire assister par un avocat dès le début de sa garde à vue.

Remise d'un document énonçant ces droits.

■ Prolongation de garde à vue : Nouvelle notification des droits.

ÉLÉMENTS DE FOND

Louis MARCHAND reconnaît :

➢ L'achat pour la somme de 2000 euros en espèce d'un lot de statuettes et de tableaux à Django STEPHAN ;

➢ Avoir reconnu dans le lot un authentique VAN GOGH et avoir contacté un de ses clients à Los Angeles pour le lui revendre pour 180000 euros. Il voulait aussi vendre les autres tableaux au marché des arts à Paris-Bastille.

➢ Avoir voulu se débarrasser rapidement des statuettes car il avait appris qu'elle provenait d'un vol commis au château d'AUTRECOURT ;

➢ Ne pas ignorer la provenance frauduleuse des objets vendus par Django STEPHAN ;

➢ Agir ainsi pour la première fois.

Procès-verbal de Perquisition au stand et dans le fourgon de Louis MARCHAND.
Le 10 octobre 2010 à 17 heures. Gendarme ALPHA, O.P.J. à la brigade de MONTGEOFFROY assisté du gendarme GOLF, OPJ à la BR de DISTRE, de l'enquêteur spécialisé du département des œuvres d'art du STRJD et l'adjudant MIKE, OPJ – TC sur les lieux de l'interpellation à HIRSON.
CADRE LÉGAL Articles 18, al. 4 et 56 à 59 du Code de procédure pénale – Réquisition du procureur de la République du TGI de DALBRAIS. Information de son avocat.
MOTIVATION Rechercher des objets appartenant à Jacques NARIEN et provenant du cambriolage de son château du « Clos du chapitre » et les traces prouvant l'achat de ces objets à Django STEPHAN.
ÉLÉMENTS DE FOND ➢ Découverte de statuettes provenant du cambriolage. ➢ Saisie de ces objets.

Procès-verbal de Perquisition au domicile de Louis MARCHAND.
Le 10 octobre 2010 à 17 heures 30 Gendarme ALPHA, O.P.J. à la brigade de MONTGEOFFROY assisté du gendarme GOLF, OPJ à la BR de DISTRE, de l'enquêteur spécialisé du département des œuvres d'art du STRJD et l'adjudant MIKE, OPJ – TC sur les lieux de l'interpellation à HIRSON au 12 rue de la bourse à HIRSON.
CADRE LÉGAL Articles 18, al. 4 et 56 à 59 du Code de procédure pénale – Réquisition du procureur de la République du TGI de DALBRAIS. Information de son avocat.
MOTIVATION Rechercher des objets appartenant à Jacques NARIEN et provenant du cambriolage de son château du « Clos du chapitre » et les traces prouvant l'achat de ces objets à Django STEPHAN.

ÉLÉMENTS DE FOND

Découverte :

➢ du livre de police sur lequel figure à la date du 9 octobre à 10h30 l'achat pour la somme de 2000 euros des six statuettes et des neuf tableaux provenant du cambriolage à Django STEPHAN ;

➢ des neuf tableaux correspondant aux photographies fournies par la victime dont le tableau de VAN GOGH emballé dans une caisse portant l'adresse du client américain.

Saisie de ces objets.

Procès-verbal d'audition de Jacques NARIEN (Victime).

Le 10 octobre 2010 à 19h30 à la Brigade de MONTGEOFFROY
Gendarme ALPHA, O.P.J. à la brigade de MONTGEOFFROY

CADRE LÉGAL

Articles 15-3, 17, 18, al. 1, 53-1 et 62 du Code de procédure pénale.

MOTIVATION

Présentation pour reconnaissance des objets découverts en possession de Louis MARCHAND.

ÉLÉMENTS DE FOND

Jacques NARIEN :

➢ reconnaît formellement les objets qui lui sont présentés ;

➢ est informé de leur placement sous scellé pour les nécessités de l'enquête.

Procès-verbal de Perquisition au domicile et dans le fourgon de Django STEPHAN.

Le 11 octobre 2010 à 10 heures 30

Gendarme ALPHA, O.P.J. à la brigade de MONTGEOFFROY assisté du gendarme BRAVO, APJ à la COB de MONTGEOFFROY, du gendarme GOLF, OPJ à la BR de DISTRE, du gendarme DELTA, TIC à la BDRIJ de DALBRAIS et de l'adjudant TISSION OPJ-TC au 16 chemin des romanos à URBAC.

CADRE LÉGAL

Articles 18, al. 3 et 56 à 59 du Code de procédure pénale.

Information préalable du procureur de la République de URBAC.

Présence obligatoire de la personne.

Information de son avocat.

MOTIVATION

Rechercher des objets appartenant à Jacques NARIEN et provenant du cambriolage de son château du « Clos du chapitre ».

ÉLÉMENTS DE FOND

Découverte :

➢ dans le salon d'une armure partiellement démontée de Sark Ador ;

➢ dans un tiroir de la cuisine de bijoux fantaisie semblant correspondre à ceux signalées volés ;

➢ dans la chambre de Django STEPHAN, sous un lit, un sac en plastique contenant 2 000 euros.

➢ d'un jeune garçon qui dans une seconde chambre est couché sur un lit et porte un bandage ensanglanté au bras et à la main gauche. Il s'agit de José STEPHAN, 12 ans, jeune frère de Django STEPHAN.

Saisie de ces objets.

Dans le fourgon : découverte de traces de sang. Constatations et relevés techniques faits par le TIC de la BDRIJ.

Saisie de ces objets.

Procès-verbal de constatations techniques sur le fourgon de Django STEPHAN.

Le 11 octobre 2010 à 10 heures 30

Gendarme DELTA, TIC à la BDRIJ de DALBRAIS au 16 chemin des romanos à URBAC.

CADRE LÉGAL

Articles 18, al. 3 et 54 et 55 du Code de procédure pénale.

Information préalable du procureur de la République de URBAC.

Présence obligatoire de la personne.

MOTIVATION

Rechercher des indices déterminant la participation des frères STEPHAN au cambriolage du château du « Clos du chapitre ».

ÉLÉMENTS DE FOND

➢ Sur le fourgon présence du logo « Service d'entretien » et partie d'immatriculation signalés par les témoins. Comparaison des empreintes relevées sur les lieux du cambriolage et les pneumatiques du fourgon. Relevé de points de comparaison.

➢ Dans le fourgon : découverte de traces de sang. Constatations et relevés techniques faits par le TIC de la BDRIJ.

Saisie de ces objets.

Réquisition à personne qualifiée.

Le 11 octobre 2010 à 12 heures 30

Gendarme ALPHA, O.P.J. à la brigade de MONTGEOFFROY.

CADRE LÉGAL

Articles 18, al. 3 et 60 du Code de procédure pénale.

Information préalable du procureur de la République de URBAC.

Le médecin doit accepter la mission, prêter serment s'il n'est pas inscrit sur une liste d'experts près la cour d'appel et remettre un certificat médical.

MOTIVATION

S'assurer que l'état de santé de José STEPHAN est compatible avec mesure de retenue judiciaire et faire constater ses blessures.

ÉLÉMENTS DE FOND

Le médecin requis :

➢ examine José STEPHAN ;

➢ prodigue les soins appropriés ;

➢ remet un certificat médical constatant les blessures et mentionnant la compatibilité de son état de santé avec une mesure de retenue judiciaire.

➢ fixe ou non une durée d'ITT.

Procès-verbal de notification des droits et d'audition de personne gardée à vue (Django STEPHAN).
(Durée 27 heures 30)

Le 11 octobre 2010 à 10 heures 30 – mise en route pour être présenté au parquet le 12 octobre 2010 à 14 heures.

Mesure prise et notifiée par le gendarme ALPHA, O.P.J. à la brigade de MONTGEOFFROY sur les lieux de l'interpellation et poursuivie à la brigade de MONTGEOFFROY.

CADRE LÉGAL

Information préalable du procureur de la République de URBAC.

Articles 18, al. 3, 62-2 à 64-1 du Code de procédure pénale.

MOTIVATION

Procéder à l'audition de Django STEPHAN pour établir sa participation et son rôle dans le cambriolage du château du « clos du chapitre »

NOTIFICATION DES DROITS

■ Art. 63-1 du C.P.P. : de la qualification, de la date et du lieu présumés des infractions sur lesquelles porte l'enquête (vol par majeur avec l'aide d'un mineur de moins de 13 ans) et de la durée de la mesure.

Droit, après avoir décliné son identité de faire des déclarations, de répondre aux questions qui lui sont posées ou de se taire.

Droit de consulter le PV de la notification de GAV, le certificat médical et de son audition.

Droit de présenter des observations au PR ou au JLD en cas d'éventuelle prolongation de la GAV.

■ Art. 63-2 du C.P.P. : droit de faire prévenir une personne avec laquelle il vit habituellement ou l'un de ses parents en ligne directe ou l'un de ses frères et sœurs ou son employeur de la mesure dont il est objet et de s'entretenir avec la personne désignée.

■ Art. 63-3 du C.P.P. : droit à une visite médicale.

■ Art. 63-1, 63-3-1 à 63-4-3 du C.P.P. : Droit de se faire assister par un avocat dès le début de sa garde à vue.

Remise d'un document énonçant ces droits.

■ Prolongation de garde à vue : Nouvelle notification des droits.

ÉLÉMENTS DE FOND

Django STEPHAN :

➢ précise être le seul parent de son jeune frère et en assumer seul la charge ;

➢ dit avoir par besoin d'argent décidé de cambrioler le château du «Clos du chapitre» dont il connaissait les lieux et pour ce faire s'y être rendu avec son jeune frère. Ensemble, ils ont sectionné au coupe boulons la chaîne du portail et sont entrés dans le château après avoir fracturé une porte à l'arrière du bâtiment.

➢ Il reconnaît y avoir, avec son jeune frère, dérobé des statuettes et des tableaux. Son frère qui a vu l'armure de Dark Vator l'a emportée pour lui. Il a également subtilisé tous les bijoux qu'il trouvait.

➢ Il indique que c'est en fracturant la porte arrière du château que son jeune frère s'est blessé et avoir quitté les lieux précipitamment parce que celui-ci saignait abondamment.

➢ Il affirme ne pas connaître la valeur exacte des objets qu'ils ont volés. C'est pour les vendre qu'il a contacté un brocanteur de sa connaissance. Celui-ci n'a acheté que les tableaux et les statuettes pour la somme de 2000 euros réglée en espèce trouvée sous son lit.

Procès-verbal de notification des droits et d'audition de mineur retenu (José STEPHAN).

(Durée 20 heures 30)

Le 11 octobre 2010 à 10 heures 30 – mise en route pour être présenté au parquet le 12 octobre 2010 à 8 heures.

Mesure prise et notifiée par le gendarme ALPHA, O.P.J. à la brigade de MONTGEOFFROY sur les lieux de l'interpellation et poursuivie à la brigade de MONTGEOFFROY.

CADRE LÉGAL

Information préalable du procureur de la République de URBAC.

Articles 18, al. 3, 62-2 à 64-1 du Code de procédure pénale et art. 4 de l'ordonnance n° 45-174 du 2 février 1945.

MOTIVATION

Procéder à l'audition de José STEPHAN pour établir sa participation et son rôle dans le cambriolage du château du «clos du chapitre»

NOTIFICATION DES DROITS

■ Art. 63-1 du C.P.P. et art. 4 de l'ordonnance n° 45-174 du 2 février 1945 : De la qualification, de la date et du lieu présumés des infractions sur lesquelles porte l'enquête (vol aggravé) et de la durée de la mesure.

Droit, après avoir décliné son identité de faire des déclarations, de répondre aux questions qui lui sont posées ou de se taire.

Droit de consulter le PV de la notification de GAV, le certificat médical et de son audition.

Droit de présenter des observations au PR ou au JLD en cas d'éventuelle prolongation de la GAV.

■ Art. 63-2 du C.P.P et art. 4 de l'ordonnance n° 45-174 du 2 février 1945 : Information d'un membre de sa famille de la mesure dont il est objet et de s'entretenir avec lui (le PR a désigné en remplacement la maison départementale de l'enfance de DALBRAIS comme étant son représentant légal)

■ Art. 63-3 du C.P.P. et art. 4 de l'ordonnance n° 45-174 du 2 février 1945 : Désignation par le procureur de la République d'un médecin pour une visite médicale.

■ Art. 63-1, 63-3-1 à 63-4-3 du C.P.P. et art. 4 de l'ordonnance n° 45-174 du 2 février 1945 : Droit de se faire assister par un avocat dès le début de sa garde à vue.

Remise d'un document énonçant ces droits.

■ Prolongation de garde à vue : Présentation au parquet et nouvelle notification des droits.

■ Audition filmée (art. 4 de l'ordonnance n° 45-174 du 2 février 1945).

ÉLÉMENTS DE FOND

José STEPHAN :

➢ dit vivre avec son frère Django depuis le décès de ses parents et aller régulièrement à l'école mais son frère a des difficultés financières pour satisfaire à leurs besoins ;

➢ déclare avoir accepté d'accompagner Django qui le lui a demandé pour aller cambrioler le château du « clos du chapitre » pour se faire rapidement de l'argent ;

➢ il confirme en tout point les déclarations de son frère quant au cambriolage et à la vente des objets.

Procès-verbal de constatations techniques (José STEPHAN).

Le 11 octobre 2010 à 17 heures.

Gendarme DELTA, TIC à la BDRIJ de DALBRAIS.

CADRE LÉGAL

Articles 55-1 du Code de procédure pénale.

MOTIVATION

Rechercher des indices déterminant la participation de José STEPHAN au cambriolage du château du « Clos du chapitre ».

ÉLÉMENTS DE FOND

- Prélèvement de cheveux sur José STEPHAN pour comparaison ADN avec les traces de sang relevées sur les lieux du cambriolage et dans le fourgon de Django STEPHAN.
- Mise sous scellés du prélèvement.
- Envoi des scellés à l'IRCGN.

TROISIÈME QUESTION

Gendarme ALPHA, officier de police judiciaire à la communauté de brigades de MONTGEOFFROY

a – Objet :

Je vous informe de la commission d'un vol par effraction vers 3 heures du matin au château du « Clos du chapitre » à AUTRECOURT.

b – Faits :

Nous avons été téléphoniquement informés des faits à 2 heures 40 aujourd'hui par monsieur Pierre LOMBIC, maire de la commune d'AUTRECOURT. Revenant d'une réunion et passant devant le château du « Clos du chapitre » qu'il sait inhabité en cette période de l'année, il a remarqué des lumières suspectes à l'intérieur du bâtiment.

Dix minutes avant notre arrivée, soit vers 3 heures, monsieur LOMBIC a vu un fourgon blanc quitter le château avec deux personnes à bord. Il n'a pu relever qu'une partie de l'immatriculation à savoir les lettres de début et de fin soit AA et NX.

Les individus sont entrés dans la propriété en coupant la chaîne du portail d'accès et dans le château en fracturant une porte à l'arrière du bâtiment donnant dans la cuisine. Ils ont ensuite fouillé toutes les pièces et les meubles.

Le signalement du fourgon a été diffusé et le plan « Hibou » a été immédiatement déclenché par le groupement.

c – Actes d'enquête :

Nos investigations sont conduites dans le cadre de l'enquête de flagrant délit.

De nos constatations sur place, il ressort que :

– Les individus ont sectionné la chaîne de la grille d'entrée à l'aide d'un coupe boulons qu'ils ont laissé sur place. Ensuite, ils sont entrés dans le château en fracturant, à l'aide d'un pied-de-biche abandonné sur place, une porte à l'arrière du bâtiment donnant dans la cuisine.

– Toutes les pièces du château ont été fouillées et les meubles ont été vidés de leur contenu répandu sur le sol.

– Des traces de pneumatiques de grande largeur sont visibles sur le sol humide en terre devant le château. Elles sont photographiées et font l'objet d'un relevé par moulage.

– Des taches de sang sont apparentes sur des morceaux de verre provenant de la vitre de la porte de la cuisine ; sur le sol de la cuisine ainsi qu'à l'extérieur jusqu'aux traces de pneumatiques. Ceci laisse penser que l'un des auteurs s'est sérieusement blessé. Ces taches de sang qui sont photographiées font l'objet de prélèvements.

– Le TIC de la BDRIJ de DALBRAIS procède aux opérations de criminalistique.

– Monsieur Jacques NARIEN, le propriétaire du château a été informé et invité à se présenter sur place afin qu'avec lui nous puissions déterminer la nature du vol et le montant de son préjudice.

– Monsieur le procureur, je vous tiendrai informé de la suite de l'enquête.

QUATRIÈME QUESTION

(Éléments de réponse)

Ordonnance n° 45-174 du 2 février 1945

relative à l'enfance délinquante
(Extrait) – Version consolidée au 02 mars 2017

Article 4. – G.A.V. – Mineur – *(Loi n° 2016-1547 du 18 novembre 2016)*

• **I.** – Le mineur de 13 ans ne peut être placé en garde à vue. Toutefois, à titre exceptionnel, le mineur de 10 à 13 ans contre lequel il existe des indices graves ou concordants laissant présumer qu'il a commis ou tenté de commettre un crime ou un délit puni d'au moins 5 ans d'emprisonnement peut, pour l'un des motifs prévus par l'article 62-2 du Code de procédure pénale, être retenu à la disposition d'un officier de police judiciaire avec l'accord préalable et sous le contrôle d'un magistrat du ministère public ou d'un juge d'instruction spécialisés dans la protection de l'enfance ou d'un juge des enfants, pour une durée que ce magistrat détermine et qui ne saurait excéder 12 heures. Cette retenue peut toutefois être prolongée à titre exceptionnel par décision motivée de ce magistrat pour une durée qui ne saurait non plus excéder 12 heures, après présentation devant lui du mineur, sauf si les circonstances rendent cette présentation impossible. Elle doit être strictement limitée au temps nécessaire à la déposition du mineur et à sa présentation devant le magistrat compétent ou à sa remise à l'une des personnes visées au II du présent article.

Les dispositions des II, III et IV du présent article et de l'article 803-6 du Code de procédure pénale sont applicables.

• **II.** – Lorsqu'un mineur est placé en garde à vue, l'officier de police judiciaire doit, dès que le procureur de la République ou le juge chargé de l'information a été avisé de cette mesure, en informer les parents, le tuteur, la personne ou le service auquel est confié le mineur.

• Il ne peut être dérogé aux dispositions de l'alinéa précédent que pour permettre le recueil ou la conservation des preuves ou pour prévenir une atteinte grave à la vie, à la liberté ou à l'intégrité physique d'une personne, sur décision du procureur de la République ou du juge chargé de l'information prise au regard des circonstances de l'espèce, et pour la durée que le magistrat détermine et qui ne peut excéder 24 heures ou, lorsque la garde à vue ne peut faire l'objet d'une prolongation, 12 heures.

• **III.** – Dès le début de la garde à vue d'un mineur de 16 ans, le procureur de la République ou le juge chargé de l'information doit désigner un médecin qui examine le mineur dans les conditions prévues par l'article 63-3 du Code de procédure pénale.

• Lorsqu'un mineur de plus de 16 ans est placé en garde à vue, ses représentants légaux sont avisés de leur droit de demander un examen médical lorsqu'ils sont informés de la garde à vue en application du II du présent article.

.../...

• **IV.** – Dès le début de la garde à vue, le mineur doit être assisté par un avocat, dans les conditions prévues aux articles 63-3-1 à 63-4-3 du Code de procédure pénale. Il doit être immédiatement informé de ce droit. Lorsque le mineur n'a pas sollicité l'assistance d'un avocat, cette demande peut également être faite par ses représentants légaux qui sont alors avisés de ce droit lorsqu'ils sont informés de la garde à vue en application du II du présent article. Lorsque le mineur ou ses représentants légaux n'ont pas désigné d'avocat, le procureur de la République, le juge chargé de l'instruction ou l'officier de police judiciaire doit, dès le début de la garde à vue, informer par tout moyen et sans délai le bâtonnier afin qu'il en commette un d'office.

• **V.** – En cas de délit puni d'une peine inférieure à 5 ans d'emprisonnement, la garde à vue d'un mineur âgé de 13 à 16 ans ne peut être prolongée.

• Aucune mesure de garde à vue ne peut être prolongée sans présentation préalable du mineur au procureur de la République ou au juge d'instruction du lieu d'exécution de la mesure.

• **VI.** – Les interrogatoires des mineurs placés en garde à vue visés à l'article 64 du Code de procédure pénale font l'objet d'un enregistrement audiovisuel.

• L'enregistrement ne peut être consulté, au cours de l'instruction ou devant la juridiction de jugement, qu'en cas de contestation du contenu du procès-verbal d'interrogatoire, sur décision du juge d'instruction, du juge des enfants ou de la juridiction de jugement, à la demande du ministère public ou d'une des parties. Les huit derniers alinéas de l'article 114 ne sont pas applicables. Lorsqu'une partie demande la consultation de l'enregistrement, cette demande est formée et le juge d'instruction statue conformément aux deux premiers alinéas de l'article 82-1 du Code de procédure pénale.

• Le fait, pour toute personne, de diffuser un enregistrement original ou une copie réalisée en application du présent article est puni d'un an d'emprisonnement et de 15.000 euros d'amende.

• Lorsque l'enregistrement ne peut être effectué en raison d'une impossibilité technique, il en est fait mention dans le procès-verbal d'interrogatoire qui précise la nature de cette impossibilité. Le procureur de la République ou le juge d'instruction en est immédiatement avisé.

• À l'expiration d'un délai de cinq ans à compter de la date de l'extinction de l'action publique, l'enregistrement original et sa copie sont détruits dans le délai d'un mois.

• Un décret précise en tant que de besoin les modalités d'application du présent VI.

• **VII.** – L'article 706-88 du Code de procédure pénale, à l'exception de ses 6e à 8e alinéas, est applicable au mineur de plus de 16 ans lorsqu'il existe une ou plusieurs raisons plausibles de soupçonner qu'une ou plusieurs personnes majeures ont participé, comme auteurs ou complices, à la commission de l'infraction.

En outre conformément à l'article 63-1 du Code de procédure pénale le mineur en retenue judiciaire doit être immédiatement informé par un officier de police judiciaire ou, sous le contrôle de celui-ci, par un agent de police judiciaire, dans une langue qu'il comprend, le cas échéant au moyen du formulaire prévu au treizième alinéa :

1° De son placement en garde à vue ainsi que de la durée de la mesure et de la ou des prolongations dont celle-ci peut faire l'objet ;

2° De la qualification, de la date et du lieu présumés de l'infraction qu'elle est soupçonnée d'avoir commise ou tenté de commettre ainsi que des motifs mentionnés aux 1° à 6° de l'article 62-2 justifiant son placement en garde à vue ;

3° Du fait qu'elle bénéficie :

– du droit d'être assistée par un avocat, conformément aux articles 63-3-1 à 63-4-3

– s'il y a lieu, du droit d'être assistée par un interprète ;

– du droit de consulter, dans les meilleurs délais et au plus tard avant l'éventuelle prolongation de la garde à vue, les documents mentionnés à l'article 63-4-1 ;

– du droit de présenter des observations au procureur de la République ou, le cas échéant, au juge des libertés et de la détention, lorsque ce magistrat se prononce sur l'éventuelle prolongation de la garde à vue, tendant à ce qu'il soit mis fin à cette mesure. Si la personne n'est pas présentée devant le magistrat, elle peut faire connaître oralement ses observations dans un procès-verbal d'audition, qui est communiqué à celui-ci avant qu'il ne statue sur la prolongation de la mesure ;

– du droit, lors des auditions, après avoir décliné son identité, de faire des déclarations, de répondre aux questions qui lui sont posées ou de se taire.

Si la personne est atteinte de surdité et qu'elle ne sait ni lire, ni écrire, elle doit être assistée par un interprète en langue des signes ou par toute personne qualifiée maîtrisant un langage ou une méthode permettant de communiquer avec elle. Il peut également être recouru à tout dispositif technique permettant de communiquer avec une personne atteinte de surdité.

Si la personne ne comprend pas le français, ses droits doivent lui être notifiés par un interprète, le cas échéant après qu'un formulaire lui a été remis pour son information immédiate.

Mention de l'information donnée en application du présent article est portée au procès-verbal de déroulement de la garde à vue et émargée par la personne gardée à vue. En cas de refus d'émargement, il en est fait mention.

SUJET DE PROCÉDURE PÉNALE

TRAVAIL À EFFECTUER

PREMIÈRE QUESTION

Indiquez la qualification pénale, les éléments constitutifs et les éléments de preuve se rapportant à chacune des infractions susceptibles d'être retenues à l'encontre de la (ou des) personne(s) impliquée(s).

La réponse sera présentée sous la forme du tableau suivant :

INFRACTIONS	ÉLÉMENTS CONSTITUTIFS	ÉLÉMENTS DE PREUVE
Qualification	- élément légal ; - élément matériel ; - élément moral.	se rapportant à chacun des éléments constitutifs

DEUXIÈME QUESTION

Présentez de façon chronologique et analytique, sous forme de tableau, les principaux actes de procédure utiles à l'enquête qui apparaissent dans le thème et liés aux faits dont a été victime Cindy BARBET *(à l'exception du PV de synthèse et de l'inventaire des pièces à conviction).*

TROISIÈME QUESTION

Rédigez le compte rendu téléphonique (CRT) effectué au procureur de la République, à l'issue des révélations de Ludovic BARBET.

QUATRIÈME QUESTION

Quelles sont les modalités d'application de la procédure particulière mise en œuvre lorsqu'un mineur est victime d'infractions à caractère sexuel ?

Notes Personnelles

Sujet

Gendarme ALPHA, officier de police judiciaire (OPJ), vous exercez vos fonctions à la communauté de brigades (CoB) de MONT [1].

Le lundi 17 octobre 2011 à 08 h 00, Sylvie PELLADET, 35 ans, demeurant 12, square de la Plaine à MONT, se présente à votre unité. Elle souhaite déposer une plainte à l'encontre de son ancien compagnon pour des violences dont elle a été victime la veille.

Elle déclare :

– Exercer la profession de veilleuse de nuit à la maison de retraite de la commune ;

– Habiter dans un appartement HLM avec son mari, Martial PELLADET qu'elle a épousé en janvier 2009 et sa fille Cindy, âgée de 10 ans, issue de son ancienne union avec Ludovic BARBET ;

– Avoir été pacsée avec Ludovic Barbet d'avril 2000 à juillet 2008. Ils habitaient déjà à l'époque dans cet appartement à MONT ;

– Que l'ordonnance du juge aux affaires familiales (JAF) du TGI de DALIS, en date du 12 septembre 2008, lui accorda la garde de Cindy. Quant à Ludovic BARBET, la décision lui a octroyé le droit de visite habituel, à savoir un week-end sur deux du vendredi à 18 h 00 au dimanche à 18 h 00 ainsi que la moitié des vacances scolaires. Il doit aussi participer financièrement à l'éducation et à l'entretien de Cindy par le versement mensuel d'une pension alimentaire de 150 euros, ce qu'il assure sans aucune difficulté ;

– Entretenir des relations conflictuelles avec Ludovic BARBET à qui elle reproche de ne pas respecter les horaires fixés par le JAF. En effet, il reconduit systématiquement sa fille chaque dimanche avec une heure, voire deux heures de

(1) Un procès-verbal de transport, constatations et mesures prises spécifique sera rédigé ultérieurement sur commission rogatoire.

retard. Cette situation entraîne de fréquentes disputes avec son ancien compagnon ;

– Que leur dernière dispute remonte à la veille, dimanche 16 octobre 2011. Ludovic BARBET est arrivé à 20 h 00 avec Cindy au lieu de 18 h 00. Alors qu'ils se trouvaient dans le hall de l'immeuble où elle a l'habitude de les attendre, elle lui a reproché vivement son retard, en des termes sévères. Pour seule réponse, il l'a giflée avec force à deux reprises, avant de repartir. Sous les coups, elle a chancelé sans tomber ;

– Qu'il n'y a eu aucun témoin de l'altercation, sa fille montant les escaliers pour regagner l'appartement ;

– Que c'est la première fois que son ancien compagnon use de violences à son encontre ;

– Avoir prévenu la gendarmerie par téléphone à 20 h 30 depuis son domicile. Son interlocuteur l'a invitée à se faire visiter par un médecin et à se présenter à votre unité, ce qu'elle a fait ce jour dès 08 h 00 ;

– S'être rendue aux urgences du CHU de DALIS à 21 h 00. Elle a été auscultée par le médecin de garde, puis a quitté l'hôpital vers 02 h 00. Il lui a remis un certificat médical mentionnant ses observations et ne prescrivant aucune incapacité de travail.

Au cours de son audition, Sylvie PELLADET vous communique l'adresse de Ludovic BARBET. Ce dernier réside au 18, rue de Romas à CYTES.

Vous rendez-compte des faits à votre commandant de CoB qui en informe le procureur de la République.

À 11 h 00, vous prenez attache avec le commandant de la BTA de CYTES. Vous le sollicitez aux fins d'inviter Ludovic BARBET à se présenter à la BTCL de MONT dans les meilleurs délais, afin d'être entendu sur les accusations portées à son égard par son ex-compagne Sylvie PELLADET.

À 14 h 00, Ludovic BARBET, 37 ans, se présente à votre brigade. Il accepte de déposer sans contrainte et il vous déclare :

– Vivre seul dans un appartement qu'il occupe à CYTES depuis la rupture du Pacs qui le liait à Sylvie PELLADET. Il exerce la profession de mécanicien automobile dans un garage de sa ville ;

– Recevoir sa fille selon les termes de l'ordonnance du TGI de DALIS ;

– Qu'il reconnaît avoir violenté son ex-compagne, la veille au soir. Il avait ramené Cindy avec du retard, vers 20 h 00, car ils avaient passé l'après-midi au parc des loisirs et n'avaient pas vu le temps passer. Sylvie PELLADET l'attendait dans le hall de l'immeuble, comme à son habitude. Dès son arrivée avec Cindy, elle l'a immédiatement pris à partie, l'insultant copieusement. Il en a eu assez de ce comportement systématiquement peu conciliant. Sous le coup de la colère, il lui a asséné deux gifles et a quitté les lieux ;

– Regretter son geste, mais il le justifie par le comportement de son ex-compagne envers sa fille et lui-même.

Durant cette première audition, vous remarquez l'extrême fébrilité du témoin, notamment lorsqu'il parle de sa fille et plus particulièrement à la fin de sa déclaration. Vous invitez alors Ludovic BARBET à préciser ses propos quant au comportement de son ex-compagne envers sa fille. Après avoir marqué un temps de surprise et d'hésitation, Ludovic BARBET s'effondre et, entre deux sanglots, vous confie à 15 h 00 :

– Avoir remarqué, depuis le printemps 2010, un changement d'attitude de Cindy lorsqu'elle vient en week-end ou en vacances. Elle est en effet triste, renfermée et toujours craintive. Elle devient même totalement muette lorsqu'il l'interroge sur sa vie avec sa mère et son nouveau mari ;

– s'être également rendu compte que sa fille maigrit progressivement, bien qu'elle mange de bon appétit quand elle se trouve chez lui. Cela lui a paru flagrant lorsqu'il l'a récupérée début août 2011 après qu'elle a passé un mois de vacances chez sa mère. Il a même dû récemment l'amener chez un médecin, car elle présentait de curieuses rougeurs sur tout le corps. Le praticien a diagnostiqué un eczéma généralisé dû à un manque d'hygiène avéré. Par ailleurs, il a remarqué que

Cindy était toujours vêtue avec les mêmes habits, mais il a pensé à une coïncidence ;

– n'avoir rien dit jusqu'alors pour ne pas provoquer de nouvelles disputes et prendre le risque que Sylvie PELLADET l'empêche de voir sa fille. De plus, étant actuellement soigné pour une dépression, il n'a pas la force d'intenter une action en justice. Cette pathologie est provoquée par son ex-amie, car depuis qu'elle a rencontré Martial PELLADET, elle lui envoie quotidiennement des dizaines de textos insultants et humiliants. Cette situation a rapidement occasionné chez lui des troubles anxiogènes qui l'ont amené, à l'automne 2008, à consulter un psychiatre. Suivi depuis deux ans, il prend un traitement assez handicapant d'anxiolytiques et d'antidépresseurs. Il est d'ailleurs en arrêt de travail depuis six mois ;

– vouloir déposer plainte pour ces faits à l'encontre de Sylvie PELLADET et de Martial PELLADET. Il souhaite dorénavant obtenir la garde exclusive de sa fille qu'il entend mieux protéger.

À la fin de son audition à 16 h 30, Ludovic BARBET vous fait prendre connaissance d'une dizaine de textos datés de la veille et du jour même, et conservés dans la mémoire de son téléphone portable. Vous constatez effectivement qu'ils contiennent des propos peu élogieux sur l'intéressé, tels que :

- « T k'une fiotte » ;
- « heureusement que g trouvé un vrai mec » ;
- « toit tété k1 chien, » ;
- « T vrèment k1 moins ke rien ».

Il vous remet son téléphone pour exploitation ; vous lui faites part qu'il lui sera restitué.

Vous informez le procureur de la République qui autorise l'examen médical de Ludovic BARBET et vous demande de poursuivre vos investigations, en dissociant la procédure relative aux faits dont Cindy BARBET est victime et celle relative aux différents des ex-conjoints BARBET et PELLADET.

À 16h45, vous sollicitez le concours du docteur Théophile VABIEN qui confirme l'état dépressif sévère de l'intéressé et délivre un certificat médical mentionnant une ITT de 30 jours. À l'issue, Ludovic BARBET quitte la brigade.

À 17h00, vous rendez compte de ces nouveaux faits à votre commandant du Cob qui obtient le concours du gendarme SIERRA, enquêteur Ntech de la BDRIJ de DALIS. Il se présente à 17h30 et débute l'exploitation du téléphone portable.

Le 18 octobre à 09h00, le couple PELLADET se présente à votre unité avec la jeune Cindy, répondant ainsi à votre convocation.

Assisté du gendarme Carine LIMA, APJ de la BPDJ de DALIS, Cindy vous déclare séparément à 09h15 :

– Qu'après la séparation de ses parents, la vie avec sa mère se déroulait harmonieusement ;

– Que la situation s'est dégradée le jour où Martial est venu vivre avec elles. Il a trouvé qu'elle était trop gâtée et qu'elle accaparait toute l'attention de sa mère. Elle a commencé par recevoir moins de cadeaux. Lorsque sa mère travaillait, elle se trouvait seule à la maison, Martial sortant avec des amis ;

– Que, progressivement, sa mère a cessé de lui acheter des vêtements. Elle est obligée de porter des habits donnés par le Secours populaire. Ils ne sont jamais lavés, sa mère préférant s'occuper exclusivement de Martial. De plus, ils ne lui accordent qu'une douche rapide par semaine pour économiser l'eau ;

– Qu'elle dort sur un matelas posé à même le sol. Il sent mauvais et elle n'a ni draps, ni couvertures ;

– Que, depuis deux mois, elle a sur le corps des plaques rouges qui la démangent. Son père l'a emmenée voir un médecin, mais elle ne peut prendre son traitement qu'à l'occasion des visites chez son père, car sa mère refuse d'en entendre parler. Tout son corps la démange ;

– Que depuis quelques mois, elle ne mange que les restes de repas que sa mère et son beau-père lui laissent. Comme ils ne veulent pas payer de cantine, elle rentre à son domicile le midi. Elle ne mange pas avant de retourner à l'école, car sa mère dort. Elle se rattrape heureusement lors des visites chez son père.

– Qu'ayant honte de cette situation, et pour ne pas subir de moqueries à l'école, elle n'en a parlé à personne.

– Que ses parents se disputent de plus en plus souvent, sa mère étant toujours méchante avec son père;

– Qu'elle a appris par sa mère que son père l'avait giflée après l'avoir raccompagnée dimanche dernier;

– Qu'elle a peur de ne plus voir son père. Elle voudrait vivre avec lui.

Afin d'éviter que les époux PELLADET ne se concertent et de vous permettre de réaliser vos investigations dans de bonnes conditions, vous notifiez à Sylvie PELLADET et Martial PELLADET leur placement en garde à vue à 10 h 30, dans le cadre de la procédure liée aux faits dont l'enfant est victime. Ils souhaitent bénéficier de l'assistance d'un avocat.

Informé de ces faits à 10h45, le procureur de la République prescrit que la jeune Cindy BARBET soit examinée en urgence par un médecin afin de déterminer son état général, puis par un pédopsychiatre de l'unité médico-judiciaire (UMJ) du CHU de DALIS. Il ordonne que la petite fille soit confiée provisoirement à la garde de son père et saisit le juge des enfants.

À 11 h 00, le docteur VABIEN examine l'enfant dans vos locaux et vous communique ses conclusions:

– La fillette présente tous les symptômes de la dénutrition, et ne pèse que 25 kg pour 1 m 35;

– Elle souffre d'eczéma sévère sur tout le corps, ce qui nécessite un traitement suivi. Ce type de pathologie est fréquemment rencontré chez les «sans domicile fixe» et, plus généralement, chez toutes les personnes souffrant d'un défaut prononcé d'hygiène.

À 12h30, vous procédez à l'audition de Sylvie PELLADET qui déclare :

– Que Ludovic BARBET fabule pour lui nuire et obtenir la garde exclusive de leur fille. Elle ne comprend pas les raisons de votre acharnement à son encontre.

À 13h00, vous lui donnez connaissance des premières conclusions du médecin sur l'état de santé de sa fille. À 13h30, elle déclare :

– Que l'arrivée de Martial dans sa vie en novembre 2008 a été une bénédiction car il a su mettre un terme à sa solitude ;

– Qu'il a très vite remarqué qu'elle ne savait pas gérer son argent et a pris les choses en main. Il a remboursé ses dettes et ouvert un compte bancaire commun pour le couple. Il a ainsi mis un frein aux dépenses qu'il jugeait inutiles, comme les jouets, vêtements et confiseries de toutes sortes qu'elle achetait auparavant à sa fille ;

– Avoir, à partir de ce moment-là, donné à sa fille des habits d'occasion qu'elle obtenait auprès du Secours populaire, ce qu'elle a estimé bien suffisant pour une petite fille en pleine croissance dont il faut renouveler fréquemment la garde-robe ;

– Qu'à 10 ans, sa fille peut se débrouiller seule le midi et le soir, quand elle-même travaille. Elle estime que Cindy est assez grande pour faire sa toilette et pour laver ses vêtements. Elle n'a, à aucun moment, constaté que sa fille souffrait d'eczéma, cette dernière ne se plaignant jamais ;

– Que sa fille ne fréquente pas la cantine par souci d'économies. Elle est cependant bien nourrie, car ils lui laissent les reliefs de leurs repas, qui sont parfois abondants. Elle explique la maigreur de Cindy par sa morphologie et sa croissance, mais absolument pas par un manque quelconque de nourriture ;

– Considérer que cette éducation stricte ne peut être que bénéfique à sa fille qui est à son goût trop gâtée par son père ;

– Être en conflit avec Ludovic BARBET depuis que son ami lui a ouvert les yeux sur la vraie personnalité de son ancien compagnon. Elle estime en effet que Ludovic BARBET est un paresseux qui l'a conduite à s'endetter. Elle précise que Ludovic BARBET ramène systématiquement Cindy avec du retard pour la faire enrager et encourage l'hostilité de sa fille envers elle et Martial.

Sylvie PELLADET sera entendue ultérieurement sur les faits dont Ludovic BARBET est victime.

Auditionné dans le même temps par le MDC Echo, OPJ de votre unité, Martial PELLADET confirme intégralement les propos de sa femme. Il ajoute que Cindy est, tout comme son père, une personne qu'il faut éduquer.

Au cours des auditions du couple PELLADET, Cindy est accompagnée par son père à l'UMJ pour y être examinée par le docteur AOUSSE, pédopsychiatre.

À 16 h 00, vous vous transportez au domicile des époux PELLADET, accompagné du MDC ECHO et d'un TIC de la BDRIJ de DALIS. En la présence de Sylvie PELLADET, vous constatez :

– Que l'appartement de type F3 est dans l'ensemble propre et bien tenu à l'exception d'une des deux chambres que Sylvie PELLADET désigne comme étant celle de Cindy ;

– Que cette pièce ne contient aucun meuble, un matelas très sale étant simplement posé à terre, sans draps ni couvertures. Quelques vieux jouets jonchent le sol ainsi que des vêtements de taille « 8 ans » également très sales et, pour la plupart, troués.

À 17 h 00, le docteur AOUSSE informe le procureur de la République du résultat de l'entretien approfondi réalisé avec Cindy BARBET depuis son arrivée à l'UCMJ à 14 h 00.

À 17 h 30, le procureur de la République saisit le commandant de compagnie par soit-transmis urgent des faits dénoncés par Cindy auprès du pédopsychiatre, en prescrivant de le joindre à la procédure en cours. Il informe également le magistrat chargé des mineurs ainsi que le juge des enfants.

À la lecture du dossier télécopié que le CCie vous remet à 18 h 00 en vous désignant directeur d'enquête, vous prenez connaissance des déclarations de Cindy BARBET :

– Depuis le mois de mai 2010, son beau-père Martial PELLADET est soudainement devenu très gentil avec elle, notamment le soir, après le départ de sa mère au travail. Un soir, il s'est assis sur le canapé avec elle et lui a donné du chocolat. Il lui a dit que cela méritait bien une récompense et lui a demandé de l'embrasser sur la bouche. Elle a accepté, car cela lui a paru naturel, mais il a ensuite recommencé chaque soir dès que sa mère s'absentait ;

– Quelques semaines plus tard, il lui a dit avoir préparé un repas de fête composé de hamburgers, de soda et de confiseries. Il lui a néanmoins déclaré que pour en profiter, elle devait se montrer très gentille avec lui. Il a ajouté qu'elle était grande maintenant et que toutes les jeunes filles adoptaient cette attitude avec leur beau-père. Il a alors baissé son pantalon et lui a demandé de lui sucer le sexe. Elle a d'abord refusé, mais finalement accepté pour pouvoir manger car elle était affamée ;

– Martial PELLADET lui a ensuite imposé des fellations dès que Sylvie PELLADET s'absentait, en échange d'un repas ou de confiseries. Il lui a demandé de garder cette situation secrète, car dans le cas contraire, elle risquait d'être placée dans un foyer ou en prison, ce qui lui a fait très peur ;

– La dernière fellation imposée par Martial, PELLADET a eu lieu le 17 octobre vers 23 h 00 ;

– La fillette a ajouté n'avoir pas osé se confier à ses parents ni à quiconque et que sa mère ne s'est jamais doutée de cette situation.

Vous notifiez les nouvelles charges retenues à l'encontre de Martial PELLADET dans le cadre de la garde à vue.

À 19 h 00, Cindy BARBET est accompagnée à votre unité par son père. La fillette est entendue par les militaires de la BPDJ dans le cadre de la procédure « Mélanie ».

Elle confirme tous les faits révélés au médecin.

À 20 h 30, vous entendez Ludovic BARBET sur les faits dont sa fille est victime. Il prend connaissance de sa déposition et dépose plainte. Il se déclare effondré par ces révélations mais comprend mieux l'attitude et le comportement de sa fille. Il ajoute ne s'être aperçu de rien et se sent responsable de cette situation.

Le procureur de la République se déplace à votre unité afin de notifier à Sylvie et Martial PELLADET la prolongation de leur garde à vue.

À 22 h 00, vous procédez à une nouvelle audition de Martial PELLADET qui vous déclare :

– Avoir rejeté Cindy dès le début de sa relation avec Sylvie, car il a senti une attirance sexuelle très forte envers l'enfant. Il avait peur de commettre des actes inavouables en se montrant trop proche d'elle ;

– Qu'un soir, en la voyant en tenue de nuit sur le canapé (1), et alors que sa femme se trouvait sur son lieu de travail, il n'a pu résister à la tentation. Comme il savait qu'elle avait faim, il a proposé du chocolat à Cindy en échange d'un baiser sur la bouche. Il s'est contenté de cela et a recommencé à plusieurs reprises lorsque sa femme était absente ;

– Que comme ces baisers ne suffisaient plus à calmer ses pulsions sexuelles, il a décidé d'aller plus loin et lui a demandé une fellation. Pour arriver à ses fins, il a préalablement préparé un repas et des bonbons. La fillette a accepté et a fait ce qu'il lui demandait ;

– Avoir par la suite continué à lui imposer une fellation les soirs qui ont suivi, soit environ quatre fois par semaine. Cette situation durait depuis le moins de juin 2010 ;

– Avoir continué ses agissements au retour de vacances de Cindy en août dernier ;

– Que la veille au soir, il a une nouvelle fois demandé à Cindy des faveurs sexuelles. Il lui a proposé des gâteaux et elle a tout de suite compris ce qu'il attendait d'elle. L'acte a eu lieu entre 23 h 00 et 23 h 30. Il a duré une dizaine de minutes, après qu'ils ont regardé ensemble un film ;

– Avoir demandé à la fillette de garder le silence, ce qu'elle a fait ;

– Que sa femme ignore tout de son comportement envers sa fille.

À 23 h 45, vous entendez Sylvie PELLADET. Après qu'elle a déclaré que sa fille était une menteuse, vous la confrontez aux déclarations de son mari. Elle affirme alors ne s'être rendu compte de rien et qu'elle laissait Cindy avec Martial en toute confiance lorsqu'elle travaillait. Elle soupçonne sa fille d'avoir provoqué son mari.

Le 19 octobre 2011 à 09h00, le docteur AOUSSE vous transmet son rapport complet sur l'évaluation psychologique de Cindy BARBET. Il établit, en plus des révélations concernant les agissements sexuels de Martial PELLADET, que l'enfant est très fragilisée psychologiquement par l'attitude de sa mère et de son beau-père et que son état nécessite une psychothérapie. Le rapport précise en outre, qu'il serait souhaitable que l'enfant conserve une relation régulière avec son père dont elle semble très proche. Par ailleurs, il estime souhaitable que la garde exclusive lui soit octroyée.

À 16h00, le docteur VABIEN procède sur Martial PELLADET à un examen médical et à une prise de sang ; celui-ci ne s'y oppose pas (2).

Vous procédez à de nouvelles auditions des protagonistes qui confirment leurs dires.

À 18h00, vous prenez attache avec le procureur de la République qui vous demande de lui présenter les intéressés le lendemain à 08h30.

Sylvie et Martial PELLADET sont mis en route le 20 octobre 2011 à 08h00, pour être présentés au procureur de la République de DALIS.

(2) La prise de sang a pour objet de rechercher des maladies sexuellement transmissibles (MST).

MONT

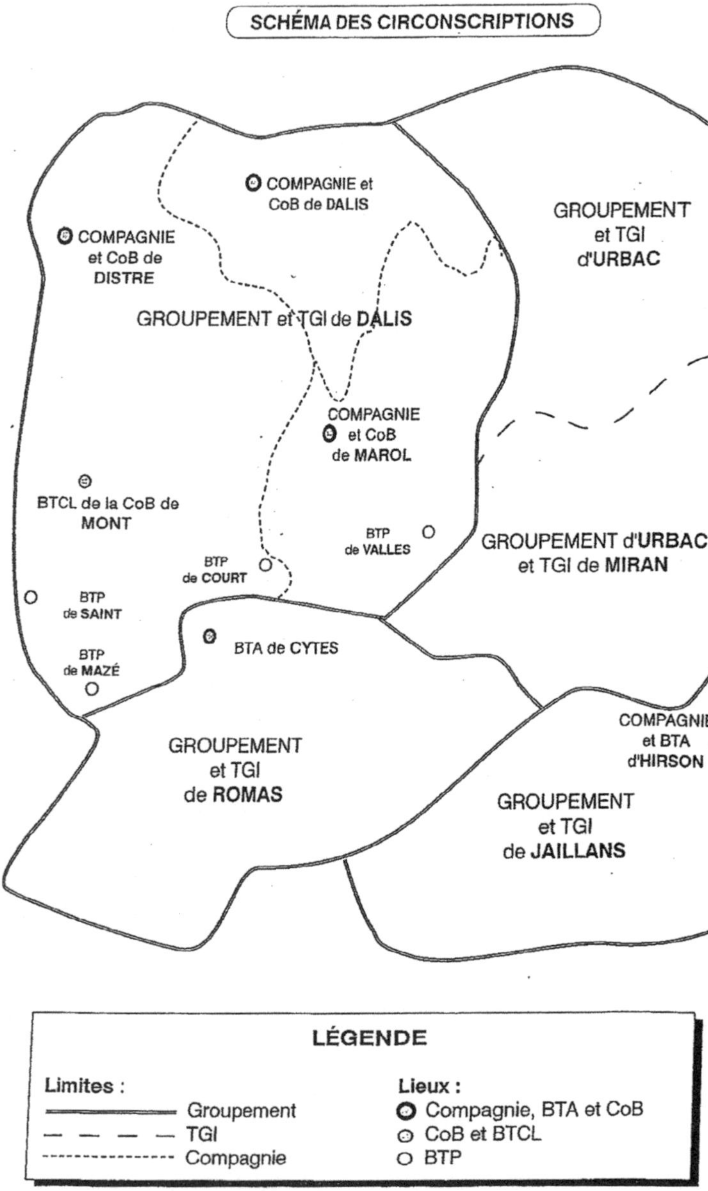
SCHÉMA DES CIRCONSCRIPTIONS
COMPAGNIE et CoB de DALIS
COMPAGNIE et CoB de DISTRE
GROUPEMENT et TGI de DALIS
GROUPEMENT et TGI d'URBAC
COMPAGNIE et CoB de MAROL
BTCL de la CoB de MONT
BTP de VALLES
BTP de COURT
BTP de SAINT
BTP de MAZÉ
BTA de CYTES
GROUPEMENT d'URBAC et TGI de MIRAN
GROUPEMENT et TGI de ROMAS
COMPAGNIE et BTA d'HIRSON
GROUPEMENT et TGI de JAILLANS
LÉGENDE
Limites :
Groupement
TGI
Compagnie
Lieux :
Compagnie, BTA et CoB
CoB et BTCL
BTP

Solution

PREMIÈRE QUESTION

Infraction susceptible d'être retenue à l'encontre de Ludovic BARBET.

INFRACTIONS	ÉLÉMENTS CONSTITUTIFS	ÉLEMENTS DE PREUVE
Qualification	**– élément légal ;** **– élément matériel ;** **– élément moral.**	**se rapportant à chacun des éléments constitutifs**
Violences volontaires aggravées *Délit*	Élément légal Infraction prévue par les articles 132-80, al. 2 et 222-13, al. 1 et 6° du Code pénal et réprimée par l'article 222-13, al. 1 du même code. Élément matériel – Violences volontaires ;	 Ludovic BARBET gifle à deux reprises Sylvie Pelladet.
	– n'ayant entraîné aucune incapacité de travail ;	Sylvie PELLADET présente un certificat médical ne mentionnant aucune incapacité de travail.
	– commises par l'ancien partenaire lié à la victime par un pacte civil de solidarité, en raison des relations ayant existé entre l'auteur des faits et la victime.	Sylvie PELLADET a été liée pendant huit ans à Ludovic BARBET par un PACS. Ludovic BARBET a commis des violences sur son ancienne compagne en raison du différend qui les oppose

	Élément moral Intention coupable.	au sujet de l'exercice du droit de visite de leur fille Cindy. Les violences commises par Ludovic BARBET sur Sylvie PELLADET résultent d'un acte volontaire de sa part.

Infraction susceptible d'être retenue à l'encontre de Sylvie PELLADET.

INFRACTIONS	**ÉLÉMENTS CONSTITUTIFS**	**ÉLEMENTS DE PREUVE**
Qualification	**– élément légal ; – élément matériel ; – élément moral.**	**se rapportant à chacun des éléments constitutifs**
Harcèlement moral sur un ex-partenaire lié par un pacte civil solidarité *Délit*	Élément légal Infraction prévue par les articles 222-33-2-1 du Code pénal et réprimée par l'article 222-33-2-1, al. 1 du même code.[1] Élément matériel – Actes de harcèlement par des propos répétés ;	Depuis janvier 2009, Sylvie PELLADET envoie quotidiennement des dizaines de textos humiliants et insultants à Ludovic Barbet.

(1) L'infraction d'appels téléphoniques malveillants *(art. 222.16 du Code pénal)* ne peut être relevée car elle constitue, en l'occurrence, l'acte matériel de l'infraction de harcèlement moral.

	– commis à l'encontre de l'ancien partenaire d'un pacte civil de solidarité ;	Sylvie PELLADET a été liée pendant 8 ans à Ludovic BARBET par un PACS.
	– ayant pour objet ou effet une dégradation de ses conditions de vie se traduisant par une altération de sa santé physique ou mentale ;	Les agissements de Sylvie PELLADET font que Ludovic BARBZET souffre de dépression et de troubles anxiogènes qui le contraignent à suivre un traitement handicapant et à un arrêt de travail depuis 6 mois.
	– ayant causé une ITT supérieur à 8 jours.	Outre son arrêt de travail de 6 mois, une ITT de 30 jours est délivrée par le docteur VABIEN à Ludovic BARBET après un examen médical effectué en cours d'enquête.
	<u>Élément moral</u> Intention coupable.	Sylvie PELLADET agit de la sorte dans le but de nuire à son ex-compagnon en le harcelant à l'aide des nombreux textos aux termes humiliants qu'elle lui envoie tous les jours.

Infraction susceptible d'être retenue à l'encontre de Sylvie et Martial PELLADET.

INFRACTIONS	ÉLÉMENTS CONSTITUTIFS	ÉLEMENTS DE PREUVE
Qualification	**– élément légal ; – élément matériel ; – élément moral.**	**se rapportant à chacun des éléments constitutifs**
Privation d'aliments ou de soins sur mineure de 15 ans par ascendant ou personne ayant autorité. *Délit*	<u>Élément légal</u> Infraction prévue et réprimée par l'article 227-15, al. 1 du Code pénal.	
	<u>Élément matériel</u> – Privation d'aliments ou de soins ;	Sylvie et Martial PELLADET ne laissent à Cindy Barbet que les restes des repas pour qu'elle se nourrisse ce qui est insuffisant pour qu'elle mange à sa faim. Ils lui restreignent l'accès à la douche et ne l'habillent que de vêtements d'occasion non lavés. Ils la laissent dormir sur un matelas sale et sentant mauvais posé à même le sol, sans draps ni couvertures.
	– au point de compromettre la santé ;	Cindy BARBET a été examinée par un médecin. Celui-ci a rédigé un certificat médical indiquant qu'elle souffre de dénutrition et d'un eczéma sévère recouvrant tout le corps.

	– d'un mineur de 15 ans ; – commise par un ascendant ou une personne ayant autorité. Élément moral Intention coupable.	Cindy BARBET est âgée de 10 ans. Les privations sont le fait de Sylvie PELLADET et sa mère et Martial PELLADET son beau-père. Sylvie et Martial PELLADET privent de manière consciente et volontaire Cindy BARBET « pour l'éduquer » compromettant par leur comportement la santé de cette fillette.

Infraction susceptible d'être retenue à l'encontre de Martial PELLADET.

INFRACTIONS	**ÉLÉMENTS CONSTITUTIFS**	**ÉLEMENTS DE PREUVE**
Qualification	**– élément légal ;** **– élément matériel ;** **– élément moral.**	**se rapportant à chacun des éléments constitutifs**
Viol sur mineure de 15 ans par personne ayant autorité. *Crime*	Élément légal Infraction prévue par les articles 222-23, 222-24, 2° et 4° du Code pénal et réprimée par l'article 222-24, al. 1 du même code. Élément matériel – Un acte de pénétration sexuelle de quelque nature qu'il	 Martial PELLADET a, de juin 2000 à juillet 2011, contraint

	soit commis sur la personne d'autrui ;	Cindy BARBET à lui faire des fellations lorsqu'il se trouvait seul avec elle, alors que son épouse travaillait.
	– par violence, contrainte, menace ou surprise ;	Martial PELLADET a contraint à des actes de pénétration sexuelle Cindy BARBET en lui promettant de la nourriture car il savait qu'elle avait faim.
	– sur une mineure de 15 ans ;	Cindy BARBET est âgée de 10 ans.
	– par une personne ayant autorité de fait sur la victime.	Martial PELLADET est le beau-père de Cindy BARBET.
	<u>Élément moral</u> Intention coupable.	Martial PELLADET a conscience de l'illégalité et de l'immoralité de ses actes à tel point qu'il a fait craindre à Cindy BARBET son placement en foyer ou en prison pour qu'elle taise la nature de ces relations.

DEUXIÈME QUESTION

CADRE JURIDIQUE

TYPE D'ENQUÊTE

Enquête de crime flagrant.

CADRE LÉGAL

Articles 16 à 19 et 53 à 67 du Code de procédure pénale s'agissant d'un délit flagrant.

JUSTIFICATION DU CHOIX DE CADRE JURIDIQUE D'ENQUÊTE

Les faits sont actuels *(C.P.P. art 53, al. 1)*. L'infraction dénoncée porte sur des privations de soins en cours ce qui justifie l'enquête de délit flagrant. Laquelle passe en crime flagrant, lorsque les faits de viol sont connus et joints à l'enquête en cours, sur instruction du procureur de la République le dernier acte sexuel datant du 17 octobre 2011 vers 23 h 00 *(C.P.P. art. 53 al. 1)*.

COMPÉTENCE DE L'O.P.J

Les infractions ont été commises à MONT commune du ressort territorial de la COB de MONT au sein de laquelle le gendarme ALPHA, O.P.J, exerce ses fonctions habituelles *(C.P.P., art. 18 al. 1 et R. 15-24)*.

Procès-verbal d'audition de Ludovic BARBET (témoin)

Le 17 octobre 2011 à 4 heures à la BTCL de MONT.

Gendarme ALPHA, O.P.J. à la COB de MONT.

CADRE LÉGAL

Articles 15-3, 16 à 19, 61-1 et 62 du Code de procédure pénale.

MOTIVATION

Nécessité de procéder à l'audition de la personne soupçonnée de violences à l'encontre de son ancienne compagne Sylvie PELLADET.

ÉLÉMENTS DE FOND

Au cours de son audition, il dénonce des faits dont sa fille Cindy est victime et il souhaite déposer plainte. Ses déclarations font apparaître :

– Que sa fille semble souffrir de dénutrition ainsi que d'un manque de soins notamment d'hygiène à l'origine d'un eczéma.

– Que Cindy a changé d'attitude depuis le printemps 2010.

– Qu'il est quotidiennement harcelé par son ex-compagne qui lui adresse de multiples textos insultants et humiliants à l'origine de sa maladie psychologique.

Au cours de son audition, il est informé de ses droits en tant que représentant légal de sa fille mineure.

Mention de la remise volontaire de son téléphone portable.

Procès-verbal d'audition de Cindy BARBET (Victime)

Le 18 octobre 2011 à 9 heures 15 à la BTCL de MONT.

Gendarme ALPHA, O.P.J. à COB de MONT, assisté par la gendarme LIMA, A.P.J à la BPDJ de DALIS.

CADRE LÉGAL

Articles 16 à 19 et 61 du Code de procédure pénale.

MOTIVATION

Recueil de la déclaration circonstanciée de la victime pour établir les faits constituant les infractions.

ÉLÉMENTS DE FOND

Entendue sur les faits de privation de soins dont selon son père elle serait victime, elle parle :

– De sa vie chez elle avec sa mère et son beau-père.

– De ses conditions de vie avec sa mère et son beau-père.

– Des mauvaises conditions de soins dont elle victime. Indiquant coucher sans draps, ni couvertures sur un matelas sale et nauséabond à même posé sur le sol, ne pouvoir prendre qu'une douche par semaine, recevoir des vêtements d'occasion provenant du secours populaire jamais lavés, et ne pas avoir assez de nourriture pour manger à sa faim.

– Des relations conflictuelles entre sa mère et son père ainsi que des violences que, selon sa mère, son père aurait commis sur elle, lors de son retour à la maison.

Procès-verbal de notification des droits et d'audition de personne gardée à vue (Sylvie PELLADET) – (Durée 47 heures)
Le 18 octobre 2011 à 9 heures – mise en route pour être présentée au parquet le 20 octobre 2011 à 8 heures. Mesure prise et notifiée par le gendarme ALPHA, O.P.J. à la COB de MONT. Exécutée à la BTCL de MONT.
CADRE LÉGAL Articles 16 à 19 et 62-2 à 64-1 du Code de procédure pénale
MOTIVATION Empêcher que la personne ne se concerte avec son mari coauteur soupçonné. Permettre l'exécution des investigations impliquant la présence ou la participation de la personne. Empêcher les pressions sur la victime (C.P.P. art. 62-2). Procéder à l'audition de Sylvie PELLADET accusée : – Par Ludovic BARBET de la harceler moralement. – Par sa fille Cindy de privation de nourriture et de soins. Puis sur les faits de viols dont sa fille se plaint d'être victime. Faits découverts en cours d'enquête.
MENTION PARTICULIÈRE Mention sur le procès-verbal du transport effectué à son domicile pour réaliser des constatations le 18 octobre 2011 à 16h00.
ÉLÉMENTS DE FOND Sylvie PELLADET : <u>Dans la première partie de l'enquête, elle :</u> – Reconnaît l'envoi quotidien de dizaines de textos insultants et humiliants à son ex-compagnon Ludovic BARBET. – À du mal à reconnaître les faits de privations de nourriture et de soins envers sa fille. – Elle pense que Cindy avait assez à manger pour se nourrir correctement. – Que le fait de ne prendre qu'une douche n'est pas un manque d'hygiène. – Que de faire porter des vêtements d'occasion à sa fille est une mesure d'économie nécessaire. – Pense que sa fille Cindy, bien qu'âgée de 10 ans, est assez grande

pour se prendre en charge tant sur le plan de la nourriture que de sa santé, comme pour laver elle-même ses vêtements.

Dans la seconde partie de l'enquête, elle :

Affirme tout ignorer des relations à caractère sexuel que son mari Martial PELLADET imposait à sa fille depuis plusieurs mois.

Procès-verbal de notification des droits et d'audition de personne gardée à vue (Martial PELLADET) – (Durée 47 heures)

Le 18 octobre 2011 à 9 heures – mise en route pour être présenté au parquet le 20 octobre 2011 à 8 heures.

Mesure prise et notifiée par le gendarme ALPHA, O.P.J. à la COB de MONT. Exécutée à la BTCL de MONT. Auditions conduites par le MDC ECHO et le Gendarme ALPHA OPJ à La COB de MONT.

CADRE LÉGAL

Articles 16 à 19 et 62-2 à 64-1 du Code de procédure pénale.

MOTIVATION

Empêcher que la personne ne se concerte avec son épouse coauteure soupçonnée.

Permettre l'exécution des investigations impliquant la présence ou la participation de la personne.

Empêcher les pressions sur la victime (C.P.P. art. 62-2).

Procéder à l'audition de Martial PELLADET pour établir sa participation et son rôle dans les faits de privation d'aliments et de soins sur mineure de 15 ans.

NOTIFICATION DES DROITS

Art. 63-1 du C.P.P :

– De la qualification, de la date et du lieu présumés des infractions sur lesquelles porte l'enquête et de la durée de la mesure.

– Droit, après avoir décliné son identité de faire des déclarations, de répondre aux questions qui lui sont posées ou de se taire.

– Droit de consulter le PV de la notification de GAV, le certificat médical et de son audition.

– Droit de présenter des observations au PR ou au JLD en cas d'éventuelle prolongation de la GAV.

Art. 63-2 du C.P.P. :

Droit de faire prévenir une personne avec laquelle il vit habituellement ou l'un de ses parents en ligne directe ou l'un de ses frères et sœurs ou son employeur de la mesure dont il est objet. et de s'entretenir avec la personne désignée.

Art. 63-3 du C.P.P :

– Droit à une visite médicale.

Art. 63-1, 63-3-1 à 63-4-3 du C.P.P :

– Droit de se faire assister par un avocat dès le début de sa garde à vue.

– Remise d'un document énonçant ces droits.

Prolongation de garde à vue :

– Nouvelle notification des droits.

ÉLÉMENTS DE FOND

Martial PELLADET :

Dans la première partie de l'enquête, il :

– Confirme les déclarations de son épouse quant à leur façon de se comporter envers Cindy (sa belle-fille), tout en s'étonnant qu'il s'agisse de faits de privation d'aliments et de soins.

– Précise, pour justifier son attitude à son égard, que Cindy est comme son père une personne qu'il faut éduquer.

Dans la seconde partie de l'enquête, il :

– Reconnaît avoir commis les faits de viol dénoncés par sa belle-fille Cindy.

– Affirme que son épouse ignorait les faits de viols commis sur Cindy.

Réquisition à personne qualifiée (Docteur VABIEN)

Le 18 octobre 2011 à 11 heures à la BTCL de MONT.

Gendarme ALPHA, O.P.J. à la COB de MONT.

CADRE LÉGAL

Articles 16 à 19 et 60 du Code de procédure pénale.

Le médecin doit accepter la mission, prêter serment s'il n'est pas inscrit sur une liste d'experts près la cour d'appel et remettre un certificat médical.

Le certificat médical est répertorié en pièce dans la procédure.

MOTIVATION

Examiner la jeune Cindy BARBET aux fins de déterminer son état de santé tant sur le plan nutritionnel que des soins corporel et de l'hygiène.

ÉLÉMENTS DE FOND

Le médecin requis :

– Examine Cindy BARBET ;

– Procède à l'interrogatoire médical d'usage ;

– Procède aux constatations médicales ;

– Remet un certificat médical relatant ces constatations à propos de l'état de santé de Cindy BARBET.

Réquisition à personne qualifiée.
(Médecin de l'UMJ du CHU de DALIS)

Le 18 octobre 2011 à (heure non précisée dans le thème) à la BTCL de MONT.

Gendarme ALPHA, O.P.J. à la COB de MONT.

CADRE LÉGAL

Articles 16 à 19 et 60 du Code de procédure pénale.

Le médecin doit accepter la mission, prêter serment s'il n'est pas inscrit sur une liste d'experts près la cour d'appel et remettre un certificat médical.

Le certificat médical est répertorié en pièce dans la procédure.

MOTIVATION

Sur instructions du procureur de la République, examiner la jeune Cindy BARBET aux fins d'évaluer son état psychologique.

ÉLÉMENTS DE FOND

Le médecin requis :

– Examine Cindy BARBET ;

– Procède à l'interrogatoire médical d'usage ;

– Procède aux constatations médicales ;

– Remet un certificat médical relatant ses constatations à propos de l'état psychologique de Cindy BARBET.

Procès-verbal de transport, constatations et mesures prises
Le 18 octobre 2011 à 16 heures au domicile des époux PELLADET et de Cindy BARBET. Gendarme ALPHA, O.P.J. à la COB de MONT assisté du MDC ECHO, OPJ à la COB de MONT, et d'un TIC, de la BDRIJ de DALIS.
CADRE LÉGAL Article 16 à 19, 53 et 54 du Code de procédure pénale
MOTIVATION Suite à la dénonciation de ses conditions de vie par Cindy BARBET, nécessité de vérifier dans l'appartement les dires de Cindy BARBET. Vérifications de ses conditions de couchage, ses vêtements et contrôle du contenu des placards et du réfrigérateur-congélateur quant à la nourriture disponible. Dans la salle de bains, faire le relevé des produits d'hygiène disponibles.
ÉLÉMENTS DE FOND Situation à l'arrivée des enquêteurs : Les enquêteurs sont accompagnés de Sylvie PELLADET. Mesures prises : – Photographies des lieux ; – Préservation des traces et indices ; – Photographies de la chambre de Cindy (matelas, vêtements, ameublement) ; – Prélèvements sur le canapé (sperme) ; – Compte rendu hiérarchique ; – Information du procureur de la République. État des lieux : – Description de la situation des lieux ; – Description des différentes pièces de l'appartement et de leur ameublement. Corps du délit : – Description détaillée de la chambre de Cindy ; – Description particulière du couchage (matelas, absence de draps et de couvertures) ; – État descriptif des vêtements à la disposition de Cindy ; – Constat relatif aux vêtements de Cindy (nourriture et produits d'hygiène disponibles).

Procès-verbal d'audition de Cindy BARBET (Victime)
Le 18 octobre 2011 à 19 heures à la BTCL de MONT. Militaires de la BPDJ de DALIS.
CADRE LÉGAL Articles 15-3, 16 à 19, 53-1, 706-52 et 706-53 du Code de procédure pénale.
MOTIVATION Recueil de la déclaration circonstanciée de la victime pour établir les faits constituant les actes de viol qu'elle a dénoncés devant le docteur AOUSSE durant la consultation pédopsychiatrique à l'UMJ. Le rapport du médecin est répertorié en pièce de la procédure.
ÉLÉMENTS DE FOND Entendue sur les faits de viols commis sur elle par Martial PELLADET, elle déclare : – Que son beau-père, Martial PELLADET lui a réclamé un baiser sur la bouche en échange de nourriture et de friandises ; – Que quelques semaines plus tard, toujours en échange de nourriture, il lui a imposé une fellation ; – Qu'il a recommencé chaque soir que sa mère était au travail et qu'il était seul avec elle ; – Que la dernière fellation que son beau-père lui a imposé date de la veille au soir ; – Qu'elle n'a jamais rien dit à sa mère, ni à personne. Son beau-père lui a dit que si elle parlait elle irait en foyer ou en prison et cela lui fait peur.

Procès-verbal d'audition de Ludovic BARBET (témoin)
Le 18 octobre 2011 à 20 heures 30 à la BTCL de MONT. Gendarme ALPHA OPJ de la COB de MONT.
CADRE LÉGAL Article 16 à 19 et 62 al. 1 du Code de procédure pénale.

MOTIVATION

Recueil de la déclaration du père de la victime qui en qualité de responsable civil et représentant légal est informé des faits de viol commis par Martial PELLADET sur sa fille Cindy.

ÉLÉMENTS DE FOND

Informé des faits de privation d'aliments et de soins ainsi que de viols commis sur sa fille Cindy, par Sylvie et Martial PELLADET, il déclare :

– Tout ignorer des conditions de vie de sa fille au sein du couple PELLADET et sur tout ce que Martial PELLADET faisait endurer à sa fille ;

– Comprendre maintenant l'attitude de sa fille au cours de ses visites chez lui ;

– Vouloir obtenir la garde exclusive de sa fille ;

– Déposer plainte contre son ex-compagne Sylvie PELLADET et Martial PELLADET.

Réquisition à personne qualifiée
(Docteur VABIEN)

Le 19 octobre 2011 à 16 heures.

Gendarme ALPHA, O.P.J. à la COB de MONT.

CADRE LÉGAL

Articles 16 à 19, 60, 706-47 et 706-47-2 du Code de procédure pénale.

Information préalable du procureur de la République.

Le médecin doit accepter la mission, prêter serment s'il n'est pas inscrit sur une liste d'experts près la cour d'appel et remettre un certificat médical. Le certificat médical est répertorié en pièce dans la procédure.

MOTIVATION

S'assurer que l'état de santé de Martial PELLADET ne présente pas de risque de contamination de maladie sexuellement transmissible.

ÉLÉMENTS DE FOND

Le médecin requis :

– S'efforce d'obtenir le consentement de Martial PELLADET à l'examen et la prise de sang ;

– Examine Martial PELLADET ;

– Procède au prélèvement sanguin approprié ;

– Prend les mesures nécessaires aux analyses sanguines ;

– Remet un certificat médical relatant ces constatations à propos de l'état de santé de Martial PELLADET.

Lorsqu'il en a connaissance, il informe des résultats de l'analyse de sang les représentants légaux de la victime.

TROISIÈME QUESTION

Gendarme ALPHA, officier de police judiciaire à la communauté de brigades de MONT.

a – Objet

À la suite de l'audition de Sylvie PELLADET dont je vous ai informé ce matin, j'ai poursuivi les investigations par l'audition de Ludovic BARBET, son ex-compagnon, qu'elle accuse de violences.

Il reconnaît lui avoir donné deux gifles en réponse aux reproches qu'elle lui faisait une fois de plus.

À son tour, il accuse Sylvie PELLADET, son ex-compagne, de priver d'aliments et de soins leur fille Cindy BARBET, âgée de 10 ans, dont elle a la garde et l'avoir rendu malade en le harcelant par l'envoi quotidien de plusieurs textos humiliants et insultants.

b – Faits :

Compte tenu de l'actualité des faits motivant la plainte de madame Sylvie PELLADET, les investigations ont été conduites dans le cadre l'enquête de flagrance.

Après avoir reconnu avoir giflé à deux reprises son ex-compagne Sylvie PELLADET le dimanche 16 octobre, en réponse à ses reproches qui l'ont exaspéré plus que d'ordinaire ; il révèle être inquiet pour sa fille dont il a remarqué un changement d'attitude.

Il a remarqué qu'elle s'enferme dans une sorte de mutisme triste et qu'elle maigrit depuis quelque temps, bien que lorsqu'elle est chez lui, elle mange de bon appétit.

Elle souffre d'un eczéma consécutif à un manque d'hygiène, selon le médecin chez lequel il l'a conduite pour un examen.

De plus, il affirme être harcelé par son ex-compagne, laquelle, depuis 2008 qu'elle est avec Martial PELLADET, lui adresse quotidiennement des dizaines textos insultants et humiliants.

Cette situation qui l'a rendu malade l'oblige à un suivi psychiatrique et à un traitement d'anxiolytiques et d'antidépresseurs le handicapant, au point d'être en arrêt de travail depuis 6 mois.

Pour preuve de ses dires, il nous a fait prendre connaissance de la dizaine de textos qu'il a reçus hier et aujourd'hui.

c – Actes d'enquête

L'actualité des faits dénoncés par Ludovic BARBET permet de poursuivre les investigations dans le cadre de l'enquête de flagrance.

En nous montrant les derniers textos qu'il a reçus de son ex-compagne, ils nous ont permis de constater la réalité des propos humiliants et insultants qu'ils contiennent et leur nombre *(une dizaine).*

Répondant à notre demande, pour les besoins de l'enquête, Ludovic BARBET nous a remis son téléphone portable.

J'envisage :

– de faire examiner le téléphone par le technicien Ntech pour qu'il en fasse le relevé et en détermine l'origine ;

– de convoquer Sylvie et Martial PELLADET pour les entendre sur les accusations portées à leur encontre par Ludovic BARBET ;

– de procéder à l'audition de Cindy BARBET pour connaître ses conditions de vie et ses relations avec sa mère et son beau-père.

Conformément à vos instructions, Ludovic BARBET va être examiné par un médecin requis et la procédure faisant suite aux accusations de Ludovic BARBET sera dissociée de celle concernant la plainte de Sylvie PELLADET.

Monsieur le procureur, je vous tiendrai informé de tous nouveaux éléments et de la suite de l'enquête.

QUATRIÈME QUESTION

(Éléments de réponse)

Conformément aux dispositions de l'article 706-52 du Code de procédure pénale, l'audition d'un mineur victime d'une infraction sexuelle doit faire l'objet d'un enregistrement audiovisuel ou sonore. L'enregistrement peut être exclusivement sonore sur décision du procureur de la République, si l'intérêt du mineur le justifie.

Le mineur victime bénéficie des droits à l'information prévus pour les victimes d'infractions par les articles 15-3, 53-1, 420-1, 429 et 706-57 du Code de procédure pénale.

Cet enregistrement s'applique à toutes les infractions mentionnées à l'article 706-47 du Code de procédure pénale. L'infraction de viol y est mentionnée.

Les opérations techniques d'enregistrement font l'objet de la rédaction d'un procès-verbal comportemental distinct du procès-verbal d'audition ou de transcription. Cela dépend de l'âge du mineur et *(ou)* de sa capacité à s'exprimer.

L'audition du mineur s'effectue au sein de la BDPJ dans une pièce particulière et présentant un aspect convivial ou neutre pour faciliter la libre expression du mineur. Elle est conduite par des militaires de la BDPJ. L'O.P.J. responsable de l'enquête peut écouter l'entretien. Il peut *(relié par une oreillette ou tout autre dispositif)* communiquer avec les militaires qui procèdent à l'audition du mineur pour leur faire poser des questions ou intervenir sur des points particuliers de la déclaration.

Le procureur de la République peut, à la demande de l'enquêteur, de l'enfant ou de son représentant, décider de la présence d'une tierce personne. Dans le cas où la protection des intérêts du mineur n'est pas complètement assurée par ses représentants légaux ou par l'un d'entre eux, le procureur de la République peut désigner un administrateur « ad hoc » qui peut être présent pendant l'audition.

Le procureur de la République ou l'O.PJ. peut requérir toute personne qualifiée techniquement pour procéder à l'enregistrement sous le contrôle de l'O.P.J.

L'enregistrement est réalisé sur deux supports. L'un est placé sous scellé fermé. L'autre est identifié, répertorié comme pièce de la procédure et mis à la disposition de la justice. Cette opération fait l'objet de la rédaction du procès-verbal de confection d'une copie d'enregistrement vidéo de l'audition.

Un procès-verbal de transcription est rédigé par l'officier de police judiciaire à l'issue de l'enregistrement. Il est relu et par le mineur *(ou il lui en est donné lecture)*, par l'officier de police judiciaire, les militaires de la BPDJ et si c'est le cas par la personne présente à l'audition et signé par chacun d'‘eux.

Si une raison technique ne permet pas l'enregistrement de l'audition, l'officier de police judiciaire le mentionne dans le procès-verbal précisant la nature exacte et détaillée de la cause qui rend impossible l'enregistrement.

Dans le cas où l'audition du mineur est impossible *(en raison de son comportement)* par exemple, l'enquêteur recueille ses dires d'une façon informelle *(sous la forme cours d'une conversation par exemple)*. L'officier de police judiciaire rédige un procès-verbal relatant les conditions de ce recueil *(il ne s'agit pas d'une audition conforme aux dispositions de l'article 106 du Code de procédure pénale)*. S'il n'est pas obligatoire que ce document soit relu et signé par le mineur, ce n'est pas interdit non plus.

SUJET D'EXAMEN
(Modèle)

TRAVAIL À EFFECTUER

PREMIÈRE QUESTION – RECHERCHE D'INFRACTIONS

Indiquez la qualification pénale, les éléments constitutifs et les éléments de preuve se rapportant à chacune des infractions susceptibles d'être retenues à l'encontre de la (ou des) personne(s) impliquée(s).

La réponse sera présentée sous la forme du tableau habituel.

DEUXIÈME QUESTION – QUESTIONS PRATIQUES DPS/DPG

1 – La qualification d'escroquerie retenue à l'encontre d'Eddy COURTEMANCHE vous paraît-elle correcte ? Pour répondre vous définirez les infractions de vol, d'escroquerie et d'abus de confiance en expliquant les raisons pour lesquelles elles se rapportent ou pas à l'infraction que vous avez relevée.

2 – Eddy COURTEMANCHE se fait interpeller par la brigade de proximité de CHALLANS, compagnie de gendarmerie départementale des Sables d'Olonne. Dans le temps de sa garde à vue, l'enquêteur de la brigade d'ESVRES SUR INDRE sollicite le directeur d'enquête de la brigade interpellatrice pour procéder à l'audition de la personne soupçonnée sur les faits dont il est saisi et vous fait parvenir les éléments d'enquête dont il dispose.

L'enquêteur de la brigade de gendarmerie des Sables d'Olonne peut-il accéder à la demande de l'enquêteur initialement saisi ? Justifiez votre réponse.

Notes Personnelles

Sujet

Eddy COURTEMANCHE, connu défavorablement pour avoir été condamné à plusieurs reprises pour vol, est hébergé dans un foyer d'aide aux personnes « EMMAEUS » à ESVRES SUR INDRE 37.

Désireux de se faire de l'argent de poche, il se rend dans le centre-ville de TOURS, Rue du commerce où il accoste les passants en prétextant récolter des fonds au profit d'une association humanitaire « South Africa », implantée à SOWETO en Afrique du sud.

Pour attester ses dires, il présente les plans d'un hôpital, issus d'un montage photographique, téléchargés sur internet.

Cent mille euros sont nécessaires pour que ce projet ambitieux voit le jour.

À la fin de la journée, il constate qu'il a réussi à amasser environ 400 euros.

Il se rend à la gare SNCF et achète un billet de train à destination des Sables d'Olonne, en Vendée.

Dans le même temps, il réserve une chambre à l'hôtel SPA « Côte Ouest » à quelques pas du centre-ville des Sables d'Olonne.

Le jour suivant, il quitte discrètement l'hôtel sans régler sa nuitée et en emportant une lampe d'appoint gravée au nom de l'hôtel.

NOTES PERSONNELLES

Solution

PREMIÈRE QUESTION

Infractions susceptibles d'être relevées à l'encontre d'Eddy COURTEMANCHE.

INFRACTIONS	**ÉLÉMENTS CONSTITUTIFS**	**ÉLÉMENTS DE PREUVE**
Qualification	**– élément légal ;** **– élément matériel ;** **– élément moral.**	**se rapportant à chacun des éléments constitutifs**
Escroquerie aggravée *Délit*	<u>Élément légal :</u> Infraction prévue et réprimée par les articles 313-1 al.1, 313-2, al.1, 3° du Code pénal	
	<u>Élément matériel :</u>	
	– Fait, par l'emploi de manœuvres frauduleuses.	– Il prétexte son appartenance à un groupe humanitaire « South Africa ». – Il n'hésite pas à exhiber les plans d'un hôpital issus d'un montage photographique, téléchargés sur internet.
	– De tromper une personne physique.	– Fait croire à la construction d'un hôpital.
	– Et de la déterminer à son préjudice à remettre des fonds.	– Les passants lui remettent volontairement des fonds.

	<u>Circonstances aggravantes :</u> – Commise par une personne qui fait appel au public en vue de la collecte de fonds à des fins d'entraide humanitaire. <u>Élément moral :</u> Intention coupable.	 – Il fait appel au public en prétextant faire partie du groupe humanitaire dont le but est la construction d'un hôpital à Soweto. – Eddy COURTEMANCHE est de mauvaise foi en se faisant passer pour un membre d'une association humanitaire. Son but étant de récupérer de l'argent pour son propre intérêt (achat d'un billet de train, réservation d'une chambre dans un hôtel de luxe).
Falsification de document et usage *Délits*	<u>Élément légal :</u> Infraction prévue et réprimée par l'article 441-1 du Code pénal. <u>Élément matériel :</u> – Altération frauduleuse de la vérité – Dans un écrit ou tout autre support d'expression de la pensée.	 – Eddy COURTEMANCHE a produit un plan de l'hôpital – En procédant à un montage photographique à partir d'éléments téléchargés sur internet

	– Pour établir la preuve d'un droit.	– En présentant ces documents, il donne du crédit à sa démarche de bienfaiteur.
	– De nature à causer un préjudice.	– Les particuliers lui ont donné des fonds
	– Usage de document falsifié	– A produit un document falsifié qu'il a utilisé pour obtenir des fonds.
	<u>Élément moral :</u>	
	Intention coupable.	– Eddy COURTEMANCHE sait que ces manœuvres lui permettront d'acquérir des fonds.
Filouterie d'hôtel *Délit*	<u>Élément légal :</u> Infraction prévue et réprimée par les articles 313-5, al.1, 2° et dernier alinéa du Code pénal.	
	<u>Élément matériel :</u>	
	– Fait par une personne qui est déterminée à ne pas payer.	– Eddy COURTEMANCHE quitte discrètement l'hôtel sans payer.
	– De se faire attribuer et d'occuper effectivement une chambre.	– Il a effectivement occupé une chambre.

	– Dans un établissement louant des chambres. – Dont l'occupation n'a pas excédé 10 jours. Élément moral : Intention coupable.	– Hôtel SPA « Côte Ouest » aux Sables d'Olonne (85). – Son séjour a duré 1 nuit. – Eddy COURTE-MANCHE a la volonté de ne pas régler sa nuitée alors qu'il est en capacité de payer.
Vol aggravé *Délit*	Élément légal : Infraction prévue et réprimée par les articles 311-1 et 311-4 al.1, 6° du Code pénal. Élément matériel : – Soustraction frauduleuse. – D'une chose mobilière. – Appartenant à autrui. Circonstances aggravantes Dans une maison d'habitation	 – Eddy COURTE-MANCHE dérobe une lampe d'appoint gravée au nom de l'hôtel. – La lampe d'appoint. – Appartenant à l'hôtel. – La chambre d'hôtel est considérée comme un domicile

	<u>Élément moral :</u>	
	Intention coupable.	– Eddy COURTE-MANCHE a volontairement dérobé le peignoir qu'il savait appartenir à l'hôtel.

DEUXIÈME QUESTION – QUESTIONS PRATIQUES DPS/DPG

1 – Les infractions de vol, d'escroquerie et d'abus de confiance sont des infractions d'appropriation dont les éléments constitutifs diffèrent.

En effet, le vol, prévu et réprimé par l'article 311-1 du Code pénal, est l'appropriation frauduleuse d'une chose mobilière appartenant à autrui.

L'escroquerie, prévue et réprimée par l'article 313-1 du Code pénal implique l'emploi de manœuvres frauduleuses ayant pour objet de tromper la victime pour la déterminer à remettre à son préjudice des fonds, valeurs ou biens.

L'abus de confiance, caractérisé par l'article 314-1 du Code pénal est le fait de détourner au préjudice d'autrui, des fonds, valeurs ou biens qui lui ont été remis à titre précaire pour un usage déterminé ou à charge de les restituer.

L'escroquerie et l'abus de confiance supposent donc la remise volontaire de la chose par la victime tandis que le vol correspond à une soustraction frauduleuse.

Dans le cas d'espèce, la victime remet volontairement la chose parce qu'elle a été trompée par l'auteur qui a utilisé des faux documents pour attester de ses dires. La chose n'a pas été remise à titre précaire à charge de la représenter ou d'en faire un usage déterminé comme c'est le cas pour l'abus de confiance. Il s'agit donc d'une escroquerie.

2 – L'alinéa 2 de l'article 41 du Code de procédure pénale prévoit la possibilité pour le procureur de la République y compris en dehors de l'urgence de requérir tout officier de police judiciaire sur l'ensemble du territoire national de procéder aux actes d'enquête qu'il estime nécessaire dans les lieux où chacun d'eux est territorialement compétent.

La circulaire de la Direction des Affaires Criminelles et des Graces (DACG) en date du 5 août 2016 indique que « *la disposition de l'article 41 du CPP a lieu à s'appliquer chaque fois que le service d'enquête initialement saisi ne pourra lui-même exécuter ces actes, notamment en raison de l'éloignement du lieu de l'exercice habituel des enquêteurs* ».

La DACG ajoute que « *la loi ne fait pas obstacle à ce que la saisine d'un service d'enquête extérieur se fasse directement par le service d'enquête initialement saisi préalablement autorisé par le parquet, par téléphone ou par courriel à condition que la mention soit portée sur le procès-verbal et que la traçabilité de la procédure soit assuré par le service d'enquête initialement saisi* ».

Dès lors, dans le cas d'espèce, l'enquêteur de la brigade de gendarmerie des Sables d'Olonne peut répondre aux sollicitations de l'enquêteur initialement saisi après s'être assuré que les diligences exposées ci-dessus aient été préalablement remplies par l'unité demanderesse.

NOTES PERSONNELLES

ANNEXES

DISPOSITIONS LÉGISLATIVES ET RÉGLEMENTAIRES RELATIVES À LA DÉSIGNATION DES OFFICIERS DE POLICE JUDICIAIRE

CODE DE PROCÉDURE PÉNALE

(Extraits)

Article 16. – Qualité – O.P.J. – *(Ordonnance n° 2015-952 du 31 juillet 2015)*

Ont la qualité d'officier de police judiciaire :

1° Les maires et leurs adjoints ;

2° Les officiers et les gradés de la gendarmerie, les gendarmes comptant au moins trois ans de service dans la gendarmerie, nominativement désignés par arrêté des ministres de la justice et de l'intérieur, après avis conforme d'une commission ;

3° Les inspecteurs généraux, les sous-directeurs de police active, les contrôleurs généraux, les commissaires de police et les officiers de police ;

4° Les fonctionnaires du corps d'encadrement et d'application de la police nationale comptant au moins 3 ans de services dans ce corps, nominativement désignés par arrêté des ministres de la justice et de l'intérieur, après avis conforme d'une commission.

La composition de la commission prévue aux 2° et 4° est déterminée par un décret en Conseil d'État pris sur le rapport du ministre de la justice et du ministre de l'intérieur.

Ont également la qualité d'officier de police judiciaire les personnes exerçant des fonctions de directeur ou sous-directeur de la police judiciaire et de directeur ou sous-directeur de la gendarmerie.

Les fonctionnaires mentionnés aux 2° à 4° ci-dessus ne peuvent exercer effectivement les attributions attachées à leur qualité d'officier de police judiciaire ni se prévaloir de cette qualité que s'ils sont affectés à un emploi comportant cet exercice et en vertu d'une décision du procureur général près la cour d'appel les y habilitant personnellement. L'exercice de ces attributions est momentanément suspendu pendant le temps où ils participent, en unité constituée, à une opération de maintien de l'ordre.

Toutefois, les fonctionnaires visés au 4° ne peuvent recevoir l'habilitation prévue à l'alinéa précédent que s'ils sont affectés soit dans un service ou une catégorie de services déterminés en application de l'article 15-1 et figurant sur une liste fixée par arrêté des ministres de la justice et de l'intérieur, soit, à titre exclusif, dans une formation d'un service mentionnée par le même arrêté.

Les conditions d'octroi, de retrait et de suspension pour une durée déterminée de l'habilitation prévue par le précédent alinéa sont fixées par décret en Conseil d'État pris sur le rapport du ministre de la justice et des ministres intéressés.

Article R. 3. – Commission – Désignation – *(Décret n° 2016-390 du 30 mars 2016)*

La commission prévue à l'article 16 *(2° et 4°)* du Code de procédure pénale, dont l'avis conforme est requis pour la désignation des militaires de la gendarmerie nationale et des fonctionnaires du corps d'encadrement et d'application de la police nationale auxquels est attribuée la qualité d'officier de police judiciaire, est composée comme suit :

1° Le procureur général près la Cour de cassation ou son délégué choisi par lui parmi les premiers avocats généraux et les avocats généraux près la Cour de cassation, président ;

2° Cinq magistrats en activité ou honoraires ;

3° Le directeur général de la police nationale ou son représentant ;

4° Le directeur général de la gendarmerie nationale ou son représentant ;

5° Le directeur, chef de l'inspection générale de la police nationale ou son représentant ;

6° Le directeur des ressources et des compétences de la police nationale ou son représentant ;

7° Le chef de l'inspection générale de la gendarmerie nationale ou son représentant ;

8° Le directeur des personnels militaires de la gendarmerie nationale ou son représentant.

En cas de partage des voix, le président de la commission a voix prépondérante.

Les membres de la commission mentionnés au 2° sont nommés par arrêté conjoint du garde des sceaux, ministre de la justice, et du ministre de l'intérieur pour une durée de 4 ans renouvelable une fois et ont chacun un suppléant désigné dans les mêmes conditions. Ils ne peuvent exercer leurs fonctions au sein de la commission pour une durée supérieure à 8 ans quelle que soit leur qualité de titulaire ou de suppléant.

Article R. 4. – Secrétariat de la commission – *(Décret n° 2016-390 du 30 mars 2016)*

Le secrétariat de la commission est assuré par la sous-direction des compétences de la gendarmerie nationale et la direction des ressources et des compétences de la police nationale.

Article R. 5. – Attribution de la qualité d'O.P.J. – *(Décret n° 2016-390 du 30 mars 2016)*

La qualité d'officier de police judiciaire peut être attribuée :

– aux sous-officiers de carrière de gendarmerie ayant satisfait aux épreuves d'un examen technique ;

– aux fonctionnaires du corps d'encadrement et d'application de la police nationale ayant satisfait aux épreuves d'un examen technique et comptant au moins 3 ans de service dans ce corps.

Les modalités d'organisation et le programme des épreuves de l'examen technique prévu aux deuxième et troisième alinéas sont fixés par arrêté conjoint du garde des sceaux, ministre de la justice, et du ministre de l'intérieur.

Article R. 6. – Date et sujets des épreuves des examens – *(Décret n° 2016-390 du 30 mars 2016)*

La commission prévue à l'article R. 3 détermine la date et les sujets des épreuves des examens techniques d'officier de police judiciaire de la police et de la gendarmerie nationales.

Article R. 7. – Jury de l'examen – Gendarmerie nationale – *(Décret n° 2016-390 du 30 mars 2016)*

Le jury de l'examen technique d'officier de police judiciaire de la gendarmerie nationale est composé comme suit :

1° Le procureur général près la Cour de cassation ou son délégué choisi par lui parmi les premiers avocats généraux et les avocats généraux près la Cour de cassation, président ;

2° Le directeur général de la gendarmerie nationale ou son représentant ;

3° Le chef de l'inspection générale de la gendarmerie nationale ou son représentant ;

4° Le directeur des personnels militaires de la gendarmerie nationale ou son représentant ;

5° Des magistrats en activité ou honoraires ;

6° Des officiers supérieurs de la gendarmerie nationale dont la moitié au plus peuvent être en retraite.

Les membres du jury mentionnés aux 1°, 2°, 3°, 4° et 5° peuvent être différents des membres mentionnés aux 1°, 2°, 4°, 7° et 8° de l'article R. 3.

Le nombre total des magistrats prévus aux 1° et 5° est égal au nombre total des membres prévus aux 2°, 3°, 4° et 6°.

Des magistrats et des officiers supérieurs de la gendarmerie nationale sont désignés comme suppléants. Le membre suppléant remplace le membre titulaire avant le début de l'examen et pour toute sa durée.

Le jury établit la liste des candidats ayant satisfait à l'examen technique d'officier de police judiciaire de la gendarmerie nationale.

En cas de partage des voix, le président du jury a voix prépondérante.

Article R. 8. – Jury de l'examen – Police nationale – *(Décret n° 2016-390 du 30 mars 2016)*

Le jury de l'examen technique d'officier de police judiciaire de la police nationale est composé comme suit :

1° Le procureur général près la Cour de cassation ou son délégué choisi par lui parmi les premiers avocats généraux et les avocats généraux près la Cour de cassation, président ;

2° Le directeur général de la police nationale ou son représentant ;

3° Le directeur, chef de l'inspection générale de la police nationale ou son représentant ;

4° Le directeur des ressources et des compétences de la police nationale ou son représentant ;

5° Des magistrats en activité ou honoraires ;

6° Des fonctionnaires de la police nationale ayant au moins rang de commissaire de police dont la moitié au plus peuvent être en retraite.

Les membres du jury mentionnés aux 1°, 2°, 3°, 4° et 5° peuvent être différents des membres mentionnés aux 1°, 2°, 3°, 5° et 6° de l'article R. 3.

Le nombre total des magistrats prévus aux 1° et 5° est égal au nombre total des membres prévus aux 2°, 3°, 4° et 6°.

Des magistrats et des fonctionnaires de la police nationale ayant au moins rang de commissaire de police sont désignés comme suppléants. Le membre suppléant remplace le membre titulaire avant le début de l'examen et pour toute sa durée.

Le jury établit la liste des candidats ayant satisfait à l'examen technique d'officier de police judiciaire de la police nationale.

En cas de partage des voix, le président du jury a voix prépondérante.

Article R. 9. – Membres des jurys – Nomination et exercice – *(Décret n° 2016-390 du 30 mars 2016)*

Les membres des jurys de l'examen technique mentionnés aux articles R. 7 et R. 8 sont nommés par arrêté conjoint du garde des sceaux, ministre de la justice, et du ministre de l'intérieur.

Les membres des jurys mentionnés aux 5° et 6° des articles R. 7 et R. 8 ne peuvent exercer leurs fonctions au sein du jury pour une durée supérieure à 8 ans quelle que soit leur qualité de titulaire ou de suppléant.

Article R. 10. – Attribution – O.P.J. – *(Décret n° 2016-390 du 30 mars 2016)*

L'attribution de la qualité d'officier de police judiciaire aux candidats reçus à l'examen technique est prononcée, après avis conforme de la commission prévue à l'article R. 3, par arrêté conjoint du garde des sceaux, ministre de la justice, et du ministre de l'intérieur.

DÉSIGNATION DES GENDARMES OFFICIERS DE POLICE JUDICIAIRE

Article A. 2. – Admission – Examen technique O.P.J. – *(Arrêté du 13 décembre 2016)*

Peuvent être admis à subir l'examen technique d'officier de police judiciaire de la gendarmerie nationale prévu à l'article R. 5 les gendarmes comptant au moins 3 ans de service dans la gendarmerie au 1er janvier de l'année de l'examen.

Article A. 3. – Liste des candidats admis – *(Arrêté du 13 décembre 2016)*

La liste des candidats admis à se présenter à l'examen technique est arrêtée par le directeur des personnels militaires de la gendarmerie nationale.

Article A. 4. – Épreuves de l'examen – *(Arrêté du 13 décembre 2016)*

L'examen technique d'officier de police judiciaire de la gendarmerie nationale, organisé chaque année au cours du dernier trimestre, comporte :

1° Une épreuve écrite pratique de droit pénal général et de droit pénal spécial *(durée : 3 heures – coefficient 2)* ;

2° Une épreuve écrite pratique de procédure pénale sur un cas de crime ou de délit *(durée : 4 heures – coefficient 3)* ;

3° Une épreuve écrite de simulation de compte rendu téléphonique au parquet organisée à partir d'un cas pratique d'enquête *(durée : 1 heure – coefficient 1)*.

La valeur de chaque épreuve est constatée par une note de 0 à 20.

Toute note égale ou inférieure à 5 dans l'une des épreuves est éliminatoire.

Nul ne pourra être considéré comme ayant satisfait à l'examen s'il ne totalise pas 60 points au moins pour l'ensemble des trois épreuves.

Article A. 5. – Programme des épreuves – *(Arrêté du 13 décembre 2016)*

Le programme des épreuves de l'examen prévu à l'article qui précède est le suivant :

Procédure pénale

L'action publique et l'action civile : notions générales.

Les autorités investies par la loi de missions de police judiciaire :
- la police judiciaire ;
- le ministère public ;
- le magistrat instructeur.

Les enquêtes, les contrôles d'identité :
- les cadres juridiques ;
- les contrôles, les vérifications et les relevés d'identité.

L'instruction :
- du 1er et du 2nd degré ;
- le contrôle judiciaire et la détention provisoire ;
- la commission rogatoire.

Les procédures particulières :
- l'entraide judiciaire internationale ;
- la procédure applicable à la criminalité et à la délinquance organisées.

La procédure pénale applicable aux mineurs.

Le contrôle de la mission de police judiciaire.

Les mandats de justice.

Les juridictions de jugement.

L'exécution des décisions de justice :
- la contrainte judiciaire ;
- les juridictions de l'application des peines.

Droit pénal général

La loi pénale :
- les principes généraux ;
- l'application de la loi pénale dans le temps et dans l'espace.

L'infraction pénale :
- la classification des infractions ;

– les éléments constitutifs de l'infraction ;
– les circonstances aggravantes.
La responsabilité pénale :
– les dispositions générales : la tentative, la coaction et la complicité ;
– la responsabilité pénale des personnes morales ;
– les causes d'irresponsabilité ou d'atténuation de la responsabilité.
Les peines :
– la classification légale ;
– le concours d'infractions ;
– la récidive ;
– la réitération d'infractions.

Droit pénal spécial

Les crimes et délits contre les personnes :
– les atteintes à la vie de la personne ;
– les atteintes à l'intégrité physique ou psychique de la personne ;
– la mise en danger de la personne ;
– les atteintes aux libertés de la personne ;
– les atteintes à la dignité de la personne ;
– les atteintes à la personnalité ;
– les atteintes aux mineurs et à la famille.
Les crimes et délits contre les biens :
– le vol ;
– l'extorsion ;
– l'escroquerie et les infractions voisines ;
– les détournements ;
– le recel et les infractions assimilées ou voisines ;
– les destructions, dégradations et détériorations ;
– les atteintes aux systèmes de traitement automatisé de données.
Les crimes et délits contre la Nation, l'État et la paix publique :
– les atteintes à l'administration publique commises par des personnes exerçant une fonction publique ;
– les atteintes à l'administration publique commises par des particuliers ;
– les atteintes à l'action de la justice ;
– les atteintes à la confiance publique ;
– la participation à une association de malfaiteurs.
La falsification de moyens de paiement.
Les infractions au régime des matériels de guerre, des armes et des munitions.
Les infractions délictuelles à la circulation routière.

Libertés publiques

Introduction générale aux libertés publiques.
Les libertés individuelles et la vie privée :
– la sûreté ;
– la liberté d'aller et venir ;
– le respect de la vie privée, du domicile et des correspondances ;

– le respect de la personne et les lois antidiscriminatoires ;
– la C.N.I.L.
Les libertés d'expression collectives :
– le régime des manifestations ;
– le régime des attroupements ;
– la liberté de la presse.

Article A. 6. – Règles d'accès – Préparations – *(Arrêté du 13 décembre 2016)*

Les règles d'accès à la préparation et de préparation des candidats à l'examen technique sont fixées par instruction ministérielle.

Article A. 7. – Date de l'examen et sujets des épreuves – *(Arrêté du 13 décembre 2016)*

La date de l'examen technique et les sujets des épreuves sont fixés par la commission prévue à l'article 16 *(2° et 4°)* du présent code sur proposition du directeur des personnels militaires de la gendarmerie nationale.

Article A. 8. – Organisation matérielle – *(Arrêté du 13 décembre 2016)*

L'organisation matérielle des épreuves de l'examen technique qui se déroulent dans un ou plusieurs centres est assurée par la direction des personnels militaires de la gendarmerie nationale.

Lors des épreuves, les candidats ne peuvent disposer que :

– des codes *(qui peuvent être annotés par l'éditeur, mais non commentés)* ;

– des impressions du Journal officiel *(non commenté)* ;

Il est interdit aux candidats sous peine d'exclusion :

– de détenir des documents imprimés ou manuscrits autres que ceux cités aux alinéas précédents ;

– d'utiliser des codes ou impressions du Journal officiel surligné, soulignés, annotés ou comportant des onglets, mêmes vierges.

Toute fraude ou tentative de fraude dans l'une des épreuves entraîne la rédaction d'un rapport par le surveillant et peut conduire à l'exclusion du candidat prononcée par le président du jury et le cas échéant, à lui interdire de se présenter à l'examen les années suivantes.

L'enveloppe renfermant chaque sujet de composition est décachetée, en présence des candidats, à l'ouverture de la séance affectée à l'épreuve.

Les compositions sont faites uniquement sur des feuilles fournies par la direction des personnels militaires de la gendarmerie nationale.

Article A. 9. – Normes des corrections – Copies – *(Arrêté du 13 décembre 2016)*

Dans le mois qui suit l'examen, le président réunit le jury pour l'établissement des normes de correction et pour la répartition des copies entre les correcteurs. L'anonymat des copies est assuré par le recours à un procédé technique adapté.

Le président du jury fixe la date à laquelle les copies doivent parvenir corrigées au secrétariat de la commission.

Article A. 10. – Secrétariat de la commission – *(Arrêté du 13 décembre 2016)*

Le secrétariat de la commission soumet au président du jury :

1° les copies pour lesquelles est proposée une note éliminatoire dans les conditions prévues à l'article A. 4 du présent code. Ces copies font l'objet d'une seconde correction par un membre désigné par le président du jury et appartenant à une autre formation *(magistrature, gendarmerie)* que celle dont fait partie le premier correcteur.

La note définitive attribuée à la copie correspond à la moyenne des notes des deux correcteurs.

2° le relevé des notes attribuées pour chaque épreuve par les correcteurs ;

3° la liste de tous les candidats, avec les notes et le total des points obtenus par chacun d'eux ;

4° la liste par ordre de mérite des gendarmes admis pour avoir totalisé 60 points au moins pour l'ensemble des épreuves sans note éliminatoire et celle des gendarmes éliminés ou n'ayant pas obtenu le nombre de points exigés.

Ces listes mentionnent les notes attribuées aux candidats dans chacune des épreuves et le total des points obtenus.

Article A. 11. – Listes – Avis – *(Arrêté du 13 décembre 2016)*

La commission prévue à l'article 16 *(2° et 4°)* du Code de procédure pénale émet un avis sur les listes mentionnées au 4° de l'article A. 10 dans un délai maximum de 4 mois après la date de l'examen.

Elles sont adressées à la direction générale de la gendarmerie nationale, accompagnées des copies des candidats et du procès-verbal de séance.

Article A. 12. – Échecs aux examens – *(Arrêté du 24 août 1960)*

Les candidats ayant échoué à quatre sessions ne peuvent plus être autorisés à se présenter à l'examen technique d'officier de police judiciaire.

DÉSIGNATION DES OFFICIERS DE POLICE JUDICIAIRE DE LA POLICE NATIONALE

Article A. 13. – Admission – Examen technique O.P.J. – Avis – *(Arrêté du 09 août 2016)*

Peuvent être admis à subir l'examen technique d'officier de police judiciaire de la police nationale prévu à l'article R. 5 du présent code les fonctionnaires du corps d'encadrement et d'application comptant au moins 3 ans de services dans le corps au 1er janvier de l'année de l'examen et ayant suivi une formation adaptée, organisée par leur administration d'origine.

Article A. 14. – Liste des candidats admis – *(Arrêté du 09 août 2016)*

La liste des candidats admis à se présenter à l'examen technique est établie par le directeur des ressources et des compétences de la police nationale et arrêtée par le directeur général de la police nationale.

Article A. 15. – Épreuves de l'examen – *(Arrêté du 09 août 2016)*

L'examen technique d'officier de police judiciaire de la police nationale comporte :

1° Une épreuve écrite pratique de droit pénal général et de droit pénal spécial *(durée : 3 heures)* ;

2° Une épreuve écrite pratique de procédure pénale sur un cas de crime, de délit ou de contravention *(durée : 4 heures)* ;

3° Une épreuve orale de simulation de compte rendu téléphonique à un magistrat organisée à partir d'un cas pratique d'enquête *(préparation : 40 minutes ; durée : 20 minutes).*

La valeur de chaque épreuve est constatée par une note de 0 à 20.

Toute note égale ou inférieure à 5 dans l'une des épreuves est éliminatoire.

Nul ne pourra être considéré comme ayant satisfait à l'examen s'il ne totalise pas 30 points au moins, pour l'ensemble des trois épreuves.

Article A. 16. – Programme des épreuves – *(Arrêté du 09 août 2016)*

Le programme des épreuves de l'examen prévu par l'article qui précède est le suivant :

Procédure pénale

L'action publique et l'action civile : notions générales.

Les autorités investies par la loi de missions de police judiciaire :

– la police judiciaire ;
– le ministère public ;
– le magistrat instructeur.

Les enquêtes, les contrôles d'identité :

– les cadres juridiques ;
– les contrôles, les vérifications et les relevés d'identité.

L'instruction :

– du 1er et du 2nd degré ;
– le contrôle judiciaire et la détention provisoire ;
– la commission rogatoire.

Les procédures particulières :

– l'entraide judiciaire internationale ;
– la procédure applicable à la criminalité et à la délinquance organisées.

La procédure pénale applicable aux mineurs.

Le contrôle de la mission de police judiciaire.

Les mandats de justice.

Les juridictions de jugement.

L'exécution des décisions de justice :

– la contrainte judiciaire ;
– les juridictions de l'application des peines.

Droit pénal général

La loi pénale :
– les principes généraux ;
– l'application de la loi pénale dans le temps et dans l'espace.
L'infraction pénale :
– la classification des infractions ;
– les éléments constitutifs de l'infraction ;
– les circonstances aggravantes.
La responsabilité pénale :
– les dispositions générales : la tentative, la coaction et la complicité ;
– la responsabilité pénale des personnes morales ;
– les causes d'irresponsabilité ou d'atténuation de la responsabilité.
Les peines :
– la classification légale ;
– le concours d'infractions ;
– la récidive ;
– la réitération d'infractions.

Droit pénal spécial

Les crimes et délits contre les personnes :
– les atteintes à la vie de la personne ;
– les atteintes à l'intégrité physique ou psychique de la personne ;
– la mise en danger de la personne ;
– les atteintes aux libertés de la personne ;
– les atteintes à la dignité de la personne ;
– les atteintes à la personnalité ;
– les atteintes aux mineurs et à la famille.
Les crimes et délits contre les biens :
– le vol ;
– l'extorsion ;
– l'escroquerie et les infractions voisines ;
– les détournements ;
– le recel et les infractions assimilées ou voisines ;
– les destructions, dégradations et détériorations ;
– les atteintes aux systèmes de traitement automatisé de données.
Les crimes et délits contre la Nation, l'État et la paix publique :
– les atteintes à l'administration publique commises par des personnes exerçant une fonction publique ;
– les atteintes à l'administration publique commises par des particuliers ;
– les atteintes à l'action de la justice ;
– les atteintes à la confiance publique ;
– la participation à une association de malfaiteurs.
La falsification de moyens de paiement.
Les infractions au régime des matériels de guerre, des armes et des munitions.
Les infractions délictuelles à la circulation routière.

Libertés publiques

Introduction générale aux libertés publiques.

Les libertés individuelles et la vie privée :
– la sûreté ;
– la liberté d'aller et venir ;
– le respect de la vie privée, du domicile et des correspondances ;
– le respect de la personne et les lois anti-discriminatoires ;
– la C.N.I.L.

Les libertés d'expression collectives :
– le régime des manifestations ;
– le régime des attroupements ;
– la liberté de la presse.

Article A. 17. – Règles de sélection et de préparation – *(Arrêté du 09 août 2016)*

Les règles de sélection et de préparation des candidats à l'examen technique sont fixées par circulaire du ministre de l'intérieur.

Article A. 18. – Date de l'examen et sujets des épreuves – *(Arrêté du 09 août 2016)*

La date de l'examen technique et les sujets des épreuves sont fixés par la commission prévue à l'article 16 *(2° et 4°)* du présent code sur proposition du directeur des ressources et des compétences de la police nationale.

Article A. 19. – Organisation matérielle – *(Arrêté du 09 août 2016)*

L'organisation matérielle des épreuves de l'examen technique, qui se déroulent dans un ou plusieurs centres, est assurée par la direction des ressources et des compétences de la police nationale conformément aux directives données par instructions du ministre de l'intérieur.

Lors des épreuves, les candidats ne peuvent disposer que :

– des codes *(qui peuvent être annotés par l'éditeur, mais non commentés)* ;

– des impressions du Journal officiel *(non commenté).*

Il est interdit aux candidats sous peine d'exclusion :

– de détenir des documents imprimés ou manuscrits autres que ceux cités aux alinéas précédents ;

– d'utiliser des codes ou impressions du Journal officiel surlignés, soulignés, annotés ou comportant des onglets, même vierges.

Toute fraude ou tentative de fraude dans l'une des épreuves entraîne la rédaction d'un rapport par le surveillant et peut conduire à l'exclusion du candidat prononcée par le président du jury et, le cas échéant, à lui interdire de se présenter à l'examen les années suivantes.

L'enveloppe renfermant chaque sujet de composition est décachetée, en présence des candidats, à l'ouverture de la séance affectée à l'épreuve.

Les compositions sont faites uniquement sur des feuilles fournies par la direction des ressources et des compétences de la police nationale.

Article A. 20. – Normes des corrections – Copies – *(Arrêté du 09 août 2016)*

Dans le mois qui suit l'examen, le président réunit le jury pour l'établissement des normes de correction et pour la répartition des copies entre les correcteurs. L'anonymat des copies est assuré par un coin gommé.

Le président du jury fixe la date à laquelle les copies doivent parvenir corrigées au secrétariat de la commission.

Article A. 21. – Secrétariat de la commission – *(Arrêté du 09 août 2016)*

Le secrétariat de la commission soumet au président du jury :

1° Les copies pour lesquelles est proposée une note éliminatoire, dans les conditions prévues à l'article A. 15 du présent code. Ces copies font l'objet d'une seconde correction par un membre désigné par le président du jury et appartenant à une autre formation *(magistrature, police)* que celle dont fait partie le premier correcteur ;

La note définitive attribuée à la copie correspond à la moyenne des notes des deux correcteurs.

2° Le relevé des notes attribuées pour chaque épreuve par les correcteurs ;

3° La liste de tous les candidats, avec les notes et le total des points obtenus pour chacun d'eux ;

4° La liste par ordre de mérite des fonctionnaires du corps d'encadrement et d'application de la police nationale admis pour avoir totalisé 30 points au moins pour l'ensemble des épreuves sans note éliminatoire et celle des fonctionnaires du corps d'encadrement et d'application de la police nationale éliminés ou n'ayant pas obtenu le nombre de points exigés. Ces listes mentionnent les notes attribuées aux candidats dans chacune des épreuves et le total des points obtenus.

Article A. 22. – Listes – Avis – *(Arrêté du 09 août 2016)*

La commission prévue à l'article 16 *(2° et 4°)* du présent code émet un avis sur les listes mentionnées au 4° de l'article A. 21 du même code dans un délai maximum de 4 mois après la date de l'examen.

Elles sont adressées à la direction générale de la police nationale, accompagnées des copies des candidats et du procès-verbal de séance.

Article A. 23. – Échecs aux examens – *(Arrêté du 09 août 2016)*

Les candidats ayant échoué à quatre sessions ne peuvent plus être autorisés à se présenter à l'examen technique d'officier de police judiciaire.

DE LA PROCÉDURE APPLICABLE À LA CRIMINALITÉ ET À LA DÉLINQUANCE ORGANISÉES

CODE DE PROCÉDURE PÉNALE

(Extraits)

Article 706-73. – Procédure applicable – *(Loi n° 2017-1510 du 30 octobre 2017)*

La procédure applicable à l'enquête, la poursuite, l'instruction et le jugement des crimes et des délits suivants est celle prévue par le présent code, sous réserve des dispositions du présent titre :

1° Crime de meurtre commis en bande organisée prévu par le 8° de l'article 221-4 du Code pénal ;

2° Crime de tortures et d'actes de barbarie commis en bande organisée prévu par l'article 222-4 du Code pénal ;

3° Crimes et délits de trafic de stupéfiants prévus par les articles 222-34 à 222-40 du Code pénal ;

4° Crimes et délits d'enlèvement et de séquestration commis en bande organisée prévus par l'article 224-5-2 du Code pénal ;

5° Crimes et délits aggravés de traite des êtres humains prévus par les articles 225-4-2 à 225-4-7 du Code pénal ;

6° Crimes et délits aggravés de proxénétisme prévus par les articles 225-7 à 225-12 du Code pénal ;

7° Crime de vol commis en bande organisée prévu par l'article 311-9 du Code pénal ;

8° Crimes aggravés d'extorsion prévus par les articles 312-6 et 312-7 du Code pénal ;

8° *bis (Abrogé)* ;

9° Crime de destruction, dégradation et détérioration d'un bien commis en bande organisée prévu par l'article 322-8 du Code pénal ;

10° Crimes en matière de fausse monnaie prévus par les articles 442-1 et 442-2 du Code pénal ;

11° Crimes et délits constituant des actes de terrorisme prévus par les articles 421-1 à 421-6 du Code pénal ;

11° *bis* Crimes portant atteinte aux intérêts fondamentaux de la nation prévus au titre Ier du livre IV du Code pénal ;

12° Délits en matière d'armes et de produits explosifs prévus aux articles 222-52 à 222-54, 222-56 à 222-59, 322-6-1 et 322-11-1 du Code pénal, aux articles L. 2339-2, L. 2339-3, L. 2339-10, L. 2341-4, L. 2353-4 et L. 2353-5 du Code de la défense ainsi qu'aux articles L. 317-2 et L. 317-7 du Code de la sécurité intérieure ;

13° Délits d'aide à l'entrée, à la circulation et au séjour irréguliers d'un étranger en France commis en bande organisée prévus par l'article L. 622-1 du Code de l'entrée et du séjour des étrangers et du droit d'asile ;

14° Délits de blanchiment prévus par les articles 324-1 et 324-2 du Code pénal, ou de recel prévus par les articles 321-1 et 321-2 du même code, du produit, des revenus, des choses provenant des infractions mentionnées aux 1° à 13° ;

15° Délits d'association de malfaiteurs prévus par l'article 450-1 du Code pénal, lorsqu'ils ont pour objet la préparation de l'une des infractions mentionnées aux 1° à 14° et 17° ;

16° Délit de non-justification de ressources correspondant au train de vie, prévu par l'article 321-6-1 du Code pénal, lorsqu'il est en relation avec l'une des infractions mentionnées aux 1° à 15° et 17° ;

17° Crime de détournement d'aéronef, de navire ou de tout autre moyen de transport commis en bande organisée prévu par l'article 224-6-1 du Code pénal ;

18° Crimes et délits punis de dix ans d'emprisonnement, contribuant à la prolifération des armes de destruction massive et de leurs vecteurs entrant dans le champ d'application de l'article 706-167 ;

19° Délit d'exploitation d'une mine ou de disposition d'une substance concessible sans titre d'exploitation ou autorisation, accompagné d'atteintes à l'environnement, commis en bande organisée, prévu à l'article L. 512-2 du Code minier, lorsqu'il est connexe avec l'une des infractions mentionnées aux 1° à 17° du présent article ;

20° *(Abrogé).*

Pour les infractions visées aux 3°, 6° et 11°, sont applicables, sauf précision contraire, les dispositions du présent titre ainsi que celles des titres XV, XVI et XVII.

Article 706-73-1. – Autres délits – *(Loi n° 2017-1510 du 30 octobre 2017)*

Le présent titre, à l'exception de l'article 706-88, est également applicable à l'enquête, à la poursuite, à l'instruction et au jugement des délits suivants :

1° Délit d'escroquerie en bande organisée, prévu au dernier alinéa de l'article 313-2 du Code pénal, délit d'atteinte aux systèmes de traitement automatisé de données à caractère personnel mis en œuvre par l'État commis en bande organisée, prévu à l'article 323-4-1 du même code et délit d'évasion commis en bande organisée prévu au 2nd alinéa de l'article 434-30 dudit code ;

2° Délits de dissimulation d'activités ou de salariés, de recours aux services d'une personne exerçant un travail dissimulé, de marchandage de main-d'œuvre, de prêt illicite de main-d'œuvre ou d'emploi d'étranger sans titre de travail, commis en bande organisée, prévus aux 1° et 3° de l'article L. 8221-1 et aux articles L. 8221-3, L. 8221-5, L. 8224-1, L. 8224-2, L. 8231-1, L. 8234-1, L. 8234-2, L. 8241-1, L. 8243-1, L. 8243-2, L. 8251-1 et L. 8256-2 du Code du travail ;

3° Délits de blanchiment, prévus à l'article 324-1 du Code pénal, ou de recel, prévus aux articles 321-1 et 321-2 du même code, du produit, des revenus ou des choses provenant des infractions mentionnées aux 1° et 2° du présent article ;

3° *bis* Délits de blanchiment prévus à l'article 324-2 du Code pénal, à l'exception de ceux mentionnés au 14° de l'article 706-73 du présent code ;

4° Délits d'association de malfaiteurs, prévus à l'article 450-1 du Code pénal, lorsqu'ils ont pour objet la préparation de l'une des infractions mentionnées aux 1° à 3° du présent article ;

5° Délit de non-justification de ressources correspondant au train de vie, prévu à l'article 321-6-1 du Code pénal, lorsqu'il est en relation avec l'une des infractions mentionnées aux 1° à 4° du présent article ;

6° Délits d'importation, d'exportation, de transit, de transport, de détention, de vente, d'acquisition ou d'échange d'un bien culturel prévus à l'article 322-3-2 du Code pénal.

7° Délits d'atteintes au patrimoine naturel commis en bande organisée, prévus à l'article L. 415-6 du Code de l'environnement ;

8° Délits de trafic de produits phytopharmaceutiques commis en bande organisée, prévus au 3° de l'article L. 253-17-1, au II des articles L. 253-15 et L. 253-16 et au III de l'article L. 254-12 du Code rural et de la pêche maritime ;

9° Délits relatifs aux déchets mentionnés au I de l'article L. 541-46 du Code de l'environnement commis en bande organisée, prévus au VII du même article ;

10° Délit de participation à la tenue d'une maison de jeux de hasard commis en bande organisée, prévu au premier alinéa de l'article L. 324-1 du Code de la sécurité intérieure et délits d'importation, de fabrication, de détention, de mise à disposition de tiers, d'installation et d'exploitation d'appareil de jeux de hasard ou d'adresse commis en bande organisée, prévu au 1er alinéa de l'article L. 324-2 du même code ;

11° Délits portant atteinte aux intérêts fondamentaux de la nation prévus aux articles 411-5,411-7 et 411-8, aux 2 premiers alinéas de l'article 412-2, à l'article 413-1 et au 3e alinéa de l'article 413-13 du Code pénal.

Article 706-74. – Application – Autres infractions – *(Loi n° 2015-993 du 17 août 2015)*

Lorsque la loi le prévoit, les dispositions du présent titre sont également applicables :

1° Aux crimes et délits commis en bande organisée, autres que ceux relevant des articles 706-73 et 706-73-1 ;

2° Aux délits d'association de malfaiteurs prévus par le deuxième alinéa de l'article 450-1 du Code pénal autres que ceux relevant du 15° de l'article 706-73 ou du 4° de l'article 706-73-1 du présent code.

Notes Personnelles

Notes Personnelles

RÉPUBLIQUE FRANÇAISE
Liberté • Égalité • Fraternité
MINISTÈRE DE LA JUSTICE

DECLARATION DES DROITS

Remise à une personne placée en garde à vue

Droit commun (art. 63-1 du code de procédure pénale)

Les informations ci-dessous doivent vous être données dans une langue que vous comprenez.

Vous pouvez conserver ce document pendant toute la durée de la garde à vue

Vous êtes informé(e) que vous êtes placé(e) en garde à vue parce qu'il existe contre vous une ou plusieurs raisons plausibles de soupçonner que vous avez commis ou tenté de commettre une infraction punie d'une peine d'emprisonnement.

Vous avez le droit de connaître la qualification, la date et le lieu présumés de la commission de l'infraction pour laquelle vous êtes mis en cause et les motifs justifiant votre placement en garde à vue. Vous allez être entendu(e) sur ces faits pendant la garde à vue qui peut durer 24 heures.

A l'issue de ce délai, le procureur de la République (ou le juge d'instruction) pourra décider la prolongation de la garde à vue pour une nouvelle durée de 24 heures, si la peine que vous encourez est d'au moins un an d'emprisonnement. Sauf impossibilité, vous serez présenté(e) devant ce magistrat, le cas échéant par visioconférence.

A l'issue de la garde à vue, vous serez, sur décision du procureur de la République (ou du juge d'instruction), soit présenté(e) devant ce magistrat, soit remis(e) en liberté. Dans le premier cas, vous comparaîtrez alors devant un juge au plus tard dans un délai de 20 heures à compter de la fin de votre garde à vue.

VOUS ETES EN OUTRE INFORME(E) QUE VOUS AVEZ LE DROIT DE :

Faire prévenir certaines personnes

Vous pouvez demander à faire prévenir par téléphone une personne avec laquelle vous vivez habituellement, ou l'un de vos parents en ligne directe, ou l'un de vos frères et sœurs, ou votre curateur ou votre tuteur, de la mesure de garde à vue dont vous faites l'objet.

Vous pouvez également faire prévenir votre employeur.

Si vous êtes de nationalité étrangère, vous pouvez en outre faire prévenir les autorités consulaires de votre pays.

Sauf circonstances insurmontables, ces diligences interviendront au plus tard dans un délai de 3 heures à compter du moment où vous avez formulé votre demande.

Le procureur de la République (ou le juge d'instruction) pourra toutefois décider que ces avis seront différés ou ne seront pas délivrés si cela est indispensable au recueil ou à la conservation des preuves ou pour prévenir une atteinte grave à la vie, à la liberté ou à l'intégrité physique d'une personne.

Communiquer avec une personne

Vous pouvez demander à communiquer par écrit, par téléphone ou lors d'un entretien avec l'une des personnes susceptibles d'être informées de votre placement en garde à vue.

L'officier de police judiciaire peut refuser votre demande si elle n'est pas compatible avec les motifs de votre placement en garde à vue ou risque de permettre une infraction. Il déterminera le moment, les modalités et la durée de cette communication, qui ne peut excéder 30 minutes et interviendra sous son contrôle, ou celui d'une personne qu'il aura désignée.

Etre examiné(e) par un médecin

Vous pouvez demander à être examiné(e) par un médecin. En cas de prolongation de la garde à vue, vous pourrez demander à être examiné(e) une nouvelle fois par un médecin.

Faire des déclarations, répondre aux questions ou garder le silence

Une fois que vous aurez décliné vôtre identité, vous avez le droit, lors de vos auditions :
- de faire des déclarations,
- de répondre aux questions qui vous sont posées,
- ou de vous taire.

Etre assisté(e) par un avocat

- **Choix de l'avocat**

Dès le début de la garde à vue, à tout moment au cours d'une audition, et en cas de prolongation de la garde à vue, dès le début de cette prolongation, vous pouvez demander à être assisté(e) par un avocat de votre choix. Si vous n'êtes pas en mesure de désigner un avocat ou si l'avocat choisi ne peut être contacté, vous pouvez demander à ce qu'un avocat vous soit commis d'office.

Votre avocat peut aussi être désigné par l'une des personnes que vous avez fait prévenir : dans ce cas, vous devez confirmer la désignation de l'avocat.

- **Assistance et délai d'intervention de l'avocat**

L'avocat pourra s'entretenir avec vous pendant 30 minutes dans des conditions qui garantissent la confidentialité de l'entretien ; en cas de prolongation de la garde à vue, vous pourrez à nouveau demander à vous entretenir avec votre avocat.Il pourra également, si vous en faites la demande, assister aux auditions, confrontations, reconstitutions ou séances d'identification auxquelles vous participez.

Dans ce cas, votre première audition, sauf si elle porte uniquement sur des éléments d'identité, ne pourra pas débuter sans la présence de votre avocat avant l'expiration d'un délai de 2 heures suivant l'avis qui lui a été fait de votre demande. Néanmoins, votre première audition pourra débuter immédiatement, même en l'absence de votre avocat, sur autorisation du procureur de la République (ou du juge d'instruction), si les nécessités de l'enquête l'exigent.

Si votre avocat se présente alors qu'une audition ou une confrontation est en cours, cet acte peut être interrompu à votre demande, pour vous permettre de vous entretenir avec lui.

Le procureur de la République, le juge d'instruction ou le juge des libertés de la détention pourra cependant, pour des raisons impérieuses et à titre exceptionnel, décider de différer l'assistance de votre avocat à vos auditions ou confrontations, pendant une durée maximale de 12 heures, renouvelable une fois, si la peine d'emprisonnement encourue est d'au moins cinq ans.

Etre assisté(e) d'un interprète

Si vous ne parlez pas ou ne comprenez pas le français, vous avez le droit d'être assisté gratuitement par un interprète lors de vos auditions et pour communiquer avec votre avocat.

Demander la fin de la garde à vue

Vous pouvez demander au procureur de la République ou au juge d'instruction, lorsque ce magistrat se prononcera sur une éventuelle prolongation de la garde à vue, que cette mesure ne soit pas prolongée.

Accéder à certaines pièces de votre dossier

A votre demande ou celle de votre avocat, vous pouvez demander de consulter, au plus tard avant une éventuelle prolongation de la garde à vue :

- le procès-verbal de notification de votre placement en garde à vue ;
- le ou les certificats médicaux établis par le médecin vous ayant examiné.
- le ou les procès-verbaux de vos auditions.

Etre informé(e) des suites de la procédure

A l'issue de la garde à vue, si aucune décision n'est prise par le procureur de la République sur la suite de la procédure, vous pourrez, à l'expiration d'un délai de 6 mois, interroger le procureur de la République du ressort dans lequel la mesure s'est déroulée sur la suite qu'il entend donner à cette affaire.

Liberté • Égalité • Fraternité
RÉPUBLIQUE FRANÇAISE

MINISTÈRE DE LA JUSTICE

DÉCLARATION DES DROITS

Remise à une personne placée en garde à vue
criminalité et délinquance organisées sauf trafic de stupéfiants et actes de terrorisme
(art. 63-1, 706-73 et 706-88 du code de procédure pénale)

Les informations ci-dessous doivent vous être données dans une langue que vous comprenez.

Vous pouvez conserver ce document pendant toute la durée de la garde à vue

Vous êtes informé(e) que vous êtes placé(e) en garde à vue parce qu'il existe contre vous une ou plusieurs raisons plausibles de soupçonner que vous avez commis ou tenté de commettre une infraction relevant du régime de la criminalité ou délinquance organisée, punie d'une peine d'emprisonnement.

Vous avez le droit de connaître la qualification, la date et le lieu présumés de la commission de l'infraction pour laquelle vous êtes mis en cause et les motifs justifiant votre placement en garde à vue.

Vous allez être entendu (e) sur ces faits pendant le déroulement de la garde à vue qui peut durer 24 heures.

A l'issue de ce délai, le procureur de la République ou le juge d'instruction pourra décider la prolongation de la garde à vue pour une nouvelle durée de 24 heures. Sauf impossibilité, vous serez présenté(e) devant ce magistrat, le cas échéant par visioconférence.

A titre exceptionnel, et si les nécessités de l'enquête ou de l'instruction l'exigent, deux prolongations supplémentaires, d'une durée de 24 heures chacune, pourront être décidée soit par le juge des libertés et de la détention, soit par le juge d'instruction.

Toutefois, si la durée prévisible des investigations restant à réaliser à l'issue des premières 48 heures le justifie, le juge des libertés et de la détention sur requête du procureur de la République, ou la juge d'instruction, pourra décider que la garde à vue ne sera prolongée qu'une seule fois pour une durée de 48 heures.

A l'issue de la garde à vue, vous serez, sur décision du procureur de la République ou du juge d'instruction, soit présenté(e) devant ce magistrat, soit remis(e) en liberté. Dans le premier cas, vous comparaîtrez alors devant ce magistrat le jour même. S'il existe des locaux spécialement aménagés au sein de la juridiction et que votre garde à vue n'a pas duré plus de 72 heures, vous pourrez comparaître le jour suivant, dans un délai maximum de 20 heures à compter de la fin de la garde à vue. Si votre garde à vue a duré plus de 72 heures, votre comparution devant le magistrat interviendra le jour même de la fin de garde à vue.

VOUS ETES EN OUTRE INFORME(E) QUE VOUS AVEZ LE DROIT DE :

Faire prévenir certaines personnes

Vous pouvez demander à faire prévenir par téléphone une personne avec laquelle vous vivez habituellement, ou l'un de vos parents en ligne directe, ou l'un de vos frères ou sœurs, ou votre curateur ou tuteur de la mesure de garde à vue dont vous faites l'objet.

Vous pouvez également faire prévenir votre employeur.

Si vous êtes de nationalité étrangère, vous pouvez en outre faire prévenir les autorités consulaires de votre pays.
Sauf circonstances insurmontables, ces diligences interviendront au plus tard dans un délai de 3 heures à compter du moment où vous avez formulé votre demande.

Le procureur de la République (ou le juge d'instruction) pourra toutefois décider que ces avis seront différés ou ne seront pas délivrés si cela est indispensable au recueil ou à la conservation des preuves ou pour prévenir une atteinte grave à la vie, à la liberté ou à l'intégrité physique d'une personne.

Si votre garde à vue est prolongée au-delà de 48 heures, le report des avis à vos proches et à votre l'employeur peut être maintenu, pour les mêmes raisons, par le juge des libertés et de la détention (ou le juge d'instruction).

Communiquer avec une personne

Vous pouvez demander à communiquer par écrit, par téléphone ou lors d'un entretien avec l'une des personnes susceptibles d'être informées de votre placement en garde à vue.

L'officier de police judiciaire peut refuser votre demande si elle n'est pas compatible avec les motifs de votre placement en garde à vue ou risque de permettre une infraction. Il déterminera le moment, les modalités et la durée de cette communication, qui ne peut excéder 30 minutes et interviendra sous son contrôle, ou celui d'une personne qu'il aura désignée.

Si votre garde à vue est prolongée au-delà de 48 heures, l'officier de police judiciaire ne peut refuser votre demande de communication avec les autorités consulaires.

Etre examiné(e) par un médecin

Vous pouvez demander à être examiné(e) par un médecin dès le début de la garde à vue et en cas de prolongation de la mesure. Si votre garde à vue est prolongée au-delà de 48 heures, vous serez obligatoirement examiné(e) par un médecin et vous serez avisé(e) de votre droit de demander un nouvel examen médical.

Faire des déclarations, répondre aux questions ou garder le silence

Une fois que vous aurez décliné vôtre identité, vous avez le droit, lors de vos auditions :
- de faire des déclarations,
- de répondre aux questions qui vous sont posées,
- ou de vous taire.

Etre assisté(e) par un avocat

- Choix de l'avocat

Dès le début de la garde à vue, à tout moment au cours d'une audition, et en cas de prolongation de la garde à vue, dès le début de cette prolongation, vous pouvez demander à être assisté d'un avocat de votre choix. Si vous n'êtes pas en mesure de désigner un avocat ou si l'avocat choisi ne peut être contacté, vous pouvez demander à ce qu'un avocat vous soit commis d'office.

Votre avocat peut aussi être désigné par l'une des personnes que vous avez fait prévenir : dans ce cas, vous devez confirmer la désignation de l'avocat.

- Assistance de l'avocat

L'avocat pourra
s'entretenir avec vous pendant 30 minutes dans des conditions qui garantissent la confidentialité de l'entretien ; en cas de prolongation de la garde à vue, vous pourrez à nouveau demander à vous entretenir avec votre avocat.
Il pourra également, si vous en faites la demande, assister aux auditions, confrontations, reconstitutions ou séances d'identification auxquelles vous participez.

- Délai d'intervention :

Compte tenu des nécessités de l'enquête exigeant votre audition immédiate, le procureur de la République ou le juge d'instruction peut autoriser, par décision écrite et motivée, que votre audition débute sans attendre l'expiration du délai de 2 heures prévu pour permettre la venue de votre avocat.

L'intervention de votre avocat peut également être reportée, sur décision du procureur de la République, du juge des libertés et de la détention ou du juge d'instruction, pendant une durée maximale de 48 heures, en considération de raisons impérieuses.

Etre assisté(e) d'un interprète

Si vous ne parlez pas ou ne comprenez pas le français, vous avez le droit d'être assisté gratuitement par un interprète lors de vos auditions et pour communiquer avec votre avocat.

Demander la fin de la garde à vue

Vous pouvez demander au procureur de la République, au juge d'instruction ou au juge des libertés et de la détention, lorsque ce magistrat se prononcera sur une éventuelle prolongation de la garde à vue, que cette mesure ne soit pas prolongée.

Accéder à certaines pièces de votre dossier

A votre demande ou celle de votre avocat, vous pouvez demander de consulter, au plus tard avant une éventuelle prolongation de la garde à vue :
- le procès-verbal de notification de votre placement en garde à vue ;
- le ou les certificats médicaux établis par le médecin vous ayant examiné.
- le ou les procès-verbaux de vos auditions.

Liberté • Égalité • Fraternité
RÉPUBLIQUE FRANÇAISE

MINISTÈRE DE LA JUSTICE

DECLARATION DES DROITS

Remise à une personne placée en garde à vue

Actes de terrorisme (art. 63-1, 706-73, 11° et 706-88 du code de procédure pénale)

Les informations ci-dessous doivent vous être données dans une langue que vous comprenez.

Vous pouvez conserver ce document pendant toute la durée de la garde à vue

Vous êtes informé(e) que vous êtes placé(e) en garde à vue parce qu'il existe contre vous une ou plusieurs raisons plausibles de soupçonner que vous avez commis ou tenté de commettre un crime ou un délit constituant un acte terroriste.

Vous allez être entendu(e) sur ces faits pendant le déroulement de la garde à vue qui peut durer 24 heures.

Vous avez le droit de connaître la qualification, la date et le lieu présumés de la commission de l'infraction pour laquelle vous êtes mis en cause et les motifs justifiant votre placement en garde à vue.

A l'issue de ce délai, le procureur de la République ou le juge d'instruction pourra décider la prolongation de la garde à vue pour une nouvelle durée de 24 heures. Sauf impossibilité, vous serez présenté(e) devant ce magistrat, le cas échéant par visioconférence.

A titre exceptionnel, et si les nécessités de l'enquête ou de l'instruction l'exigent, 2prolongations supplémentaires, d'une durée de 24 heures chacune, pourront être décidée soit par le juge des libertés et de la détention, soit par le juge d'instruction.

Toutefois, si la durée prévisible des investigations restant à réaliser à l'issue des premières 48 heures le justifie, le juge des libertés et de la détention sur requête du procureur de la République, ou la juge d'instruction, pourra décider que la garde à vue ne sera prolongée qu'une seule fois pour une durée de 48 heures.

A l'issue de la garde à vue, vous serez, sur décision du procureur de la République ou du juge d'instruction, soit présenté(e) devant ce magistrat, soit remis(e) en liberté. Dans le premier cas, vous comparaîtrez alors devant ce magistrat le jour même. S'il existe des locaux spécialement aménagés au sein de la juridiction et que votre garde à vue n'a pas duré plus de 72 heures, vous pourrez comparaître le jour suivant, dans un délai maximum de 20 heures à compter de la fin de la garde à vue. Si votre garde à vue a duré plus de 72 heures, votre comparution devant le magistrat interviendra le jour même de la fin de garde à vue.

VOUS ETES EN OUTRE INFORME(E) QUE VOUS AVEZ LE DROIT DE :

Faire prévenir certaines personnes

Vous pouvez demander à faire prévenir par téléphone une personne avec laquelle vous vivez habituellement, ou l'un de vos parents en ligne directe, ou l'un de vos frères ou sœurs, ou votre curateur ou tuteur de la mesure de garde à vue dont vous faites l'objet.

Vous pouvez en outre faire prévenir votre employeur.

Si vous êtes de nationalité étrangère, vous pouvez également faire prévenir les autorités consulaires de votre pays.

Sauf circonstances insurmontables, ces diligences interviendront au plus tard dans un délai de 3 heures à compter du moment où vous avez formulé votre demande.

Le procureur de la République (ou le juge d'instruction) pourra toutefois décider que ces avis seront différés ou ne seront pas délivrés si cela est indispensable au recueil ou à la conservation des preuves ou pour prévenir une atteinte grave à la vie, à la liberté ou à l'intégrité physique d'une personne.
Si votre garde à vue est prolongée au-delà de 48 heures, le report des avis à vos proches et à votre employeur peut être maintenu, pour les mêmes raisons, par le juge des libertés et de la détention (ou le juge d'instruction).

S'il n'est pas fait droit à votre demande de faire prévenir l'un de vos proches, et dans l'hypothèse où la mesure de garde à vue dont vous faites l'objet est prolongée au-delà de la 96e heure, vous pouvez réitérer votre demande à compter de la 96e heure.

Communiquer avec une personne

Vous pouvez demander à communiquer par écrit, par téléphone ou lors d'un entretien avec l'une des personnes susceptibles d'être informées de votre placement en garde à vue.

L'officier de police judiciaire peut refuser votre demande si elle n'est pas compatible avec les motifs de votre placement en garde à vue ou risque de permettre une infraction. Il déterminera le moment, les modalités et la durée de cette communication, qui ne peut excéder 30 minutes et interviendra sous son contrôle, ou celui d'une personne qu'il aura désignée.

Si votre garde à vue est prolongée au-delà de 48 heures, l'officier de police judiciaire ne peut refuser votre demande de communication avec les autorités consulaires.

Etre examiné(e) par un médecin

Vous pouvez demander à être examiné(e) par un médecin dès le début de la garde à vue et en cas de prolongation de la mesure. Lors de chacune des prolongations supplémentaires éventuellement autorisées, vous serez obligatoirement examiné(e) par un médecin et vous serez avisé(e) de votre droit de demander un nouvel examen médical.

Faire des déclarations, répondre aux questions ou garder le silence

Une fois que vous aurez décliné vôtre identité, vous avez le droit, lors de vos auditions :
- de faire des déclarations,
- de répondre aux questions qui vous sont posées,
- ou de vous taire.

Etre assisté(e) d'un avocat

- Choix de l'avocat :

Dès le début de la garde à vue, à tout moment au cours d'une audition, et en cas de prolongation de la garde à vue, dès le début de cette prolongation, vous pouvez demander à être assisté d'un avocat de votre choix. Si vous n'êtes pas en mesure de désigner un avocat ou si l'avocat choisi ne peut être contacté, vous pouvez demander à vous entretenir avec un avocat commis d'office.

Votre avocat peut aussi être désigné par l'une des personnes que vous avez fait prévenir : dans ce cas, vous devez confirmer la désignation de l'avocat.

- Assistance de l'avocat :

L'avocat désigné pourra s'entretenir avec vous pendant 30 minutes. En cas de prolongation, vous pourrez à nouveau demander à vous entretenir avec lui dès le début de cette prolongation ; en cas de prolongation de la garde à vue, vous pourrez à nouveau demander à vous entretenir avec votre avocat.Il pourra également, si vous en faites la demande, assister aux auditions, confrontations, reconstitutions ou séances d'identification auxquelles vous participez.

- Délai d'intervention : Compte tenu des nécessités de l'enquête exigeant votre audition immédiate, le procureur de la République peut autoriser, par décision écrite et motivée que votre audition débute sans attendre l'expiration du délai de 2 heures prévu pour permettre la venue de votre avocat.L'intervention de votre avocat peut être différée et reportée, sur décision du procureur de la République, du juge des libertés et de la détention ou du juge d'instruction, pendant une durée maximale de 72 heures, en considération de raisons impérieuses.

Etre assisté(e) d'un interprète

Si vous ne parlez pas ou ne comprenez pas le français, vous avez le droit d'être assisté gratuitement par un interprète lors de vos auditions et pour communiquer avec votre avocat.

Demander la fin de la garde à vue

Vous pouvez demander au procureur de la République, au juge d'instruction ou au juge des libertés et de la détention, lorsque ce magistrat se prononcera sur une éventuelle prolongation de la garde à vue, que cette mesure ne soit pas prolongée.

Accéder à certaines pièces de votre dossier

A votre demande ou celle de votre avocat, vous pouvez demander de consulter, au plus tard avant une éventuelle prolongation de la garde à vue :
- le procès-verbal de notification de votre placement en garde à vue ;
- le ou les certificats médicaux établis par le médecin vous ayant examiné.
- le ou les procès-verbaux de vos auditions.

Liberté • Égalité • Fraternité
RÉPUBLIQUE FRANÇAISE
MINISTÈRE DE LA JUSTICE

DECLARATION DES DROITS

Remise à une personne placée en garde à vue
Mineur de plus de 13 ans – Droit commun

Les informations ci-dessous doivent vous être données dans une langue que vous comprenez.

Vous pouvez conserver ce document pendant toute la durée de la garde à vue

Vous êtes informé(e) que vous êtes placé(e) en garde à vue parce qu'il existe contre vous une ou plusieurs raisons plausibles de soupçonner que vous avez commis ou tenté de commettre une infraction punie d'une peine d'emprisonnement.

Vous avez le droit de connaître la qualification, la date et le lieu présumés de la commission de l'infraction pour laquelle vous êtes mis en cause et les motifs justifiant votre placement en garde à vue.

Vous allez être entendu(e) sur ces faits pendant la garde à vue qui peut durer 24 heures. A l'issue de ce délai, le procureur de la République (le juge d'instruction ou le juge des enfants) pourra décider la prolongation de la garde à vue pour une nouvelle durée de 24 heures si la peine que vous encourez est d'au moins un an d'emprisonnement. Si vous avez moins de 16 ans, la prolongation ne sera possible que si l'infraction dont vous êtes soupçonné est punie d'une peine d'emprisonnement supérieure ou égale à 5 ans. Vous serez présenté(e) devant ce magistrat, le cas échéant par visioconférence.

A l'issue de la garde à vue, vous serez, sur décision du procureur de la République (ou du juge d'instruction ou du juge des enfants), soit présenté(e) devant ce magistrat, soit remis(e) en liberté. Dans le premier cas, vous comparaîtrez alors devant un juge au plus tard dans un délai de 20 heures à compter de la fin de votre garde à vue.

VOUS ETES EN OUTRE INFORME(E) QUE VOUS AVEZ LE DROIT DE :

Faire prévenir certaines personnes

Vos parents ou votre tuteur, ou la personne ou le service auquel vous êtes confié seront obligatoirement prévenus de la mesure de garde à vue dont vous faites l'objet, ainsi que de la qualification, de la date et du lieu de commission des faits reprochés.

Vous pouvez demander à faire prévenir par téléphone une personne avec laquelle vous vivez habituellement, ou l'un de vos parents en ligne directe, ou l'un de vos frères et sœurs, ou votre curateur ou votre tuteur, de la mesure de garde à vue dont vous faites l'objet.

Vous pouvez également faire prévenir votre employeur.

Si vous êtes de nationalité étrangère, vous pouvez en outre faire prévenir les autorités consulaires de votre pays.

Sauf circonstances insurmontables, ces diligences interviendront au plus tard dans un délai de 3 heures à compter du moment où vous avez formulé votre demande.

Le procureur de la République (le juge d'instruction ou le juge des enfants) pourra toutefois décider que ces avis seront différés ou ne seront pas délivrés si cela est indispensable au recueil ou à la conservation des preuves ou pour prévenir une atteinte grave à la vie, à la liberté ou à l'intégrité physique d'une personne. Le report de l'avis à vos représentants légaux ne pourra excéder 24 heures si la mesure de garde à vue peut être prolongée, et douze heures dans le cas contraire.

Communiquer avec une personne

Vous pouvez demander à communiquer par écrit, par téléphone ou lors d'un entretien avec l'une des personnes susceptibles d'être informées de votre placement en garde à vue.

L'officier de police judiciaire peut refuser votre demande si elle n'est pas compatible avec les motifs de votre placement en garde à vue ou risque de permettre une infraction. Il déterminera le moment, les modalités et la durée de cette communication, qui ne peut excéder 30 minutes et interviendra sous son contrôle, ou celui d'une personne qu'il aura désignée.

Etre examiné(e) par un médecin

Vous pouvez demander à être examiné(e) par un médecin. En cas de prolongation de la garde à vue, vous pourrez demander à être examiné(e) une nouvelle fois par un médecin. Ces demandes pourront également être faites par vos parents, votre tuteur ou la personne ou l'institution à qui vous avez été confié(e). Si vous avez moins de 16 ans, le procureur de la République (le juge d'instruction ou le juge des enfants) désignera d'office un médecin pour qu'il vous examine.

Faire des déclarations, répondre aux questions ou garder le silence

Une fois que vous aurez décliné vôtre identité, vous avez le droit, lors de vos auditions :
- de faire des déclarations,
- de répondre aux questions qui vous sont posées,
- ou de vous taire.

Etre assisté(e) par un avocat

- Choix de l'avocat

Dès le début de la garde à vue, à tout moment au cours d'une audition, et en cas de prolongation de la garde à vue, dès le début de cette prolongation, vous pouvez demander à être assisté(e) par un avocat de votre choix. Si vous n'êtes pas en mesure de désigner un avocat ou si l'avocat choisi ne peut être contacté, l'officier de police judiciaire ou le procureur de la République (le juge d'instruction ou le juge des enfants) demandera qu'un avocat soit désigné d'office pour vous assister.
Votre avocat peut aussi être désigné par vos parents ou votre tuteur, ou la personne ou le service auquel vous êtes confié.

- **Assistance et délai d'intervention de l'avocat**

L'avocat pourra s'entretenir avec vous pendant 30 minutes dans des conditions qui garantissent la confidentialité de l'entretien ; en cas de prolongation de la garde à vue, vous pourrez à nouveau demander à vous entretenir avec votre avocat ;
Il pourra, si vous en faites la demande, assister aux auditions, confrontations, reconstitutions ou séances d'identification auxquelles vous participez.

Dans ce cas, votre première audition, sauf si elle porte uniquement sur des éléments d'identité, ne pourra pas débuter sans la présence de votre avocat avant l'expiration d'un délai de 2 heures suivant l'avis qui lui a été fait de votre demande.

Néanmoins, votre première audition pourra débuter immédiatement, même en l'absence de votre avocat, sur autorisation du procureur de la République (du juge d'instruction ou du juge des enfants), si les nécessités de l'enquête l'exigent.

Si votre avocat se présente alors qu'une audition ou une confrontation est en cours, cet acte peut être interrompu à votre demande, pour vous permettre de vous entretenir avec lui.

Le procureur de la République, le juge d'instruction ou le juge des libertés de la détention pourra cependant, pour des raisons impérieuses et à titre exceptionnel, décider de différer l'assistance de votre avocat à vos auditions ou confrontations, pendant une durée maximale de 12 heures, renouvelable une fois, si la peine d'emprisonnement encourue est d'au moins cinq ans.

Etre assisté(e) d'un interprète

Si vous ne parlez pas ou ne comprenez pas le français, vous avez le droit d'être assisté gratuitement par un interprète lors de vos auditions et pour communiquer avec votre avocat.

Demander la fin de la garde à vue

Vous pouvez demander au procureur de la République ou au juge d'instruction ou au juge des enfants, lorsque ce magistrat se prononcera sur une éventuelle prolongation de la garde à vue, que cette mesure ne soit pas prolongée.

Accéder à certaines pièces de votre dossier

A votre demande ou celle de votre avocat, vous pouvez demander de consulter, au plus tard avant une éventuelle prolongation de la garde à vue :

- le procès-verbal de notification de votre placement en garde à vue ;
- le ou les certificats médicaux établis par le médecin vous ayant examiné.
- le ou les procès-verbaux de vos auditions.

Etre informé(e) des suites de la procédure

A l'issue de la garde à vue, si aucune décision n'est prise par le procureur de la République sur la suite de la procédure, vous pourrez, à l'expiration d'un délai de 6 mois, interroger le procureur de la République du ressort dans lequel la mesure s'est déroulée sur la suite qu'il entend donner à cette affaire.

Liberté • Égalité • Fraternité RÉPUBLIQUE FRANÇAISE MINISTÈRE DE LA JUSTICE	**DECLARATION DES DROITS** Remise à une personne placée en garde à vue **Mineur de plus de 16 ans, coauteur ou complice d'un majeur ayant commis une infraction relevant de l'article 706-73 du code de procédure pénale**

Les informations ci-dessous doivent vous être données dans une langue que vous comprenez.

Vous pouvez conserver ce document pendant toute la durée de la garde à vue

Vous êtes informé(e) que vous êtes placé(e) en garde à vue parce qu'il existe contre vous une ou plusieurs raisons plausibles de soupçonner que vous avez commis ou tenté de commettre, comme coauteur ou complice d'un majeur, une infraction relevant du régime de la criminalité ou délinquance organisée punie d'une peine d'emprisonnement.

Vous avez le droit de connaître la qualification, la date et le lieu présumés de la commission de l'infraction pour laquelle vous êtes mis en cause et les motifs justifiant votre placement en garde à vue.

Vous allez être entendu(e) sur ces faits pendant la garde à vue qui peut durer 24 heures.

A l'issue de ce délai, le procureur de la République (le juge d'instruction ou le juge des enfants) pourra décider la prolongation de la garde à vue pour une nouvelle durée de 24 heures. Vous serez présenté(e) devant ce magistrat, le cas échéant par visioconférence.

A titre exceptionnel, et si les nécessités de l'enquête ou de l'instruction l'exigent, deux prolongations supplémentaires, d'une durée de 24 heures chacune, pourront être décidée soit par le juge des libertés et de la détention, soit par le juge d'instruction.

Toutefois, si la durée prévisible des investigations restant à réaliser à l'issue des premières 48 heures le justifie, le juge des libertés et de la détention sur requête du procureur de la République, ou la juge d'instruction, pourra décider que la garde à vue ne sera prolongée qu'une seule fois pour une durée de 48 heures.

A l'issue de la garde à vue, vous serez, sur décision du procureur de la République ou du juge d'instruction, soit présenté(e) devant ce magistrat, soit remis(e) en liberté. Dans le premier cas, vous comparaîtrez alors devant ce magistrat le jour même. S'il existe des locaux spécialement aménagés au sein de la juridiction et que votre garde à vue n'a pas duré plus de 72 heures, vous pourrez comparaître le jour suivant, dans un délai maximum de 20 heures à compter de la fin de la garde à vue. Si votre garde à vue a duré plus de 72 heures, votre comparution devant le magistrat interviendra le jour même de la fin de garde à vue.

VOUS ETES EN OUTRE INFORME(E) QUE VOUS AVEZ LE DROIT DE :

Faire prévenir certaines personnes

Vos parents ou votre tuteur, ou la personne ou le service auquel vous êtes confié seront obligatoirement prévenus de la mesure de garde à vue dont vous faites l'objet, ainsi que de la qualification, de la date et du lieu de commission des faits reprochés.

Vous pouvez demander à faire prévenir par téléphone une personne avec laquelle vous vivez habituellement, ou l'un de vos parents en ligne directe, ou l'un de vos frères et sœurs, ou votre curateur ou votre tuteur, de la mesure de garde à vue dont vous faites l'objet.

Vous pouvez également faire prévenir votre employeur.

Si vous êtes de nationalité étrangère, vous pouvez en outre faire prévenir les autorités consulaires de votre pays.

Sauf circonstances insurmontables, ces diligences interviendront au plus tard dans un délai de 3 heures à compter du moment où vous avez formulé votre demande.
Le procureur de la République (le juge d'instruction ou le juge des enfants) pourra toutefois décider que ces avis seront différés ou ne seront pas délivrés si cela est indispensable au recueil ou à la conservation des preuves ou pour prévenir une atteinte grave à la vie, à la liberté ou à l'intégrité physique d'une personne. Le report de l'avis à vos représentants légaux ne pourra excéder 24 heures si la mesure de garde à vue peut être prolongée, et douze heures dans le cas contraire.

Si votre garde à vue est prolongée au-delà de 48 heures, le report des avis à vos proches et votre employeur peut être maintenu, pour les mêmes raisons, par le juge des libertés et de la détention (ou le juge d'instruction).

Communiquer avec une personne

Vous pouvez demander à communiquer par écrit, par téléphone ou lors d'un entretien avec l'une des personnes susceptibles d'être informées de votre placement en garde à vue.

L'officier de police judiciaire peut refuser votre demande si elle n'est pas compatible avec les motifs de votre placement en garde à vue ou risque de permettre une infraction. Il déterminera le moment, les modalités et la durée de cette communication, qui ne peut excéder 30 minutes et interviendra sous son contrôle, ou celui d'une personne qu'il aura désignée.

Si votre garde à vue est prolongée au-delà de 48 heures, l'officier de police judiciaire ne peut refuser votre demande de communication avec les autorités consulaires.

Etre examiné(e) par un médecin

Vous pouvez demander à être examiné(e) par un médecin dès le début de la garde à vue et en cas de prolongation de la mesure. Si votre garde à vue est prolongée au-delà de 48 heures, vous serez obligatoirement examiné(e) par un médecin et vous serez avisé(e) de votre droit de demander un nouvel examen médical. Ces demandes pourront également être faites par vos parents, votre tuteur ou la personne ou l'institution à qui vous avez été confié(e).

Faire des déclarations, répondre aux questions ou garder le silence

Une fois que vous aurez décliné vôtre identité, vous avez le droit, lors de vos auditions :
- de faire des déclarations,
- de répondre aux questions qui vous sont posées,
- ou de vous taire.

Etre assisté(e) par un avocat

- **Choix de l'avocat**

Dès le début de la garde à vue, à tout moment au cours d'une audition, et en cas de prolongation de la garde à vue, dès le début de cette prolongation, vous pouvez demander à être assisté(e) par un avocat de votre choix. Si vous n'êtes pas en mesure de désigner un avocat ou si l'avocat choisi ne peut être contacté, l'officier de police judiciaire ou le procureur de la République (le juge d'instruction ou le juge des enfants) demandera qu'un avocat soit désigné d'office pour vous assister.

Votre avocat peut aussi être désigné par vos parents ou votre tuteur, ou la personne ou le service auquel vous êtes confié.

- **Assistance et délai d'intervention de l'avocat**

L'avocat pourra s'entretenir avec vous pendant 30 minutes dans des conditions qui garantissent la confidentialité de l'entretien ; en cas de prolongation de la garde à vue, vous pourrez à nouveau demander à vous entretenir avec votre avocat.Il pourra également, si vous en faites la demande, assister aux auditions, confrontations, reconstitutions ou séances d'identification auxquelles vous participez.

Dans ce cas, votre première audition, sauf si elle porte uniquement sur des éléments d'identité, ne pourra pas débuter sans la présence de votre avocat avant l'expiration d'un délai de 2 heures suivant l'avis qui lui a été fait de votre demande. Néanmoins, votre première audition pourra débuter immédiatement, même en l'absence de votre avocat, sur autorisation du procureur de la République (ou du juge d'instruction), si les nécessités de l'enquête l'exigent.

Si votre avocat se présente alors qu'une audition ou une confrontation est en cours, cet acte peut être interrompu à votre demande, pour vous permettre de vous entretenir avec lui.

Le procureur de la République, le juge d'instruction ou le juge des libertés de la détention pourra cependant, pour des raisons impérieuses et à titre exceptionnel, décider de différer l'assistance de votre avocat à vos auditions ou confrontations, pendant une durée maximale de 12 heures, renouvelable une fois, si la peine d'emprisonnement encourue est d'au moins cinq ans.

Etre assisté(e) d'un interprète

Si vous ne parlez pas ou ne comprenez pas le français, vous avez le droit d'être assisté gratuitement par un interprète lors de vos auditions et pour communiquer avec votre avocat.

Demander la fin de la garde à vue

Vous pouvez demander au procureur de la République, au juge d'instruction ou au juge des libertés et de la détention, lorsque ce magistrat se prononcera sur une éventuelle prolongation de la garde à vue, que cette mesure ne soit pas prolongée.

Accéder à certaines pièces de votre dossier

A votre demande ou celle de votre avocat, vous pouvez demander de consulter, au plus tard avant une éventuelle prolongation de la garde à vue :
- le procès-verbal de notification de votre placement en garde à vue ;
- le ou les certificats médicaux établis par le médecin vous ayant examiné.
- le ou les procès-verbaux de vos auditions.

Liberté • Égalité • Fraternité
RÉPUBLIQUE FRANÇAISE
MINISTÈRE DE LA JUSTICE

DECLARATION DES DROITS

Remise à un mineur placé en retenue
Mineur de 10 à 13 ans

Les informations ci-dessous doivent vous être données dans une langue que vous comprenez.

Vous pouvez conserver ce document pendant toute la durée de la garde à vue

Vous êtes informé(e) que vous êtes placé(e) en retenue parce qu'il existe contre vous des indices graves et concordants laissant présumer que vous avez commis ou tenté de commettre une infraction punie d'une peine d'emprisonnement d'au moins à 5 ans.

Vous avez le droit de connaître la qualification, la date et le lieu présumés de commission de l'infraction pour laquelle vous êtes mis en cause, et les motifs justifiant votre placement en retenue.

Vous allez être entendu(e) sur ces faits pendant la retenue qui peut durer douze heures.

A l'issue de ce délai, le procureur de la République (ou le juge d'instruction ou le juge des enfants) pourra décider la prolongation de la retenue pour une nouvelle durée de douze heures. Sauf impossibilité, vous serez alors présenté(e) devant ce magistrat, le cas échéant par visioconférence.

A l'issue de la retenue, vous serez, sur décision du procureur de la République (du juge d'instruction ou du juge des enfants), soit présenté(e) devant ce magistrat, soit remis(e) en liberté.

VOUS ETES EN OUTRE INFORME(E) QUE VOUS AVEZ LE DROIT DE :

Faire prévenir certaines personnes

Vos parents ou votre tuteur, ou la personne ou le service auquel vous êtes confié seront obligatoirement prévenus de la mesure de retenue dont vous faites l'objet, ainsi que de la qualification, de la date et du lieu de commission des faits reprochés.

Vous pouvez demander à faire prévenir par téléphone une personne avec laquelle vous vivez habituellement, ou l'un de vos parents en ligne directe, ou l'un de vos frères et sœurs, ou votre curateur ou votre tuteur, de la mesure de retenue dont vous faites l'objet.

Vous pouvez également faire prévenir votre employeur.

Si vous êtes de nationalité étrangère, vous pouvez en outre faire prévenir les autorités consulaires de votre pays.

Sauf circonstances insurmontables, ces diligences interviendront au plus tard dans un délai de 3 heures à compter du moment où vous avez formulé votre demande.
Le procureur de la République (le juge d'instruction ou le juge des enfants) pourra toutefois

décider que ces avis seront différés ou ne seront pas délivrés si cela est indispensable au recueil ou à la conservation des preuves ou pour prévenir une atteinte grave à la vie, à la liberté ou à l'intégrité physique d'une personne. Le report de l'avis à vos représentants légaux ne pourra excéder 12 heures.

Communiquer avec une personne

Vous pouvez demander à communiquer par écrit, par téléphone ou lors d'un entretien avec l'une des personnes susceptibles d'être informées de votre placement en retenue.

L'officier de police judiciaire peut refuser votre demande si elle n'est pas compatible avec les motifs de votre placement en garde à vue ou risque de permettre une infraction. Il déterminera le moment, les modalités et la durée de cette communication, qui ne peut excéder 30 minutes et interviendra sous son contrôle, ou celui d'une personne qu'il aura désignée.

Etre examiné(e) par un médecin

Le procureur de la République (le juge d'instruction ou le juge des enfants) désignera d'office un médecin pour qu'il vous examine. En cas de prolongation de la retenue, le procureur de la République (le juge d'instruction ou le juge des enfants) désignera d'office un médecin pour qu'il vous examine une nouvelle fois.

Faire des déclarations, répondre aux questions ou garder le silence

Une fois que vous aurez décliné vôtre identité, vous avez le droit, lors de vos auditions :
- de faire des déclarations,
- de répondre aux questions qui vous sont posées,
- ou de vous taire.

Etre assisté(e) par un avocat

- **Choix de l'avocat**

Dès le début de la retenue, à tout moment au cours d'une audition, et en cas de prolongation de la retenue, dès le début de cette prolongation, vous pouvez demander à être assisté(e) par un avocat de votre choix. Si vous n'êtes pas en mesure de désigner un avocat ou si l'avocat choisi ne peut être contacté, l'officier de police judiciaire ou le procureur de la République (le juge d'instruction ou le juge des enfants) demandera qu'un avocat soit désigné d'office pour vous assister.

Votre avocat peut aussi être désigné par vos parents <u>ou</u> votre tuteur, <u>ou</u> la personne ou le service auquel vous êtes confié.

- **Assistance et délai d'intervention de l'avocat**

L'avocat pourra s'entretenir avec vous pendant 30 minutes dans des conditions qui garantissent la confidentialité de l'entretien ; en cas de prolongation de la retenue, vous pourrez à nouveau demander à vous entretenir avec lui.
Il pourra également, si vous en faîtes la demande, assister aux auditions, confrontations, reconstitution et séances d'identification auxquelles vous participez.

Votre première audition, sauf si elle porte uniquement sur des éléments d'identité, ne pourra pas débuter sans la présence de votre avocat avant l'expiration d'un délai de 2 heures suivant l'avis qui lui a été fait de votre demande. Néanmoins, votre première audition pourra débuter immédiatement, même en l'absence de votre avocat, sur autorisation du procureur de la République (du juge d'instruction ou du juge des enfants), si les nécessités de l'enquête l'exigent.

Si votre avocat se présente alors qu'une audition ou une confrontation est en cours, cet acte sera interrompu, pour vous permettre de vous entretenir avec lui.

Le procureur de la République, le juge d'instruction ou le juge des libertés de la détention pourra cependant, pour des raisons impérieuses et à titre exceptionnel, décider de différer l'assistance de votre avocat à vos auditions ou confrontations, pendant une durée maximale de 12 heures, renouvelable une fois, si la peine d'emprisonnement encourue est d'au moins cinq ans.

Etre assisté(e) d'un interprète

Si vous ne parlez pas ou ne comprenez pas le français, vous avez le droit d'être assisté gratuitement par un interprète lors de vos auditions et pour communiquer avec votre avocat.

Demander la fin de la retenue

Vous pouvez demander au procureur de la République, au juge des enfants ou au juge d'instruction, lorsque ce magistrat se prononcera sur une éventuelle prolongation de la retenue, que cette mesure ne soit pas prolongée.

Accéder à certaines pièces de votre dossier

A votre demande ou celle de votre avocat, vous pouvez demander de consulter, au plus tard avant une éventuelle prolongation de la retenue :
- le procès-verbal de notification de votre placement en retenue ;
- le ou les certificats médicaux établis par le médecin vous ayant examiné.
- le ou les procès-verbaux de vos auditions.

Etre informé(e) des suites de la procédure

A l'issue de la retenue, si aucune décision n'est prise par le procureur de la République sur la suite de la procédure, vous pourrez, à l'expiration d'un délai de 6 mois, interroger le procureur de la République du ressort dans lequel la mesure s'est déroulée sur la suite qu'il entend donner à cette affaire.

Liberté • Égalité • Fraternité
RÉPUBLIQUE FRANÇAISE
MINISTÈRE DE LA JUSTICE

DECLARATION DES DROITS

Remise à une personne placée en garde à vue
Trafic de stupéfiants (art. 63, 63-1, 706-73, 3° et 706-88 du code de procédure pénale)

Les informations ci-dessous doivent vous être données dans une langue que vous comprenez.

Vous pouvez conserver ce document pendant toute la durée de la garde à vue

Vous êtes informé(e) que vous êtes placé(e) en garde à vue parce qu'il existe contre vous une ou plusieurs raisons plausibles de soupçonner que vous avez commis ou tenté de commettre un crime ou un délit de trafic de stupéfiants.

Vous avez le droit de connaître la qualification, la date et le lieu présumés de la commission de l'infraction pour laquelle vous êtes mis en cause et les motifs justifiant votre placement en garde à vue.

Vous allez être entendu (e) sur ces faits pendant le déroulement de la garde à vue qui peut durer 24 heures.

A l'issue de ce délai, le procureur de la République ou le juge d'instruction pourra décider la prolongation de la garde à vue pour une nouvelle durée de 24 heures. Sauf impossibilité, vous serez présenté(e) devant ce magistrat, le cas échéant par visioconférence.

A titre exceptionnel, et si les nécessités de l'enquête ou de l'instruction l'exigent, deux prolongations supplémentaires, d'une durée de 24 heures chacune, pourront être décidée soit par le juge des libertés et de la détention, soit par le juge d'instruction.

Toutefois, si la durée prévisible des investigations restant à réaliser à l'issue des premières 48 heures le justifie, le juge des libertés et de la détention sur requête du procureur de la République, ou la juge d'instruction, pourra décider que la garde à vue ne sera prolongée qu'une seule fois pour une durée de 48 heures.

A l'issue de la garde à vue, vous serez, sur décision du procureur de la République ou du juge d'instruction, soit présenté(e) devant ce magistrat, soit remis(e) en liberté. Dans le premier cas, vous comparaîtrez alors devant ce magistrat le jour même. S'il existe des locaux spécialement aménagés au sein de la juridiction et que votre garde à vue n'a pas duré plus de 72 heures, vous pourrez comparaître le jour suivant, dans un délai maximum de 20 heures à compter de la fin de la garde à vue. Si votre garde à vue a duré plus de 72 heures, votre comparution devant le magistrat interviendra le jour même de la fin de garde à vue.

VOUS ETES EN OUTRE INFORME(E) QUE VOUS AVEZ LE DROIT DE :

Faire prévenir certaines personnes

Vous pouvez demander à faire prévenir par téléphone une personne avec laquelle vous vivez habituellement, ou l'un de vos parents en ligne directe, ou l'un de vos frères ou sœurs, ou votre curateur ou tuteur de la mesure de garde à vue dont vous faites l'objet.

Vous pouvez en outre faire prévenir votre employeur.

Si vous êtes de nationalité étrangère, vous pouvez également faire prévenir les autorités consulaires de votre pays.

Sauf circonstances insurmontables, ces diligences interviendront au plus tard dans un délai de 3 heures à compter du moment où vous avez formulé votre demande.

Le procureur de la République (ou le juge d'instruction) pourra toutefois décider que ces avis seront différés ou ne seront pas délivrés si cela est indispensable au recueil ou à la conservation des preuves ou pour prévenir une atteinte grave à la vie, à la liberté ou à l'intégrité physique d'une personne.

Si votre garde à vue est prolongée au-delà de 48 heures, le report des avis à vos proches et à votre employeur peut être maintenu, pour les mêmes raisons, par le juge des libertés et de la détention (ou le juge d'instruction).

Communiquer avec une personne

Vous pouvez demander à communiquer par écrit, par téléphone ou lors d'un entretien avec l'une des personnes susceptibles d'être informées de votre placement en garde à vue.

L'officier de police judiciaire peut refuser votre demande si elle n'est pas compatible avec les motifs de votre placement en garde à vue ou risque de permettre une infraction. Il déterminera le moment, les modalités et la durée de cette communication, qui ne peut excéder 30 minutes et interviendra sous son contrôle, ou celui d'une personne qu'il aura désignée.

Si votre garde à vue est prolongée au-delà de 48 heures, l'officier de police judiciaire ne peut refuser votre demande de communication avec les autorités consulaires.

Etre examiné(e) par un médecin

Vous pouvez demander à être examiné(e) par un médecin dès le début de la garde à vue et en cas de prolongation de la mesure. Si votre garde à vue est prolongée au-delà de 48 heures, vous serez obligatoirement examiné(e) par un médecin et vous serez avisé(e) de votre droit de demander un nouvel examen médical.

Faire des déclarations, répondre aux questions ou garder le silence

Une fois que vous aurez décliné vôtre identité, vous avez le droit, lors de vos auditions :
- de faire des déclarations,
- de répondre aux questions qui vous sont posées,
- ou de vous taire.

Etre assisté(e) par un avocat

- Choix de l'avocat :

Dès le début de la garde à vue, à tout moment au cours d'une audition, et en cas de prolongation de la garde à vue, dès le début de cette prolongation, vous pouvez demander à être assisté d'un avocat de votre choix. Si vous n'êtes pas en mesure de désigner un avocat ou si l'avocat choisi ne peut être contacté, vous pouvez demander à vous entretenir avec un avocat commis d'office.

Votre avocat peut aussi être désigné par l'une des personnes que vous avez fait prévenir : dans ce cas, vous devez confirmer la désignation de l'avocat.

- Assistance de l'avocat :

L'avocat désigné pourra s'entretenir avec vous pendant 30 minutes; en cas de prolongation de la garde à vue, vous pourrez à nouveau demander à vous entretenir avec votre avocat.Il pourra également, si vous en faites la demande, assister aux auditions, confrontations, reconstitutions ou séances d'identification auxquelles vous participez.

- Délai d'intervention : Compte tenu des nécessités de l'enquête exigeant votre audition immédiate, le procureur de la République ou le juge d'instruction peut autoriser, par décision écrite et motivée, que votre audition débute sans attendre l'expiration du délai de 2 heures prévu pour permettre la venue de votre avocat.
L'intervention de votre avocat peut être différée et reportée, sur décision du procureur de la République, du juge des libertés et de la détention ou du juge d'instruction, pendant une durée maximale de 72 heures, en considération de raisons impérieuses.

Etre assisté(e) d'un interprète

Si vous ne parlez pas ou ne comprenez pas le français, vous avez le droit d'être assisté gratuitement par un interprète lors de vos auditions et pour communiquer avec votre avocat.

Demander la fin de la garde à vue

Vous pouvez demander au procureur de la République, au juge d'instruction ou au juge des libertés et de la détention, lorsque ce magistrat se prononcera sur une éventuelle prolongation de la garde à vue, que cette mesure ne soit pas prolongée.

Accéder à certaines pièces de votre dossier

A votre demande ou celle de votre avocat, vous pouvez demander de consulter, au plus tard avant une éventuelle prolongation de la garde à vue :

- le procès-verbal de notification de votre placement en garde à vue ;
- le ou les certificats médicaux établis par le médecin vous ayant examiné.
- le ou les procès-verbaux de vos auditions.

NOTES PERSONNELLES

TABLE DES MATIÈRES

A. Sujets de connaissances générales

EXEMPLES DE SUJETS D'EXAMENS D'O.P.J.	PAGES
L'enquête de Flagrant Délit / Le concours d'infraction (AM : Synthèse)	×
Les éléments constitutifs de la complicité et les obligations des O.P.J. (CR et FD)	×
La garde à vue dans l'enquête de FD (AM : PV audition)	×
Le droit de perquisition (AM audition en GAV)	×
Les faits justificatifs (AM audition GAV)	×
Les causes légales de diminution de peine	×
La commission rogatoire	×
Les mandats de justice (AM audition GAV sur CR)	33
La GAV : devoirs de l'enquêteur / Droits du GAV (AM audition GAV)	41
La tentative punissable	×
La Flagrance (AM audition GAV)	55
Légitime défense des personnes et des biens (AM audition GAV)	×
Pouvoir des juridictions et des magistrats vis-à-vis des O.P.J. de la Gie. dans l'exécution de la PJ (AM : Saisie incidente sur CR)	65
L'inviolabilité du domicile et les exigences de la P.J.	73
La protection judiciaire de l'enfance	×
La légitime défense (non inséré)	×
La complicité (non inséré)	×
Les circonstances aggravantes (non inséré)	×
L'officier de police judiciaire	80
Le contrôle d'identité sur la voie publique	×
La flagrance – compétence territoriale et les pouvoirs de l'O.P.J.	×
La compétence territoriale de l'O.P.J. au sein de la Gendarmerie nationale	×
La commission rogatoire *(Critères de compétence de l'O.P.J. – Délégation et attributions – Audition)*	89
La commission rogatoire – définition – caractéristiques actes d'enquête des O.P.J.	×
Découverte d'une personne grièvement blessée – enquête rôle de l'O.P.J. et du procureur de la République	97
La tentative punissable	107
Les causes objectives de non-responsabilité – limites contenu	×
L'enfance délinquante *(responsabilité pénale des mineurs – Régime particulier des mesures de contrainte applicable aux mineurs pendant l'enquête)*	×
Le procureur de la République *– Rôle dans le cadre de la mise en mouvement et de l'exercice de l'action publique* *– Fonctions en qualité de direction de la police judicaire*	×
Le droit de perquisition	×

B. Sujets d'épreuves pratiques

EXEMPLES DE SUJETS D'EXAMENS D'O.P.J.	PAGES
Participation à une association de malfaiteurs – Détention, transport, émission de monnaie contrefaite ayant cours légal en France – Vol accompagné de violences ayant entraîné une incapacité totale de travail de huit jours – Transport et détention d'une arme de catégorie B – Recel de produit d'un délit – Abus de confiance	137
Vol d'un véhicule automobile précédé d'un acte de dégradation et suivi d'un acte de destruction – Port illégal d'une arme de 4e catégorie – Assassinat – Menace de mort sous condition – Vol commis par effraction dans un local d'habitation et facilité par l'état d'une personne dont la particulière vulnérabilité due à son âge et à une infirmité est connue de l'auteur – Complicité d'assassinat	159
Menaces de commettre une destruction, une dégradation ou une détérioration, faites avec ordre de remplir une condition – Destructions, dégradations, détériorations commises à l'encontre d'un établissement scolaire – Injure non publique commise envers une personne en raison de son origine et de son appartenance vraie ou supposée à une religion – Vol précédé d'un acte de destruction, de dégradation ou de détérioration – Intrusion sans autorisation dans un établissement scolaire – Violences ayant entraîné pour autrui une incapacité totale de travail de plus de huit jours, commises avec préméditation sur une personne chargée d'une mission de service public, dans l'exercice de ses fonctions, à l'intérieur d'un établissement scolaire – Violences volontaires commises avec préméditation ayant entraîné la mort sans intention de la donner.	177
Administration volontaire de substances nuisibles n'ayant entraîné aucune I.T.T., commise avec préméditation par un conjoint – Assassinat – Recel de cadavre – Obstacle à la manifestation de la vérité – Destruction, détérioration volontaires d'un bien mobilier appartenant à une personne publique.	197
Agression sexuelle sur mineur de 15 ans, commise par un ascendant légitime ayant autorité sur la victime – Violences habituelles sur un mineur de 15 ans n'ayant pas entraîné une I.T.T. pendant plus de huit jours – Violences par le conjoint ayant entraîné une I.T.T. inférieure ou égale à 8 jours – Non-dénonciation de sévices – Privation d'aliments ou de soins à mineur de 15 ans par un ascendant légitime exerçant autorité parentale sur lui.	219
Enlèvement, détention, séquestration d'un mineur de quinze ans – Violences volontaires sur son conjoint ayant occasionné une incapacité totale de travail supérieure à huit jours – Viol commis par le conjoint sur son épouse – Détention d'images ou de représentation de mineurs à caractère pornographique – Vol – Menace de mort sous condition.	237
Complicité de trafic de stupéfiant – Vol – Détention de stupéfiants – Violence ayant entraîné une infirmité permanente – Trafic de stupéfiant – Recel	255
Outrage à personnes dépositaires de l'autorité publique, Violences commises par le conjoint de la victime avec arme ayant entraîné une ITT supérieure à huit jours, provocation de mineur à la consommation habituelle excessive de boissons alcooliques, viol sur mineure de quinze ans par ascendant, détention d'images à caractère pornographique présentant des mineurs.	287

Notes personnelles

codes Rousseau

Editions La Baule

Spécialiste de la veille réglementaire et juridique !

DEMANDE DE DOCUMENTATION

À retourner à
ÉDITIONS LA BAULE
CS 80093
85109 Les Sables d'Olonne Cedex

Vos coordonnées

NOM : |_|_|_|_|_|_|_|_|_|_|_|_|_|_|_|_|_|_|_|_|_|

Prénom : |_|_|_|_|_|_|_|_|_|_|_|_|_|_|_|_|_|_|_|_|

Adresse : |_|_|_|_|_|_|_|_|_|_|_|_|_|_|_|_|_|_|_|_|

|_|_|_|_|_|_|_|_|_|_|_|_|_|_|_|_|_|_|_|_|_|_|_|_|

VILLE : |_|_|_|_|_|_|_|_|_|_|_|_|_|_|_|_|_|_|_|_|_|

CODE POSTAL (précis) : |_|_|_|_|_|

E-mail : ____________________

Fonction : |_|_|_|_|_|_|_|_|_|_|_|_|_|_|_|_|_|_|_|_|

Possédez-vous déjà des ouvrages de notre collection ?
Si oui, lesquels ? |_|_|_|_|_|_|_|_|_|_|_|_|_|_|_|_|_|

|_|_|_|_|_|_|_|_|_|_|_|_|_|_|_|_|_|_|_|_|_|_|_|_|

|_|_|_|_|_|_|_|_|_|_|_|_|_|_|_|_|_|_|_|_|_|_|_|_|

Vos suggestions éventuelles : |_|_|_|_|_|_|_|_|_|_|_|_|

|_|_|_|_|_|_|_|_|_|_|_|_|_|_|_|_|_|_|_|_|_|_|_|_|

|_|_|_|_|_|_|_|_|_|_|_|_|_|_|_|_|_|_|_|_|_|_|_|_|

|_|_|_|_|_|_|_|_|_|_|_|_|_|_|_|_|_|_|_|_|_|_|_|_|

|_|_|_|_|_|_|_|_|_|_|_|_|_|_|_|_|_|_|_|_|_|_|_|_|

|_|_|_|_|_|_|_|_|_|_|_|_|_|_|_|_|_|_|_|_|_|_|_|_|

|_|_|_|_|_|_|_|_|_|_|_|_|_|_|_|_|_|_|_|_|_|_|_|_|

Nous vous ferons parvenir une documentation complète par retour de courrier.

LES ÉDITIONS LA BAULE

www.editionslabaule.fr – 02.51.21.90.20

LISTE DE NOS OUVRAGES ET SUPPORTS

COLLECTION DROIT ROUTIER – TRANSPORT

- Code de la Route commenté en ligne
- Réglementation de la Circulation Routière – Lamer – (Codes Rousseau – Éditions La Baule)
- Mémento des Infractions au Code de la Route – Lamer -
- Mémento des Infractions à la Police des Transports Routiers

COLLECTION DROIT PÉNAL – PROCÉDURE PÉNALE

- Version numérique du Code Pénal et Code de Procédure Pénale
- Code Pénal – Version reliée **VERSION 2018** **(2 éditions : 1er trimestre et Septembre)**
- Code de Procédure Pénale – Version reliée **VERSION 2018** **(2 éditions : 1er trimestre et Septembre)**
- Recueil de Modèles de Procès-Verbaux – Gendarmerie Nationale
- Recueil de Modèles de Procès-Verbaux – Police Nationale
- Mémento pratique des contraventions relevant de la procédure de l'Amende Forfaitaire

COLLECTION EXAMENS et CARRIÈRES – GENDARMERIE/POLICES NATIONALE/MUNICIPALE

- Réussir le concours de Gendarme – nouveaux concours **VERSION 2018**
- Tests de sélection de Gendarme Adjoint Volontaire (G.A.V.) + Réservistes **VERSION 2018**
- Préparer et réussir le concours de Gardien de Police Municipale – nouveaux concours **VERSION 2018**
- Annales du Concours O.P.J. actualisées **VERSION 2018**
- Fiches de Synthèse Droit Pénal Général **VERSION 2018**
- Fiches de Synthèse Procédure Pénale **VERSION 2018**
- Fiches de Synthèse Droit Pénal Spécial **VERSION 2018**
- Fiches de Synthèse Libertés Publiques **VERSION 2018**

COLLECTION POLICE MUNICIPALE

Collectivités Territoriales

- Mémento Pratique relatif à la Police des Animaux Errants et Dangereux

- Registre des Chiens dangereux
- Registre de Signalement des incidents animaliers
- Registre d'inventaire des cartes professionnelles des fonctionnaires de Police municipale
- Registre d'attribution des armes et munitions (Inventaire – Sorties et réintégrations)
- Affiche et carte professionnelles – Code de déontologie PM
- Carnet de procédure de demande d'enlèvement de véhicule (Lieux non ouverts à la circulation publique – Domaine privé)
- Carnet de Procès-Verbal de Prescription/Réquisition de Mise en Fourrière
- Carnet de Procès-Verbal Annexe de Recueil d'Observation(s)
- Carnet de Non Présentation de pièces Administratives – Format TA
- Carnet de Fiche d'Immobilisation – Format TA
- Carnet de Procédure de Stationnement Abusif
- Carnet de constatation des infractions
- Fiches descriptives de mise en fourrière
- Fiches de Mise à Disposition
- Mémento pratique de l'ASVP
- Mémento pratique du Policier Municipal – Police Administrative et Police Générale
- Mémento pratique du Policier Municipal – Police de la Route
- Police des Débits de Boissons
- Les Pouvoirs de Police du Maire
- Le Recueil des Écrits Professionnels des Agents PM

Support pédagogique Sécurité Routière

- Mallette pédagogique Sécurité Routière
- C.D. Rom « l'enfant et la route »
- Lot 5 affiches professionnelles Police Municipale

COLLECTION NATURE – ENVIRONNEMENT 2018

- Guide Pratique du statut des gardes particuliers
- Mémento pratique des infractions Nature-Environnement (contraventions : 1re à 4e classe)
- Mémento pratique des infractions Nature-Environnement (contraventions 5e classe et délits ne relevant pas de l'amende forfaitaire)
- Protection de la Nature
- Code Forestier – Version numérique
- Carnet de constatation des infractions Nature Environnement

COLLECTION PRÉVENTION – SÉCURITÉ ROUTIÈRE

- Cartes murales
- Code Rousseau Cyclo
- D.V.D – Cyclo – Nouveau Permis AM
- Cahiers de l'élève (du CP au CM2)
- Petits plus (VL et VUL)
- CD Rom L'Enfant et la Route
- Collection 10/10 (Vélo, Trajet, Formation, Cyclo et Transport)
- ABC de la Conduite
- Code Junior

DERNIÈRES NOUVEAUTÉS – 2018

→ Les Fiches de Synthèse (Libertés Publiques – Procédure Pénale – Droit Pénal Général – Droit Pénal Spécial) + Version numérique

→ Droit Pénal – Procédure Pénale : Versions reliées + Version numérique des Codes Pénal et Procédure Pénale

→ Droit Pénal – Procédure Pénale : Nouveaux Packs O.P.J. 2018

→ Police Municipale : Nouvelles versions des Mémentos (à spirales) + Version numérique ;

→ Affiche et carte Code de Déontologie ;

→ Registre d'Attribution des Armes et Munitions

→ Procès-Verbaux – PVe : Avis d'information (PVe)

→ Concours Police Municipale : Préparer et Réussir le Concours de Gardien de Police Municipale

→ Concours Gendarmerie Nationale : Réussir le Concours de Gendarme

→ Tests de sélection de Gendarme Adjoint Volontaire (G.A.V.) + Réservistes **VERSION 2018**

→ Réglementation Forestière : Code Forestier – Version numérique

→ Interventions Scolaires et Sécurité Routière : Nouvelle Collection Prévention – Sécurité Routière

→ Interventions Scolaires et Sécurité Routière : D.V.D. – Cyclo – Nouveaux Permis

ACCESSOIRES

→ Classeurs (reliures) « Nouvelle ligne graphique » à renouveler ou à commander directement sur www.editionslabaule.fr

codes Rousseau

Editions La Baule

Spécialiste de la veille réglementaire et juridique !

www.editionslabaule.fr – 02 51 21 90 20

Éditeur : CODES ROUSSEAU – ISBN : 978-2-7095-1461-3
CS 80093
85109 LES SABLES D'OLONNE CEDEX

Dépôt légal : Juin 2018
Imprimé en France

N°148011